정서와 상담의 실제

Robert Plutchik 저 | 이지연 · 윤숙경 · 이인숙 공역

학지사

Emotions in the Practice of Psychotherapy
Clinical Implications of Affect Theories
by Robert Plutchik, Ph. D.

역자 서문

많은 내담자들은 강한 정서에 압도되거나 여러 가지 스트레스 속에서 정서의 혼란을 느껴 상담자를 찾아온다. 상담자가 그런 정서 경험을 이해하고 내담자가 그것을 이해하도록 돕는 것은 쉬운 일이 아니다. 상담자 자신도 상담과정 중에 내담자의 정서에 전염되거나 압도되는 일을 경험하기 때문이다. 그래서 상담과정에서 내담자가 자신의 정서를 알아차리고 표현하도록 돕는 것은 참으로 매력적이면서도 어려운 작업이라고 생각된다.

역자 역시 대학원에서나 임상가가 되기 위해 준비하는 과정에서 특정 학파의 이론이 아닌 정서 자체에 대해 이론적으로 공부를 하거나 실습을 해 본 경험이 없었기 때문에 상담 장면에서 내담자를 직접 만나면서 이런저런 문제에 부딪히며 경험적으로 이 문제를 풀어왔던 것 같다.

이런 점 때문에 정서에 대한 체계적이고 실증적인 연구뿐 아니라 상담 장면에서 그러한 이해를 바탕으로 어떻게 내담자의 정서에 접근하는지에 대한 구체적인 접근 방법과 기술을 습득하는 것은 무엇보다 중요하다고 생각한다.

Robert Plutchik의 『정서와 상담의 실제(*Emotions in the Practice*

of Psychotherapy)』는 이 분야 전공생들의 요구에 부합하는 책 가운데 하나다. 이 책은 일반인의 삶에서 정서와 정신병리상에 나타나는 증상의 문제, 그리고 함께 작업하기 힘든 성격장애자들의 정서 경험과 패턴 등을 다양하게 설명하고 있다.

정서는 팔레트에 짜 놓은 다양한 물감처럼 우리 삶을 풍요롭고 생생하게 만드는 주요한 생의 요소다. 특정 정서에 대해 가지는 불편한 느낌이나 억압은 정서가 주는 우리 자신에 대한 메시지와 이해를 멀게 한다. 또한 정서를 불편해하는 부모 밑에서 사랑이 결핍된 채 양육된 사람들의 경우 자신의 정서를 자각하지 못하고 혼돈스러워 한다. 과도한 정서 혹은 정서둔화, 충동조절 실패와 같은 문제는 여기서 비롯된 증상이라고 할 수 있다. 정서를 잘 자각하고, 이를 자신을 이해하는 중요한 메시지로 받아들여 정서를 적절히 조절할 수 있도록 돕는 것은 내담자뿐 아니라 상담자에게도 가치 있는 작업이다.

원고가 나오는 과정에서 여러 사람의 힘이 도움이 되었다. 우선 학지사 편집부 직원들의 도움이 큰 힘이 되었다. 세 역자의 의견을 조율하면서 작업하는 것이 쉽지 않았을 텐데 그 수고를 마다하지 않았다. 그리고 이 원고를 먼저 읽고 꼼꼼히 검토해 준 캐나다의 윤 선생님에게도 감사의 인사를 전한다.

2010년 5월

역자 일동

저자 서문

일찍부터 나는 사람들이 인생을 살아가면서 겪는 여러 가지 문제를 처리할 때 다양한 방법으로 정서를 활용한다는 것을 배웠다. 미소와 웃음은 친구, 가족, 제자, 동료와의 관계를 개선하는 데 큰 효과가 있다는 것을 깨달았다. 화를 내면 자신이 원하는 것을 얻게 되고, 슬퍼 보이면 다른 사람들이 잘해 주려고 노력한다는 것도 보았다. 사랑에 빠질 때는 기분이 좋고, 버림받을 때는 비참함을 느끼게 된다는 것도 알게 되었다. 자녀가 생기고 나서부터는 아이들의 성장과 발달을 지켜보면서 감동했고, 아이들에게 문제가 생겼을 때는 괴로웠다.

대학에서 물리학을 전공하고 대학원에서 실험심리학과 생리심리학을 전공한 후, 정서에 관한 연구를 하면서 마침내 내가 나아갈 바를 발견하였다. 이 연구는 국립정신보건위원회(National Institute of Mental Health)에서 영장류의 뇌를 연구하던 것이 계기가 되었다. 그곳에서 우리 연구팀은 정서와 동기행위에 대한 뇌의 전기자극 효과를 실험하고 있었다. 이후 나는 뉴욕의 정신의학연구소(Psychiatric Institute)에서 조울증 연구과정을 거쳐 정신병원에서 임상연구를 하게 되었다. 그리고 마침내 알베르트 아인슈타인 의과대학에서도 많은 연구를 하게 되었는데, 그곳에서 25년 동안 흥미롭고 고무적인 시간을 보냈다.

연구를 하면서 정서연구가 적어도 세 가지 측면을 수반한다는 것을 깨달았다. 첫 번째 측면은 정서의 개념을 정의하고 정서와 다른 개념들의 관계 및 연구 영역을 밝히는 것, 그리고 새 지식의 축적을 활발하게 하는 것이다. 두 번째 측면은 정서의 측정 방법 및 정서와 관련된 개념(애착, 스트레스, 성격 등)의 측정 방법에 관한 것이다. 세 번째 측면은 정서가 우리에게 문제를 야기할 때 어떻게 할 것인가에 관한, 즉 정서장애와 정서변화에 관련된 것이다.

정서에 관한 나의 이전 글에서 나는 주로 첫 번째와 두 번째 측면을 다루려고 노력했다. 나는 정서이론을 개발하여 이를 진화심리론적 이론이라고 명명했는데, 이는 정서가 살아 있는 모든 유기체와 관계되고 고도의 적응적 목적이 있다는 것을 믿었기 때문이었다. 나는 정서가 사람들로 하여금 서로의 의도나 정보를 교환하도록 하고, 사회적 상호작용을 조율하며, 삶의 역경으로부터 살아남을 기회를 증진시킨다는 것을 보여 주고자 하였다. 또 정서에 대한 기본 연구와는 매우 다른 것으로 보이는 다른 연구 영역과도 정서가 체계적으로 관련되어 있다는 것을 보여 주고자 하였다. 이 다른 영역에는 성격연구, 성격장애 및 그 밖의 정신장애, 자아방어, 대처양식 등이 포함된다. 또한 나는 여러 해 동안 정서와 그 밖의 파생 개념을 측정하기 위해 이론에 기초한 적절한 방법을 개발하려고 노력해 왔다. 이 두 가지 측면 모두 이 책과 어느 정도 관련이 있다.

그러나 나는 이 책에서 정동이론(affect theory)의 세 번째 측면, 즉 정서이론과 정서장애의 문제 및 치료와의 관련성을 보다 깊게 다루고자 하였다. 그래서 나는 정서와 정서장애 증상의 관계를 검토하였다. 임상치료와 특히 관련이 있는 최근의 정동이론을 고찰하고, 정서와 성격장애가 어떻게 관계되는지를 다루고자 하였다. 뒤에서도 기술하겠지만, 내가 (진단준거 2축의) 성격장애를 선택한 이유는 성격장애가 성격특질의 극단적 파생물이고, 반대로 그 성격 또한 정서의 파생물이기 때문이다.

이 책의 많은 예는 정신분석적 심리치료에서 가져왔다. 이는 정신분석적 심리치료가 '가장' 효과적인 치료법이라고 생각해서가 아니라 내가 임상과 연구과정에서 보아 온 효과적 치료법 가운데 '하나'이기 때문이다. 이 책에서 제시한 많은 부분은 인지행동치료나 가족치료 등 다른 치료법과도 분명 관련이 있다. 왜냐하면 이 모두가 근본적으로 정서를 다루고 있기 때문이다.

여기 언급된 두 가지 중심 주제는 정서를 드러내게 하기 위한 상담자들의 전략과 치료적 의사소통의 복잡성이다. 많은 개념이 정신분석이론을 반영하고 있지만, 정서 드러내기와 치료적 의사소통은 모든 형태의 효과적 치료법에서 중심을 이룬다. 나는 또한 정서와 정서 관련 개념을 측정하는 데 쓰이는 척도와 검사에 대한 논의도 포함시켰다. 이 논의가 상담 작업에서 정서와 그 중요성에 초점을 맞춘 차후 연구를 위한 기폭제가 되었으면 한다.

이 책은 이론과 실제를 모두 다루었다. 여기 제시된 자료가 상담자 및 상담자가 되려는 전공자 그리고 연구에 관심이 있는 사람들에게 유용하기를 바란다. 무엇보다도 앞으로 소개되는 아이디어들이 또 하나의 새로운 상담학파를 주장하려는 것이 아님을 강조하고 싶다. 지금 우리는 상담학파의 목록을 늘릴 게 아니라 줄여 가야 할 때다. 아마도 정서를 상담과정의 중심으로 보는 것이 상담학파의 목록을 줄이는 데 도움이 될 것이다.

이 책을 펴내면서 많은 사람에게 받은 도움을 말로 다 표현하기는 어려울 것이다. 어떤 영향은 분명하게 드러나지만, 어떤 영향은 부지불식간에 받은 것이어서 내가 미처 깨닫지 못했을 수도 있다. 동료들과 문헌들 그리고 내담자들부터 아이디어를 얻었지만, 그 복잡한 기원을 하나하나 분명히 말할 수가 없다. 그것은 푸가의 음표나 초상화의 색조처럼 서로 뒤섞여 있다.

그래도 내 아이디어에 영향을 미친 몇몇 사람에게 감사를 표하고 싶다. 알베르트 아인슈타인 의과대학의 정신병리학 과장인 Byram Karasu는 내가 치료적 의사소통의 뉘앙스를 잘 알아차릴 수 있도록 해 주었고, Henry Kellerman은 방어기제 표현의 섬세함에 대한 지식을 확장할 수 있도록 해 주었다. 좋은 친구인 콜롬비아 칼리 대학교의 Carlos Climent와 나의 딸 Lori Plutchik에게도 진심으로 고마움을 표하고 싶다. 정신과 의사인 두 사람은 전문 지식과 제안으로 내게 도움을 주었다.

많은 사람이 초고를 읽고 완성본이 나오는 데 여러모로 도움을 주었다. 미국정신의학회(American Psychological Association) 출판프로그램 개발편집자인 Margaret Schlegel은 모든 초고에 대해 자세하고 분명한 논평을 해 주었다. 그녀에게도 감사드린다. 끝으로 아내 Anita에게도 깊은 고마움을 전하고 싶다. 그녀의 예리한 통찰력과 한결같은 정서적 지지는 내 생각과 표현이 모호해지지 않도록 해 주었다.

Robert Plutchik

차 례

들어가는 말

임상 작업은 대개 정서장애, 정서적 질병, 잘못된 정서와 관련이 있다. 이는 그 임상가가 정신분석 치료자이든, 인지행동 치료자이든 또는 가족 치료자이든 모두 해당된다. 모든 임상가는 정서가 변화과정에서 중요하다는 것을 알고 있다. 그러나 많은 이가 보다 효과적인 상담을 위해 자신의 지식을 어떻게 활용해야 할지에 대한 실제적인 이해는 하지 못하고 있다.

대부분의 정서이론은 실험연구나 대학생을 대상으로 한 연구에 기초하고 있다. 상담 작업과 정서이론 및 정서연구 간의 연결은 거의 이루어지지 않고 있다. 예외적으로 Leslie Greenberg, Leigh Vaillant 그리고 Richard Lazarus와 그 외 몇 사람에 의한 연구만이 있을 뿐이다. 이 책에서 나는 그들의 작업을 간단하게 검토해 보고, 주로 내가 지난 30년 동안 정서에 대해서 연구한 작업과 상담 장면에서 사람들이 정서를 알아차리고 표현하도록 하기 위해 사용하는 전략과 방법 간에 연결을 구축하는 데 초점을 두었다.

강조할 것은 내가 새로운 상담학파를 소개하려는 것이 아니라는 것이다. 내 초점은 전적으로 특정 치료법을 넘어서는 것으로, 정신보건과 질병에서 정서의 역할에 있다. 나는 이러한 정서에 대한 고찰이 일반 정신병리학자, 특히 상담자와 상담자가 되려고 공부하는 사람들, 상담연구에 특별한 관심을 가진 사람들과 상당한 관련성이 있으리라 믿는다.

정서는 상담뿐 아니라 삶 자체와 여러모로 관련이 있기 때문에 때때로 나는 어떤 점에 초점을 맞춰야 할지 결정하는 데 어려움을 겪었다. 결국 내가 특별한 기여를 할 수 있을 것이라고 여기는 정서의 여러 측면을 다루는 장을 포함시키기로 했다. 이 책의 자료는 경험적 연구와 이론적 모델 그리고 임상적 경험의 복합물이다. 이 책을 쓰는 데는 다음의 네 가지 아이디어가 동력이 되었다. ① 정서는 상담과정에서 중추적인 중요성이 있다. ② 우리가 생각하는 정서의 개념은 매우 다의적이다. ③ 임상적 문제와 폭넓은 연관성을 가진 체계적 정서이론이 극히 적다. ④ 체계적 정서이론이 상담에서 갖는 함의가 분명해져야 한다. 독자에게 책의 내용에 대한 예비적 이해를 주기 위해서 각 장의 요약을 제시하고자 한다.

1장: 우리 삶과 정서

심리학자들은 정서연구가 사회과학에서 가장 혼란스러운 영역 중 하나라는 것을 알고 있다. 정서연구에는 서로 다르고 충돌하는 많은 개념이 존재한다. 지금까지 정서를 설명하기 위해서 제시된 어떤 이론도 보편적인 승인을 받지 못했다. 몇몇 이론에 따르면, 정서는 혼란을 불러일으키고(disruptive) 분별력이 없는(blind rational) 생각이다. 그래서 사람들은 어렸을 때부터 자신의 정서를 통제하도록 교육받는다. 또 어떤 이론에서는 정서란 개인의 어려움과 삶에서의 주요 사건들을 처리하는 것을 돕는 적응이라고 가정한다.

상담에서 내담자들은 자신의 정서적 어려움을 호소한다. 예를 들어, 너무 많은 슬픔과 분노, 미움, 후회, 너무 적은 사랑과 믿음, 동정심이 그것이다. 정서와 상담에 관한 책을 저술한 Benjamin, Ellis, Kellerman 그리고 Spezzano 등의 임상가들은 정서가 상담에서 가장 적게 연구되고 가장 많이 잘못 이해되는 측면 가운데 하나라고 본다. 정신역동 치료자와 인지행동 치료자 모두 행동장애와 그 치료적 변화를 이해하려면 정서를 이해할 필요가 있음을 인식하고 있다.

2장: 정서와 증상

나는 대부분의 정신병리 증상이 실제로는 정서장애라고 본다. 『정신장애 진단 및 통계 편람(*Diagnostic and Statistical Mannual of Mental Disorders, 4th ed.: DSM-4*)』(APA, 1994)에서는 다양한 진단 범주로 규정되는 대부분의 증상이 사실은 과도한 정서(예, 공황)이거나 저하된 정서(예, 정서둔화)로 설명됨을 보여 준다. 각 범주 안에는 적어도 하나 이상의 증상이 정서 상태에 대해 명백하게 언급하고 있다. 내담자의 입장에서 보면, 모든 증상(예, 외로움, 생의 무의미함 등)이 DSM의 범주에 적절하게 들어맞는 것은 아니지만, 그래도 그것들이 역점을 두고 다뤄야 할 정서가 존재함을 암시한다.

다양한 이론적 접근은 다양한 방법으로 증상을 해석한다. 행동적 접근에서는 체계적 둔감화와 같은 기법을 사용하여 증상에 직접적으로 초점을 맞춤으로써 증상 완화를 시도한다. 또 다른 접근법에서 증상은 '다른 그 무엇(something else)'의 표현으로 여겨지고, 성공적인 치료법은 이 '무엇'(예, 갈등, 자기소외감, 아동기 고착, 억압된 충동)을 다룰 것을 요구한다. 여기서의 '무엇'은, 예를 들어 자기 삶에서 중요한 사람들과 효율적으로 소통하는 능력이나 기술의 결여일 수 있다. 증상은 꼭 지속적인 것이 아니라는 것을 인식하는 것이 매우 중요하다. 즉, 많은 증상은 상담과정 동안 나타나고 사라지기를 거듭한다. 이 장은 정서가 증상을 유발하는 다섯 가지 방법에 대한 기술로 끝을 맺는다. 여러 학파의 이론적 다양성에도 불구하고 그 목적이 상당히 일치한다는 것에도 주목하였다. 모든 상담자는 희망과 믿음, 그리고 타인에 대한 관계성의 증가가 변화의 긍정적 신호라고 믿는다.

3장: 정서이론

정서를 이론화할 때 혼란과 다양성이 존재하는 많은 이유가 있다. 그 이유 중 하나가 개개인은 자신의 느낌을 표현하는 것을 억제하고 검열하도록 배우고, 다른 사람들 또한 그렇게 할 것이라고 여긴다는 것이다. 자신의 정서를 과장하고, 이 과장된 정서를 그렇게 하지 않으면 얻지 못하는 중요한 도움을 얻는 데 사용하는 사람들도 있다. 이는 정서에 대한 주관적 보고를 액면 그대로 믿을 수 없다는 것을 의미한다. 또 다른 이유는 행동주의 철학의 영향이다. 행동주의 철학은 사람의 내적 상태는 신뢰할 만하게 관찰될 수 없기 때문에 과학적 심리학의 영역 밖이라고 단정한다. 세 번째 주된 이유는 정서와 관련된 역사적 전통의 다양성이다. 이러한 전통은 Darwin(1872/1965)의 정서에 대한 진화론적 접근부터, William James(1984)의 심리생리학적 관점, Freud의 정신역동적 전통(Freud & Breuer, 1895/1936) 그리고 보다 최근의 인지적 전통(예, Heider, 1958)에 걸쳐 있다. 이들 전통은 정서라고 불리는 복합적 상태의 서로 다른 측면에 초점을 두고 있다.

이 장의 나머지 부분에서는 상담과 연관된 많은 정서이론을 검토하였다. 모든 임상가가 정서에 대해 어느 정도 언급하였지만, 나는 상담 실제에 적용되도록 정서에 대한 일반적 접근법을 개발하려고 시도한 이론가들을 선택하였다. 그 결과 다수의 정신분석적 이론(Brenner 1974; Freud, 1926, 1959; Rado, 1975; Spezzano, 1993이 대표적), Tomkins(1962)의 주요 동기체계로서의 정동이론, Vaillant (1997)의 정서재구성이론, Richard Lazarus(e.g. 1991)의 핵심관련 주제이론 그리고 Greenberg(Greeberg & Paivio, 1997)의 정서도식 이론이 포함되었다. 이 이론가들 모두 정서를 극복해야 할 환경에 적응하려는 시도로서, 항상 내성(內省)할 수 있는 것은 아니지만 사람이 사건에 부여하는 의미와 관련된 것으로 인식하고 있다.

4장: 정서의 정신진화론

정서의 정신진화론은 때로 원형(circumplex) 모델이라고 일컬어지는데, 서로 관련된 세 가지 모델로 이루어져 있다. 구조적 모델은 정서의 특징(즉, 강도, 유사성, 양극성)을 3차원의 원뿔 모양의 구조로 나타낼 수 있게 하였다. 또 여덟 가지의 기본정서가 있고, 이 정서들은 양극성을 갖고 있으며, 모형의 횡단면은 정서들 간의 관계를 원의 형태로 나타낼 수 있다고 가정하였다. 나는 이 개념을 뒷받침하는 경험적 연구를 기술하고, 1차 정서를 섞거나 결합하여 정동언어를 의미하는 수많은 단어를 만들어 낼 수 있다는 것을 제시하였다.

순차 모델은 정서가 개인의 생존 가능성에 영향을 미치고 정보를 전달하는 기능을 가진 복합적이고 순환적인 피드백 시스템이라는 생각에 기초를 두고 있다. 이 복합 체제의 요소들은 인지, 느낌 상태, 생리적 변화, 행위충동(impulses to action), 충동을 제어하는 방어 및 기능적 행동들로서, 순환과정을 처음 시작하게 한 사건에 영향을 미친다.

파생 모델은 정서가 성격특질과 성격장애, 자아방어 등과 밀접하고 체계적으로 관련이 있다는 가정에 기초한다. 원형 모델이 적용될 수 있다는 것을 보여 주는 경험적 연구들을 인용하였다. 이 장은 진화론적 기초를 둔 몇 가지 정서에 대한 정의로 마무리하였다.

5장: 정서와 성격장애

각각의 기본정서 차원에는 일련의 성격특질과, 성격장애로 귀결되는 극단적 성격특질이 있다는 가정을 할 수 있다. 예를 들어, 혐오(disgust) 감정은 적대적이고(hostile), 경멸하고(scornful), 반항적인(rebellious) 성격특질과 관련이 있다. 이러한 특성이 극단적인 형태로 존재할 때, 이 속성을 보유한 개인은 편집증적인 성격장애를 가진 것으로 진단될 수 있다. 이런 일반적인 생각은 많은 임상가에 의해 제시되어 왔다. 다양한 성격장애가 공병(comorbid)을 나타내고, 이 공존장애(comorbidity)는 성격장애의 원형 구조를 나타낸다는 것을 보여 주는 경험적 자료들을 요약하였다. 또한 경험적으로 파생된 성격장애의 원형적 성격을 유사성 평정법(similarity scaling methods)으로 제시했다. 이어서 이를 경험적 방법으로 얻어낸 여덟 개의 다른 원형 모델과 비교하여 상당한 일치가 있음을 증명하였다. 또한 행동하려는 충동에 대한 경험적 원형 모델도 제시하였다. 이 장은 성격장애로 진단된 사람들이 상담 실제에서 가지는 다수의 원형 모델에 대한 함의로 끝을 맺었다.

6장: 정서와 기만, 자아방어, 대처양식

자기기만(self-deception)은 내담자 집단과 비내담자 집단 모두에서 공통적으로 볼 수 있다. 상담자들은 대부분의 사람이 자신의 정서 상태에 대해 잘못된 관찰을 한다는 것을 알고 있다. 기만은 타인이 자기를 볼 때 보여 주기를 원하는 모습대로 보게 함으로써 스스로에게 보다 이익이 되도록 한다. 진화론적 관점에서 보면, 사회적으로 바람직한 방법으로 자신을 내보이고 자기-이미지를 믿는 능력은 강력한 강화가 된다. 즉, 이는 타인에게 수용되고, 성공적으로 이를 재현하는 것과 관련이 있다.

기만이 자아방어의 한 측면이기 때문에, 나는 방어 개념의 역사를 상세하게 검토했다. 자아방어는 기본적으로 고통스러운 현실에서의 무력감에 대한 원시적이고 무의식적인 반응이다. 자아방어는 과거로부터의 압력과 마술적 사고 그리고 속임수에 의한 만족으로 특징지어진다. 이와 반대로, 대처양식은 유연하고 선택에 대해 열려 있으며 소망과 정동 간의 현실적 타협물에 초점을 둔다.

자아방어는 원형 모델에 의해서도 설명할 수 있는데, 이를 뒷받침하기 위한 경험적 자료를 제시하였다. 나의 이론은 각각의 기본적 자아방어가 특정 성격특질과 사회적 욕구, 욕구를 만족시키는 특정 방법 및 기능과 관련이 있다는 생각에 기초한다. 예를 들어, 투사방어는 비난하기와 결점 찾기의 성격특질, 다른 사람에게서 불완전함을 찾고자 하는 욕구, 혹평하는 방법 그리고 열등감, 수치심 및 개인의 불완전성을 줄이고자 하는 기능과 관련이 있다. 이 장은 여덟 가지의 기본 대처양식에 대한 설명으로 마무리했다.

7장: 정서를 드러내기 위한 상담자의 전략

상담자가 정서를 이해하고 적절한 정서 표현을 격려하거나 상담회기 밖에서 정서를 경험할 때, 이를 조절하기 위해서 활용하는 다양한 전략과 방법에 대해 서술했다. 이 전략들의 예는 정서 유발 자극을 정확하게 알아차리기, 각 정서의 밑바탕에 깔려 있는 기본정서 요소 알아차리기, 행동하려는 충동 탐색하기 등이 포함된다. 그리고 상담자가 정서를 드러내고 조절하기 위해 사용하는 주요 전략 열여섯 가지와 부가적 개입 방법을 논의했다.

8장: 상담과 실존적 문제

모든 사람은 살아가면서 어떤 보편적인 실존적 문제에 직면한다. 이 문제들은 죽음에 대한 두려움, 외로움, 구조(structure)의 부재, 삶에 대한 무의미 등과 관련이 있는 것으로 기술된다. 이러한 실존적 문제를 기술하는 또 다른 방법은 삶의 위계에서 한 지점을 찾고(위계의 문제), 자신의 고유한 경계를 발견하고(영역의 문제), 자기감을 개발하며(정체성의 문제), 삶의 유한성을 수용하는(일시성의 문제) 노력을 통해서다. 나는 이러한 생각과 정서의 관련성을 논의하고 몇몇 임상적 함의를 제안했다. 이 장은 상담 작업과정에서 내담자들이 갖게 되는 주요한 질문, 즉 '나는 누구인가?' '어떻게 내가 되었는가?' '내가 나인 것에서 벗어나게 되면 어떤 보상을 받는가?' '나는 무엇이 되기를 원하는가?' '나는 어떻게 이 목표에 도달할까?' 하는 것에 대해 논의했다.

9장: 상담적 의사소통

나는 사회적 대화와 상담적 의사소통을 구분하는 스무 가지 차이점에 대해 탐색했다. 예를 들어, 사회적 대화는 대체로 끝없이 계속될 수 있는 관계 유지를 지향한다. 그러나 상담적 의사소통은 바라는 변화(예, 증상 감소)를 만들어 내고자 하며, 그 관계에는 끝이 있다. 사회적 대화에서는 각 개인이 서로 교대로 관심의 초점이 된다. 그러나 상담적 의사소통에서는 대개 내담자의 삶, 감정 그리고 경험이 초점이 된다.

그리고 이 분야에서 선정한 몇몇 문헌을 통해 상담적 의사소통의 본질에 대해서 검토했다. 이 주제에 대해 글을 쓴 저자들은 내담자에게 수치심이나 죄책감, 비난의 감정을 야기하거나, 상담자에 대한 분노를 야기하거나, 혹은 자존감의 감소를 가져오는 상담적 개입은 바람직하지 않다는 데 동의한다. 축어록 자료를 검토해 보면, 내담자들의 말이 종종 불분명하고 애매하고 부분적으로 모순된다는 것을 알 수 있다. 그럼에도 불구하고, 그렇게 부분적인 모순을 알아차리지 못하거나 알아차려도 무시할 수 있다면 내담자와 상담자의 대화는 계속 이어진다. 이에 착안하여 복합적인 피드백 체제를 가진 내담자–상담자 상호작용 모델을 제시하였다. 이 내담자–상담자 상호작용 모델은 실명적이고 이론적이며 진단적인 정보를 담은 복합적인 번역과정이다. 숙련된 상담자가 내담자의 짧은 말에 어떻게 반응할 수 있는지에 대한 경험적 자료도 제시하였다. 이것과 다른 자료를 아울러, 나는 상담자가 사용하는 대부분의 개입 유형을 포괄하는 열다섯 가지 상담자 반응범주 목록을 만들었다.

부록: 정동이론에서의 측정의 함의

포괄적인 정서이론은 상담 실제뿐 아니라 정동(affect) 측정을 위한 함의가 있어야 한다. 정서의 복잡한 상호작용 및 의사소통 그리고 상담에 대한 앞으로의 연구는 정서를 측정하는 적절한 방법을 가지고 있느냐에 달려 있다. 예를 들어, 인지이론은 정서반응을 유발하는 요소를 개념적으로 기술하는 방법과 이를 위한 자기보고식 방법을 찾으려고 시도하고 있다. 진화론에 기초한 이론은 인간과 동물의 표현행동에 주의하는 경향이 있는 반면, 정신분석적 이론은 투사적 기법과 그림 기법을 통해서 감정을 가장 잘 측정할 수 있다고 본다.

부록은 이 책에서 이미 기술한 정신진화론에 기초하여 개발해 온 많은 척도에 초점을 두었다. 자세하게 설명하기 위해 이 자료를 부록으로 처리하였으므로 상담자와 연구자들에게 유용하기를 바란다. 여기서는 두 개의 형용사 체크리스트를 그 유용성에 대한 경험적 증거와 함께 설명했다. 정서와 성격특질을 모두 측정할 수 있는 방법으로 정서 프로파일 지표(Emotions Profile Index, Plutchik & Kellerman, 1974)에 대해서도 기술했다. 이 척도는 짝지어진 정동단어의 쌍으로 되어 있어, 응답자가 자신을 가장 잘 나타내는 설명을 선택하도록 되어 있다. 채점은 8개 영역의 원형으로 나타낸다. 이 검사를 통해 광범위한 경험적 자료가 수집되었다. 정신진화론에 기반을 둔 또 다른 성격검사는 성격 프로파일(Personality Profile, Conte, Plutchik, Picard, Galanter, & Jacoby, 1991)이다. 이는 두 가지 버전으로, ① 강도를 평정하는 일련의 성격특질 용어로 된 것과, ② 강도를 평정하는 일련의 짧은 성격특질 설명 문장으로 된 것이 있다. 이 척도는 많은 임상표집에서 사용되었고, 좋은 신뢰도와 변별력을 가지고 있다.

자아방어와 정서가 긴밀하게 연결되어 있기 때문에, 자아방어를 재기 위해 정신진화론에 근거한 또 다른 유형의 척도가 개발되었다. 즉, 생활양식 지표(Life Style Index, Conte & Apter, 1995)로, 이 척도는 많은 임상집단에 사용되었고, 자아방어와 불안, 자존감, 알코올 중독, 자살, 폭력 등과 의미 있는 관련을 보여 주었다. 이는 진화심리론적 이론에 의해 제시된 척도군의 일부분이다.

부록에 기술된 마지막 척도인 AECOM 대처 척도(AECOM Coping Scales, Josepho & Plutchik, 1994)는 정신진화론에서 제시된 대처의 여덟 가지 파생특질을 측정한다. 여기에는 계획하기, 매핑, 비난하기, 도움 추구하기, 최소화하기, 역전시키기 등의 특질이 포함된다. 이 부분에서는 이 검사를 사용한 많은 연구를 제시했다. 그리고 대처양식과 대인관계 문제, 자살 위험, 재입원, 알코올중독, 직무 경영 방식, 양육방식과의 관계를 입증하였다. 이 검사들의 사본도 함께 수록하였으므로 학생이나 숙련된 연구자, 상담자가 이 도구들을 연구에 유용하게 쓰기 바란다.

결 론

무엇보다 중요한 것은 이 책의 독자가 정서이론과 상담 실제, 검사 해석(test construction)을 관련지어 보려는 나의 시도를 잘 받아들여 주는 것이며, 이러한 통합이 현재의 상담 실제와 연구에 도움이 되기를 바란다.

CHAPTER 01

우리 삶과 정서

정동(affect)이란 우리가 실존에 대처할 수 있도록 생리적으로 부여받은 메커니즘이다.

— Leigh McCullough Vaillant

우리 일상의 많은 사건은 강한 정서적 반응을 유발한다. 그러나 그런 경험이 매우 흔함에도 불구하고, 때로 우리의 정서를 설명하는 정확한 단어를 찾기 어려울 때가 있다. 그래서 "배 속에 나비가 있다(I have butterflies in my stomach, 긴장되서 떨린다-역자 주)." "목 안에 덩어리가 있다(I have a lump in my throat, 감정이 복받쳐 목이 메인다-역자 주)." "가슴을 꽉 막은 것 같다(I feel bottled up, 차오르는 감정을 억누르다-역자 주)."와 같은 비유를 사용하게 된다.

많은 상담자가 상담에서 정서를 이해하고 드러내는 것이 중요하다고는 말하지만, 그동안 상담에서 이 문제는 다소 간과되어 왔다. 이 장에서는 일상생활과 상담과정에서 정서의 중요성을 보여 주고, 정서의 임상적 개념에 존재하는 모호함에 대해서 기술하고자 한다.

CHAPTER 01

우리 삶과 정서

다음의 예를 보자.

- 한 젊은 남자가 정부에 대한 증오로 불타올라 폭발물이 가득 적재된 트럭을 연방정부의 건물 앞에 주차한다. 이어 폭발이 일어나 건물이 무너지고, 약 200명에 달하는 생명이 희생된다.
- 한 젊은 수학천재가, 17세기의 수학자에 의해서 증명되었다고 알려져 있지만 그 방법이 기록으로 남아 있지 않은 수학 명제인 파스칼의 법칙을 알게 된다. 현대의 이 천재는 그 문제를 풀기를 열망한다. 수년이 지나서 교수가 되고 난 이후 남몰래 7년이 넘도록 그 문제에 몰두하여 마침내 풀게 된다. 기자들과 자신의 대단한 성취에 대해 인터뷰를 하면서 그는 기쁨의 눈물을 터뜨린다.
- 유럽의 축구경기에서 패배한 팀의 관중들이 경기장으로 난입하여 경기장을 부수고, 20명의 사람들을 짓밟아 사망하게 한다. 그들은 자기 팀에 대한 충성을 공언하고 상대팀에게 복수할 기회를 노린다.

- 가난에 찌든 아프리카의 어느 나라에서 서로 다른 문화를 가진 두 흑인 집단 간에 정권을 잡기 위한 내란이 일어난다. 이 내란의 참화로 수십만 명의 사람들이 양측 군대에 의해서 잔혹한 방법으로 살해당한다.
- 한 어린이가 눈에 미끄러져 얼어붙은 강으로 빠져 얼음 한 조각에 필사적으로 매달린다. 웬 낯선 사람이 지나가다가 이를 보고 얼음으로 뛰어들어 생명의 위험을 무릅쓰고 아이를 구해낸다.
- 한 십대 소년은 자신의 어머니가 형에게 네 동생은 아무것도 성취하지 못할 것이라고 말하는 것을 엿듣는다. 실망과 분노로 가득 찬 그 아이는 미국 육군사관학교에 진학하여 마침내 미국 육군 참모장이 된다. 제2차 세계대전이 끝나자 자신의 이름을 딴 전쟁복구 계획을 성공적으로 수행하여, 잔해 속에서 유럽을 재건한다.
- 한 젊은 수녀가 자신의 삶을 인도의 중병 아동과 환자들을 돌보는 데 바친다. 그녀는 생명의 위협을 느끼기도 하지만 신에 대한 믿음과 자비와 사랑은 죽음에 대한 두려움보다 강하다.

일상생활에서의 정서

앞에 제시된 모든 글을 통해 우리는 특별한 상황에서 강한 정서 표현이 작동되고 있음을 알 수 있다. 우리는 다른 사람을 공감할 수 있고, 이렇게 극적이지는 않더라도 이러한 정서 대부분을 자신의 삶에서 스스로 경험해 본 적이 있기 때문에, 서술된 것 가운데 적어도 몇 가지의 정서는 이해할 수 있다.

정서와 그것이 삶에서 가지는 분명한 중요성에 대해 직관적으로 알고 있음에도 불구하고, 우리는 정서를 정의하고 설명하라고 하면 정확한 단어를 찾아내는 데 어려움을 경험할 것이다. 우리가 느끼고 있다고 생각하는 것을 설명하는 가장 좋은 방법에 대해서 확신이 없을 수도 있다. 느낌에 대한 생각이 느낌 바로 그 자체는 아니며, 우리의 내적 경험을 재구성하기 위해서 사용하는 언어가 항상 제대로 표현되는 것도 아니다. 때로 시인이나 작가들은 언어가 불러일으키는 미묘한 느낌이나 비유를 통해서 우리보다 그 뉘앙스를 더 잘 포착해 낸다.

다음 시는 시인 Emily Dickinson이 자신의 절망스러운 느낌을 묘사한 방법이다.

> 내 삶은 두 번이나 끝났다, 그 끝에 이르기도 전에.
> 하지만 아직도 남아서 보려 한다.
> 끝나지 않고 나타날
> 내게 일어날 세 번째 사건을.
>
> 너무나 거대하고, 상상하기조차 절망적인,
> 두 번이나 일어난 이 일들.
> 이별은, 천국에 대해 우리가 아는 모든 것,
> 그리고 지옥에 대해 우리가 필요로 하는 모든 것.

또 다른 시에서 Dickinson은 사랑이라는 단어를 한 번도 사용하지 않고 자신의 짝사랑을 읊고 있다.

당신이 가을에 올 거라면,
나는 여름을 쓸어 버릴 거예요.
반은 웃음으로, 그리고 반은 경멸로,
주부가 파리에게 하듯이 그렇게.

내가 당신을 일 년 뒤에 볼 수 있다면,
나는 열두 달을 모두 공처럼 둘둘 감아서,
하나씩 각각 다른 서랍에 넣을 거예요,
그때가 될 때까지.

몇 백 년이 늦어지는 것이라면
나는 손으로 헤아릴 거예요.
세월을 줄여 가면서,
내 손가락이 어느 먼 곳(반 디멘의 땅)에 닿을 때까지.

이승의 삶(生)이 다했을 때
당신과 나의 삶도 그렇게 해야 될 때
나는 헤어진 세월을 과일껍질인냥 저쪽으로 던져 버리고,
영원함을 맛볼 거예요.

하지만 지금,
세월의 날개가 얼마나 긴지 알 수 없다는 것이
도깨비 꿀벌처럼 나를 괴롭게 하네요.
왜 나를 톡톡 쏘며 괴롭히는지 말도 해 주지 않네요.[1)]

정서 상태를 묘사하기 위해 비유를 사용하는 또 다른 예는 음주(drunkenness)를 나타내는 단어들이다. 음주는 모든 문화에서 발견된다는 점에서 보편적 경험이다. 대부분의 사람들은 살면서 어느 정도 술에 취해 본 경험이 있고, 그 경험을 묘사하기 위해서 다양한 표현이 많이 사용된다. 1737년에 Bejamine Franklin은 음주에 관련된 단어를 228개의 목록으로 만들었다. 『미국속어사전(*Dictionary of American Slang*)』(1975)에는 353개의 관련 단어가 실려 있고, 『미국속어 동의어사전(*American Thesaurus of Slang*)』(1953)에는 900개의 단어가 수록되어 있다. drunkenness의 동의어로는 crashed, bombed, crocked, gassed, plastered, tanked, looped, floating, glassy eyed, gone, juiced, lit, loaded, mellow, pickled, potted, smashed, soused, stewed, tight, high, zonked 등이 있다. 이 가운데 많은 단어가 강력하고 폭력적인 단어(예, crashed, bombed)이고, 반면 어떤 단어(예, floating, mellow)는 기분 좋은 상태를 나타낸다. 정서단어는 느낌의 강도를 다양하게 나타내고, 내면의 복합적 상태를 부분적으로 표현하며, 자극의 한정된 부분이 해당 정서를 유발한다는 점에서 서로 비슷하다.

외상후 스트레스 장애를 가진 내담자는 자신의 격앙된 내면 상태를 묘사하기 위해 자주 비유를 사용한다.

> 나는 똑딱똑딱 소리를 내며 터질 준비가 되어 있는 시한폭탄 같다.

---

1) 발행자와 Trustees of Amherst College의 승인에 따라 옮김.
출처: "The Poems of Emily Dickinson," Ralph W. Franklin, ed. Cambridge, MA: The Belknap Press of Harvard University Press. 저작권은 President and Fellows of Harvard College(1951, 1955, 1979)에 있음.

> 나는 폭풍 속에 갇힌 것같이 느껴진다.
>
> 나는 동굴에 갇혀 벗어날 수 없는 것 같다.
>
> 나는 압력밥솥 같다(Meichenbaum, 1994, pp. 112-113).

Meichenbaum은 회복기의 내담자는 자신의 정서를 표현하기 위해서 다른 비유를 사용하기 시작한다고 예시하였다. 그들은 "나는 자서전을 쓰는 작가가 되고 싶다." "나는 이 소용돌이에서 빠져나가 고요한 물속으로 들어가고 싶다." 등과 같은 말을 한다.

불명확한 정서 개념을 분명히 하는 데 도움을 받기 위해서 심리학자들의 저작에 관심을 돌려 봐도, 정서연구가 사회과학에서 가장 혼란스러운 부분 가운데 하나라는 것을 알고 실망하게 된다. 정서라는 말에 대한 수십 가지 정의는 공통점이 매우 적다. 정서가 무엇인지를 설명하려는 많은 이론이 제시되었지만, 아직 보편적으로 받아들여지는 것은 없다. 어떤 이론에서는 정서를 파괴적인(disruptive) 것으로 간주한다. 이 이론에 따르면, 사람들은 정서의 영향을 받게 되면 이성을 잃고 행동하려는 충동으로 분별력을 잃기 때문에 어린 시절부터 자신의 정서를 통제하도록 교육받아야 한다.

또 다른 이론에서는 삶의 문제를 해결할 수 있도록 자연적으로 준비되는 것으로서 정서를 받아들인다. 즐거움과 분노, 두려움, 슬픔은 조식화된 합리적 일상에 대한 파괴이기도 하지만 위급하거나 중요한 사건을 처리하도록 돕는 적응이기도 하다. 예를 들어, 분노는 종종 다른 사람을 위협해서 자신이 원하는 것을 얻게 해 주고, 슬픔은 돌봄과 위안을 가져다준다.

일부 이론은 특정 정서(기쁨, 믿음)가 긍정적이고 이로운 반면, 특정 정서(분노, 두려움, 슬픔)는 부정적이고 나쁘다고 주장한다. 그러나 어렵고 위험한 스포츠에 즐겁게 참여하는 사람들도 많다. 그들은 낙하산을 타고 비행기에서 뛰어내리기도 하고, 대양 속 심해를 헤엄치기도 하고, 신약 실험에 자원하기도 하며, 슬픈 책을 읽거나 비극적인 연극을 보려고 한다. 특정 정서를 나쁘다고만 한다면 그 정서를 이해하는 것은 매우 어려운 일이 되며, 여러 세대에 걸쳐 진화가 이루어지는 동안 이른바 이 부정적인 정서가 어떻게 지속될 수 있었는지 의아해진다. 이 정서들이 나쁜 것이라면 어째서 지금도 존속하고 있겠는가?

언어는 수천 년에 걸쳐서 진화되어 온 복합구조다. 각각의 언어 속에는 많은 역사적 요소가 있다. 예를 들어, 영어는 라틴어, 그리스어, 독일어 및 프랑스어에 뿌리를 두고 있고, 정도는 덜하지만 그 밖의 다른 여러 어원을 갖고 있다. 수세기 동안 많은 의미가 하나의 단어에 부착된다. 게다가 한 단어가 과학이나 기술 분야에서 사용될 때는 종종 새롭거나 변형된 의미가 부여되기도 한다. 다른 단어들과 마찬가지로 정서단어도 그렇다.

불안(anxiety)을 예로 들어 보자. 대부분 사람들은 이 단어가 정서단어라는 것에 동의하겠지만, 그 정의는 다양하다. 『웹스터 국제대사전(*Webster's International Unabridged Dictionary*)』에는 이 단어가 라틴어에 어원을 두고 있으며, '고통을 야기하거나 숨이 막히다'의 의미로 나와 있다. 여기에 세 개의 정의가 제공된다. ① '곧 일어날, 또는 예기된 재난에 대한 고통스러운 걱정'으로, 이는 주관적인 느낌을 강조한다. ② '가슴에 가해지는 고통스러운 압박감에 따르는 흥분되고 침착하지 않은 병리적인 상태'로, 이는 행동과 생리적 반응에 초점을 둔다. ③ '타당한 근거 없이 위험이나 나쁜 일이 일어날 것이라고 여기는 것으로, 억압된 리비도로부터 파생된 변형된 정서로 설명'될 수 있으며, 이는 정신분석이론에 근거를 둔 것이다. 마지막 정의는 명백히 이론에 기초한 것이지, 주관적 경험에 근거한 것은 아니다. 이 예들은 정서에 대해 사람들이 가진 복잡한 생각을 보여 주는 것으로, 이 분야에서 왜 그렇게 많은 혼란이 있어 왔는지를 설명하는 데 도움이 된다. 또 임상가들이 정서를 주관적 경험으로뿐만 아니라 이론의 한 부분으로 정의하려고 한다는 것도 보여 준다.

단어의 의미는 명확한 정의에 의해 주어질 뿐 아니라, 관련 단어나 동의어를 열거함으로써 부여되기도 한다. 따라서 불안과 같은 단어를 이해하려면, 관련 단어인 두려움(fear), 걱정(worry), 전조(foreboding), 외경(dread), 염려(concern), 불쾌함(uneasiness), 우려(apprehension), 심지어 열망(eagerness) 등을 열거해 보는 것이 유용하다. 사전은 정서에 대한 이해를 돕는 또 다른 방법을 추가하기도 하는데, 그것은 동의어와 함께 반대말을 열거하는 것이다. 대담한(bold), 침착한(calm), 자신만만한(confident) 등이 불안에 대한 반대말로 제시된다. 이러한 예는 반대 개념이나 양극 개념이 정서의 한 측면을 기술하는 데 유용한 방법이라는 것을 시사한다. 이는 4장에서 자세하게 검토될 것이다.

상담에서의 정서

생활 속에서의 문제는 이런저런 정서를 수반한다. 부모-자녀의 갈등이나 부부간의 갈등은 강한 느낌을 불러일으킨다. 직업, 지위, 직책, 관계 및 타인과의 애착 등의 상실은 슬픔과 우울을 낳는다. 증오심, 복수심, 후회는 몇 년씩 마음속에 남아 있다가 상담의 중요 호소 문제가 되기도 한다. 실제로 상담을 받으러 오는 많은 사람이 자신의 정서 문제(즉, 슬픔이나 분노가 너무 많거나, 사랑이나 믿음이 너무 많다는 등)를 이야기한다.

상담은 정서장애의 치료와 관련이 있다. 이 사실이 명백함에도 불구하고 많은 상담자는 정서를 다루는 데서 좌절과 혼란이 있음을 인정한다. 상담에서 줄곧 정서를 다루어 왔다 하더라도, 정서를 개념화하는 가장 효율적인 방법이나, 효과적인 상담을 위해 자신의 지식을 어떻게 활용할 것인가에 대해 반드시 확신하는 것은 아니다.

이를 설명하기 위해, 나는 몇몇 임상가들의 정서에 대한 글을 검토하였다. "정신과 의사들은 주로 큰 정서와 소외된 생각을 다룬다. 그것이 알아차리기도 쉽고, 환자들도 그것에 대해 호소하기 때문이다……. 환자들은 슬픔, 고통, 불안, 우울과 의심 때문에 상담을 받고자 한다."(Weisman, 1965, p. 80) 이어서 Weisman은 "정신분석가들은 과거 사건이 현재와 정서적 관련성이 있을 때만 그 흔적을 되살리려고 한다."(p. 193)라고 덧붙였다.

Vaillant(1977)는 "필요한 것은 정서적 변화다……. 그러나 정서적 변화는 이 분야에서 가장 연구가 안 되어 있고 잘못 이해되고 있다."(p. 1)라고 하였다. 그녀는 또한 "전통적인 정신역동이론이나 인지이론 모두 정동에 대한 초점이 정신병리의 원천으로서 제대로 역점을 두어 다루어지지는 않았다."(p. 16)라고 하면서, "사람들은 정서를 다루고 이해하는 데 어려움을 겪는다."(p. 190)라고 하였다. 같은 맥락에서, Nathanson(1996)도 "어떻게 기술되고 이해되든지 간에 모든 상담은 정서를 포함한다. 그리고 심리학이나 정신병리학, 여타 상담에서 정동과 정서가 간과된 임상적 평가는 그 어떤 것도 완전한 것으로 간주되지 않는다."(p. 35)라고 밝혔다.

실험적 전통의 저술에서 Greenberg, Rice 그리고 Elliott(1993)은 다음 같이 말했다.

> 상담자는 오랫동안 사람들의 정서를 다루는 일에 관심을 가져 왔다. 그러나 불행하게도, 상담이론들은 정서의 기능에 대한 적절한 이론과 상담 장면에서 정서를 평가할 수 있는 포괄적인 수단을 만들어 내지 못하고 있다. 너무나 오랫동안 정서는 기능장애와 치료적 변화를 이해하려는 시도에서 뒤로 물러나 있었다(p. 499).

인지-행동적 전통에서 일하는 상담자들 또한 정서에 대한 임상적 견해들이 애매하다는 것에 우려를 나타내고 있다. 예를 들어, Lewis와 Haviland(1993)는 다음과 같이 썼다.

> 인간행동을 이해하려면 반드시 느낌을 이해해야 한다는 명제를 부정하는 사람은 아무도 없을 것이다……. (그리고) 정서에 대한 관심은 계속되어 왔지만, 적어도 심리학에서 느낌과 정서에 대한 연구가 잘 되어 왔다고는 할 수 없다(p. ix).

많은 형태의 정신분석적 상담에서도 정동(affect)에 대한 관심은 무엇보다 중요하다. 그러나 여기에도 혼란이 있다. Knapp(1981)은 정서에 대한 정신분석적 연구가 "들쭉날쭉하고(fitful) 대개 초점이 맞춰지지 않았다."(p. 415)라고 주장하였다. 정신분석가인 Spezzano(1993)는 정신분석이 지금까지 정동에 대한 체계적 이론을 가져 본 적이 없다면서, 임상적 통합을 만들어 보려고 시도하였다. 그는 "정동은 알기가 어렵다. 정동 상태를 만들어 내는 무의식적 과정은 분석가는 말할 것도 없고, 그 정동을 경험하는 내담자 스스로도 의식적으로 면밀하게 관찰해도 완전히 알아차려지지 않는다."(p. ix)라고 지적하였다. 그의 이론은 다음과 같은 생각을 포함하고 있다.

> 심리적 삶은 정동과 함께 우리 모두에게서 시작된다. (그리고) 모든 인간은 끊임없이 특정 느낌을 조직함으로써 세계를 경험하고, 기본적으로는 그 특정 느낌을 항상 탐색하면서 세상에 적응하게 된다……. 분석가는 주로 자기 내담자의 정동적 삶의 측면을 생각하고, 내담자에게도 그들의 정동적 삶을 이야기한다(p. 118).

Spezzano의 이론은 3장에서 보다 자세하게 논의할 것이다. 합리적 치료법(rational therapy)의 창시자인 Albert Ellis(1962)가 자신의 치료법을 합리적-정서적 치료법(rational-emotive therapy)이라고 바꿔서 명명한 것은 주목할 만하다.

이러한 예는 상담과정에서 정서의 중요성, 정서의 개념화에서의 모호함, 체계적 이론의 부족함 등을 강조하기 위해서 제시된다. 이러한 관찰이 이 책을 쓰게 된 동기가 되었다.

용어 해석

환자 또는 내담자

심리치료적 처치를 받으러 오는 사람을 환자(patient)라고 부르는 것은 놀라운 일이 아니다. 정신의학 분야는 심각한 정신병을 가진 사람의 치료를 위한 의학적 장면에서 파생되어 발전하였다. 정신역동적 전통에서는, 상대적으로 심각하지 않은 문제를 가진 사람들까지 포함하여 치료를 받으러 오는 모든 사람을 환자라고 여기는 정신과 의사가 대체로 우위를 차지하여 왔다. 이 전통은 현재까지 이어지고 있으며, 대부분의 임상가들은 그들이 정신과 의사이든, 심리학자이든, 사회복지사이든 관계없이, 치료에 오는 사람들을 대개 환자라고 부른다.

그러나 1940년대 Carl Rogers(1951)가 내담자중심 상담을 개발한 이래로 다른 구조가 제시되었다. Rogers는 환자라는 용어보다 내담자(client)라는 용어를 사용하였는데, 이는 치료자와 치료에 오는 사람들 사이에 보다 동등한 관계를 구축하고자 하는 의도였다. Rogers는 치료자를 환자를 진단하고 처치하는 (내과의사 같은) 전문가라고 보기보다는, 임상가들이 내담자에게 어떤 지시를 내리거나 내담자의 말을 해석하지 않고 내담자 스스로 상담의 속도나 방향에 대해 통제하는 것을 더 선호하였다.

최근 내담자라는 말은 점점 더 일반화되어(예, 행동치료) 매우 지시적인 치료자들조차도 사용하고 있다. 이는 미국적인 평등주의 사상을 상담에 접목하려는 소망을 반영하는 것일 수도 있다. 현대의 상담 문헌에는 환자라는 말과 내담자라는 말이 자주 포함되는데, 종종 상호 교환적으로 쓰인다. 이 책에서는 두 용어 모두 치료를 받으러 오는 사람을 언급하는 데 사용하였다. 치료 처치를 제공하는 사람은 치료자, 임상가 혹은 상담자 등으로 지칭하였다.

정서 또는 정동

정서(emotion)와 정동(affect)이라는 용어는 둘 다 임상 실제에서 광범위하게 쓰이지만 의미에는 다소 모호함이 있다. 일반적으로 학계의 심리학자들은 자신의 책에서 정서라는 용어를 더 많이 사용하는 반면, 임상가들은 정동이라는 용어를 더 많이 사용하는 경향이 있다. 모든 심리학개론 교과서에는 정서를 다루는 장은 있지만, 정동을 다루는 장은 없다. 반면에 임상 분야의 저서에서는 정동이라는 단어가 사용되며, 정서는 정서장애나 정서적 문제를 나타낼 때만 사용된다.

이 두 용어가 가진 의미의 차이를 분명히 할 방법이 있을까? 여러 해 동안 주로 임상가에 의해서 이 용어들을 구분하려는 노력이 이루어져 왔다. 정신과 의사인 Langs(1990)는 상담에 관한 교과서에서 정동을 '분명하고 표면화된 의사전달'(p. 295)이라고 정의하였다. 그리고 정서는 정서적 혼란이라는 맥락에서만 언급하면서, 정서적 혼란을 '심리적 · 정서적으로 근거를 둔 모든 형태의 장애'라고 정의하였다. 또한 그는 "정서적 혼란은 성격적 병리부터 정신병과 신경증에까지 걸쳐 있다. 또 정신신체장애와 그 밖에 심리적 근거를 가진 신체장애를 포함한다."(p. 726)라고 하였다. Langs는 정서적 혼란에 불안, 우울, 권태, 분노 같은 정동적 혼란도 포함된다고 하였는데, 이는 정동이 역기능과 결합된 주관적 느낌임을 의미한다.

이와 달리, 임상가인 Greenberg와 Paivio(1997)는 다음과 같이 서술하였다.

> 정동은 자극에 대한 무의식적인 생물학적 반응을 말한다. 이것은

진화론적으로 적응된 행동반응 체계와 관련된 자율적, 생리적, 동기적, 신경적 과정을 포함한다. 정동은 반성적 평가를 필요로 하지 않는다. 정동은 그냥 일어나는 것이다. 반면에 정서와 느낌은 모두 무의식적으로 전개되는 이러한 정동적 과정의 의식적 산물이다(p. 7).

이처럼 혼란스럽고 중복되는 정의로 보건대, 인간의 정서를 흉내낸 컴퓨터 프로그램을 개발하려는 컴퓨터 전문가가 정서와 정동을 상호 교환적인 용어로 정의했다는 것은 당연해 보인다(Picard, 1997).

두 명의 또 다른 임상가가 이 문제를 논의하였는데. Vaillant(1997)는 자신의 견해에 대한 근거의 일부를 Tomkins(1992)의 정동이론(affect theory)에 두었다. 그녀는 정서라는 단어가 신체 내적 경험을 언급한다고 주장했는데, 이에는 추동(drive)과 정동(affect) 그리고 고통(pain)이 포함된다. 따라서 정동은 정서의 하위 유형이지만, 정서로부터 구분해 내기는 어렵다. Tomkins는 정동의 정의와 얼마나 많은 정동이 있는지, 그리고 그것들이 서로 어떻게 다른지 알기가 어렵다고 인정하였다.

Spezzano(1993)는 자신의 책 『정신분석에서의 정동(*Affect in Psychoanalysis*)』의 '임상적 통합(clinical synthesis)'에서 정동이라는 말을 전적으로 사용하고, 정서는 거의 언급하지 않았다(사실, 정서라는 말은 그의 책의 색인에조차 올라 있지 않다.). 그는 정동이 무엇인지에 대해서는 여러 가지 문장으로 말하고 있다. 그는 정동을 '행위하고자 하는 욕구를 만들어 내는 내적 상태'라고 묘사하였다. 그러나 정동에 대한 언어적 표현은 종종 행동과 일치하지 않기 때문에, 자신의 정서라고 해서 사람들 마음대로 좌우되는 것이 아니다.

정동과 정서에 관련된 최근 저서들을 훑어보면, 이들 용어의 기술이 상당히 모호하게 되어 있음을 알 수 있다. 두 용어가 광범위하게 혼용되는 것이 자주 나타난다. 나 자신은 정서라는 말을 보다 일반적인 개념으로 사용하고, 정동은 임상 작업과 관련하여 보다 특정하게 사용하는 것을 선호한다. 그러나 실제로는 중복해서 사용하고 있기 때문에, 이 용어들을 어떻게 정의해야 하는지를 규정하려는 시도는 하지 않고 전례를 따르고자 한다. 나는 두 용어를 어느 정도 상호교환적으로 사용할 것이다.

이 책의 관심

이 책은 현재 존재하는 수많은 '학파'나 체제에 새로운 것을 더하려는 것이 아니다. 정서에 대해 분명하게 이해하며, 상담자들로 하여금 상담 작업에서의 기본 측면인 정서에 대한 통찰을 증가시켜 할 수 있는 최선을 다하도록 하고자 함이다. 이런 목표를 가지고 증상이란 무엇인지, 상담적 대화는 무엇을 하려는 것인지 등에 중점을 두고, 상담이 대체 무엇인지에 대한 몇몇 주요 개념을 검토해 보았다. 나는 별도의 장을 마련하여 상담과 관련한 현대의 몇몇 정서이론을 개관하였다. 다른 장은 상담적 대화의 본질에 대한 생각과 그것이 상담과정에서 갖는 함의를 다루었다.

나는 정서에 대한 진화심리학적인 견해를 상세히 설명하고, 그것이 상담에서 가지는 함의에 대해서 논의하였는데, 여기서 정서와 성격, 성격장애 그리고 방어의 관계 등이 다루어진다. 성격장애의 진단과 관련해서 특별히 원형(circumplex) 개념을 논의하였다. 또한 정서를 측정하기 위한 함의를 제시하고, 실존적 위기와 정서의 관계도 논의하였다.

이 책은 나 자신과 다른 상담자들의 임상적 통찰뿐 아니라, 경험적 증거와 이론 그리고 연구방법론에 입각해 있다. 여기에서 제시한 개념들을 통해 상담자들이 정서의 역할에 대해 보다 나은 이해를 가지고 상담하는 데 도움이 되고, 임상 연구자들이 자신이 연구하는 현상에 정서를 어떻게 연결시키고 측정할 것인가를 보다 잘 이해하는 데 도움이 되기를 바란다.

CHAPTER 02

정서와 증상

불편(dis-ease)하다고 해서 모두 병(disease)은 아니다.

―Victor E. Frankl

상담을 받으러 오는 사람들은 특정 증상이나 당면한 문제를 가지고 온다. 주로 우울감이나 불안, 자살하고 싶은 느낌, 대인관계 갈등이 이에 해당한다. 『정신장애 진단 및 통계 편람 제4판(*Diagnostic and Statistical Mannual of Mental Disorders, 4th ed.: DSM-IV*)』(APA, 1994)은 주로 정신과 의사들에 의해 만들어진 것으로, 치료에 오는 환자들을 구분 짓는 증상과 진단을 표준화하려는 시도의 하나다. 이 진단을 보면, 무망감, 둔화된 정서, 걱정, 죄책감, 거만, 공격성 그리고 과장된 정서 표현 등의 혼란된 정서 기능에 대한 기술이 포함되어 있다.

어떤 상담적 접근은 주로 증상과 증상 완화에 초점을 맞춘다. 또 어떤 접근법은 증상이 의미를 가지고 있어 그 내포된 의미를 탐색함으로써 증상을 완화시킬 수 있다는 입장을 취한다. 증상이 암시하는 수많은 의미가 제시되어 왔다. 증상은 때로 대인 갈등의 반영, 실존적 갈등의 반영, 양육자와 보호적 애착에 대한 충족되지 않은 갈망, 내재한 정동각본의 표현, 대인 간 권력 싸움의 지표 그리고 내적 행동잠재력의 만성적 과장을 반영하는 것으로 이해되어 왔다. 정서가 너무 많거나 너무 적을 때, 대인관계가 만족스럽지 않을 때, 강한 정서가 서로 갈등을 일으킬 때, 연결된 정서의 일부가 단절될 때 정서는 증상이 된다.

이 장에서는 DSM 및 내담자와 임상가들의 시각을 포함하여 정서와 관련된 증상의 본질에 대한 다수의 시각을 검토하고, 다양한 이론 모델이 증상의 의미를 어떻게 해석하는지를 서술한다. 그리고 치료의 목표와 그것이 정서 기능의 변화와 어떻게 관련되는지를 기술하면서 이 장을 마무리하고자 한다.

CHAPTER 02

정서와 증상

심리 서비스의 이로움

모든 상담은 증상이나 문제에서 출발한다. 상담을 받으러 오는 사람들은 대체로 문제를 인식하고 있다. 그러나 때로 다른 사람의 요청으로 상담이 시작되기도 한다. 예를 들어, 법원에 의해 의뢰된 비행 청소년이나, 부모가 데리고 온 아동의 경우가 그러하다.

미국인들은 일반적으로 심리 서비스가 이롭다고 여긴다. 1957년 정부 조사에서는 미국 인구의 50%가 심리 서비스로부터 혜택을 받을 것으로 믿는다고 보고되었다. 그리고 약 14%가 실제로 정신보건센터나 가족주치의 또는 성직자에게 도움을 구하였다(Gurin, Veroff, & Field, 1960). 1976년에 이 조사를 다시 했을 때(두 조사 모두 응답자가 2,000명 이상임), 59%가 심리 서비스로부터 혜택을 받을 것으로 믿는다고 답했고, 26%가 실제로 도움을 구했다(Kulka, Veroff, & Douvan, 1979). 1995년 「소비자 보고서(Consumer Reports)」는 미국 내에서 2만 2,000명의 응답자들로부터 정신보건 서비스를 활용했다는 우편조사 결과를 얻었다. 약 18%가 지난 3년 동안 정신보건 서비스 제공자에게 정서적 문제로 도움을 구한 적이 있다고 보고했다. 이러한 자료는 많은 사람이 상담의 잠재적 혜택을 인식하고 있으며, 그 서비스를 이용해 왔음을 보여 준다(VandenBos, 1996).

증상이란 무엇인가

"증상이란 무엇인가?"라는 질문은 매우 간단해 보인다. 그러나 이 문제를 검토해 보면 놀라울 정도의 복잡함이 드러난다. 먼저 생각해 볼 수 있는 견해로, 증상은 우울, 불안, 자살하고 싶은 느낌, 통제할 수 없는 분노 같은 것이라고 볼 수 있는데, 이 모든 것이 정서의 표현이다. 의미치료가인 Vicktor Frankl(1975)은 우울, 중독, 공격성이 '신경증 삼제(neurotic triad)'를 구성한다고 하였다. 정신분석가인 Weisman(1965)은 내담자가 비탄과, 고통, 불안, 우울, 의심 때문에 상담을 받으러 온다고 하였다. 또 어떤 임상가는 사람들이 외로움과 자기경멸, 무기력, 편두통, 성적 강박, 비만, 긴장항진, 비탄, 사랑에 대한 집착, 기분의 불안정한 변화(mood swing), 우울 때문에 상담을 받으러 온다고 주장했다.

이러한 증상 범위 또는 최소한 상담을 시작하는 이유의 범위로 사람들이 상담에 오는 기본 증상을 규정할 수 있는 방법이 있을까? 한 가지 가능한 접근법은 진단의 본질에 대한 결정권을 갖고 있다고 여겨지는 치료자 집단에 의거하는 것이다. 지난 50년간 북미의 정신과 의사들은 DSM 체계를 통해 진단을 표준화하려고 노력해 왔고, 세계보건기구(WHO)의 정신과 의사들은 ICD(International Classification of Disease, 1994년 WHO에서 발간한 ICD-10 참조) 체계를 통해 같은 노력을 해 왔다. 몇몇 세부적인 차이점에도 불구하고, 두 체계는 적지 않게 일치한다.

DSM-VI에서의 증상

증상을 어떻게 정의할 것인가에 대해 DSM 체계는 무엇을 말하는가? 1,000명 이상의 사람들이 DSM-VI(APA, 1994)의 준비 작업에 참여하였다. 13개의 연구 집단이 형성되어 각각 특정 영역에 대한 책임을 맡았다. 경험적 연구는 각 집단이 검토한 다음에 수백 명의 고문들이 감수하였다. 대안적 증상 형성을 비교하기 위해 6,000명의 사람들이 70개의 장소에서 12개 현장 작업을 하였다. 최종 결과는 800페이지에 달하는 매뉴얼로서, 정신장애에 대한 50개 이상의 일반 범주와 수백 개의 하위 범주를 기술하고 있다. 여기에는 정신분열증이나 기분 관련 장애, 약물 관련 장애와 같은 '전통적' 범주뿐 아니라 '카페인 관련 장애'와 '니코틴 관련 장애' 그리고 '학습장애'와 같은 새로운 범주도 포함되었다. 정신과 의사들은 각 정신장애를 임상적으로 중요한 일련의 증상군으로 규정하였다.

> 이는 한 개인에게서 발생하는 것으로, 현재의 고통(예, 고통스러운 증상)이나 장애(즉, 하나 이상의 중요 기능 영역에서의 손상)에 관련된 것이거나, 죽음, 고통, 장애를 당할 위험성 또는 자유를 잃어버릴 위험성의 상당한 증가와 관련되어 있다(APA, 1994, p. xxi).

DSM 체계에 대해서 보다 잘 이해하기 위해서는 주요 장애가 기술된 방법을 보다 자세히 보기를 권한다. DSM-VI는 각 장애를 기술하고 해당 장애를 규정하는 수많은 증상에 대해 기술하고 있다. 주어진 범주에 대한 증상 기술은 1~13개에 이르고, 중앙치는 7이다. 예를 들어, (성인의) 기분부전장애의 특성에 대해 다음과 같이 기술하고 있다.

A. 본인의 주관적 평가 또는 타인의 관찰에 의해 최소한 2년 이상동안 우울한 기분이 하루 중 거의 대부분, 거의 매일 지속된다.

B. 우울할 때는 다음 중 두 가지(혹은 그 이상) 증상이 나타난다.

① 식욕부진 또는 과식

② 불면 또는 과수면

③ 에너지 저하와 피로감

④ 낮은 자존감

⑤ 집중력 저하와 의사결정의 어려움

⑥ 무망감

C. 장애를 앓는 2년 동안 지속해서 2개월 이상 A, B의 증상이 없었던 적이 없어야 한다.

D. 증상은 사회적, 직업적, 기타 중요한 기능 영역에서 임상적으로 심각한 고통이나 손상을 일으킨다(네 가지 부가적인 진단, 즉 정신병, 조증 삽화, 약물중독 등은 나타나지 않아야 한다.).

이 기술로 보면, 기분부전장애는 정서의 장애임이 분명히 드러난다. 기술된 증상은 직접적으로 정동에 관한 것이거나, 정동이 있음을 암시하는 것(예, 불면)이다. DSM-VI의 거의 모든 진단이 정동장애를 하나 이상 포함하고 있다. 다음은 그러한 몇 가지 예다.

- **일반화된 불안장애**: 불안, 걱정 또는 신체 증상이 임상적으로 심각한 고통이나 사회적, 직업적 또는 기타 중요한 기능 영역에서 손상을 초래한다.
- **강박장애**: 반복적이고 지속적인 사고, 충동 또는 심상(강박관념)을 가진다. 이 주요 증상은 어느 시점에서 침투적이고 부적절하게 경험되며 현저한 불안이나 고통을 일으킨다.
- **공황장애**: 불연속적인 강한 두려움이나 불쾌감이 있고, 죽을 것 같은 두려움이 갑자기 생겨나 10분 이내에 최고조에 도달한다.
- **조증 삽화**: 고통스러운 결과를 초래할 쾌락적인 활동에 지나치게 몰두한다(예, 흥청망청 물건 사기, 무분별한 성행위, 어리석은 사업 투자).
- **조증-우울증 삽화**: 거의 매일 느끼는 과도하고 부적절한 죄책감이나 무가치감.
- **정신분열증**: 둔화되거나 부적절한 정동.
- **강박성 성격장애**: 엄격하고 완고함을 보인다.
- **의존성 성격장애**: 타인의 승인과 지지를 상실하는 것이 두려워 타인에게 반대를 표현하기 어렵다.
- **회피성 성격장애**: 자신을 사회적으로 어리석고, 개인적으로 매력이 없으며, 다른 사람에 비해 열등한 존재로 여긴다.
- **자기애성 성격장애**: 거만하고 도도한 행동이나 태도를 취한다.
- **연기성 성격장애**: 자신의 일을 극화하고, 연극적으로 행동하며, 감정을 과장해서 표현한다.
- **경계성 성격장애**: 현저한 기분 반응에 따라 정서적 불안정을 보인다(예, 불쾌감, 과민함, 불안 등이 간헐적으로 강렬하게 나타나 몇 시간 정도 지속하나 며칠 이상 계속되지는 않음).

- 반사회성 성격장애: 성미가 급하고 공격적이어서 반복해서 싸움을 하거나 남을 공격한다.
- 분열형 성격장애: 부적절하거나 위축된 정동을 나타낸다.
- 분열성 성격장애: 정서적으로 냉담하고, 거리를 두며, 둔화된 정동을 보인다.
- 편집성 성격장애: 다른 사람은 그렇게 받아들이지 않는 것도 인격이나 명성에 대한 공격으로 받아들이고 짧은 시간에 분노로 반응하거나 반격한다.

이러한 예는 각 진단 범주 안에 명백하게 정서 상태와 관련된 증상이 적어도 하나 이상 있다는 것을 보여 준다. 4장에서도 언급하겠지만, 성격특질에 대한 언급은 묵시적으로는 정서에 대한 언급이다.

내담자의 관점에서 본 증상

DSM 체계가 진단 규준을 제시하고는 있지만, 많은 상담자는 자신의 상담활동에서 DSM을 크게 참조하지 않는다. 이는 상담에 오는 사람들의 증상과 문제가 다양해서 공식적인 DSM 진단과 제한된 관련성을 보이기 때문이다. 게다가 사람들은 두 개 이상의 진단 준거에 해당되는 경우가 많아 흔히 증상이 중첩된다(Plutchik, 1997).

정신분석치료를 오는 내담자들은 보통 두려움과 회피, 억제, 받아들여지지 않은 소망을 호소한다(Weisman, 1965). Vaillant(1997)는 심한 부끄러움, 만성적인 지각, 행동화, 심한 대인 혐오, 친구 없음, 만성적 실직, 친밀한 관계의 부족 등의 문제를 상담에 오는 이유로 제시하였다. 만성적인 불만족은 상담을 오는 또 다른 이유다

(Karasu, 1992). Frankl(1975)과 Yalom(1989)은 목표가 없다는 느낌과 삶의 의미 결여가 고통의 원인이 되어 사람들이 상담을 오게 된다고 주장하였다. 또한 다른 사람(부모, 교사, 윗사람, 이성 등)과 어울리는 데 따르는 어려움과 친밀감의 문제 역시 상담을 찾게 하는 고통의 원인이 된다(Yalom, 1995). 정신분석가들은 증상을 다음과 같이 기술한다. "내담자는 문제를 내놓는다. 즉, 우리 아이가 까다롭다, 남편이 술을 마신다, 딸이 식욕이 없다, 아내가 너무 통제적이다 등의 문제들이다."(Maranhao, 1986, p. 91) 이러한 기술은 내담자의 주변 사람이나 사건이 문제라는 것이다. 많은 내담자가 이런 '어려운 사람들'을 대하는 방법을 알고자 할 것이다. Mahoney(1996)는 "분노, 불안, 우울, 혐오, 증오, 당황스러움, 죄책감, 수치심이 정신치료 내담자들의 가장 큰 관심사다."(p. 243)라고 보았다. 내담자의 관점에서 볼 때 상담을 받는 이유는 DSM의 진단 범주에 딱 맞아떨어지지 않는다. 제시된 호소 문제의 예가 주로 정신역동적 자료들이기는 하지만, 이는 인지행동이나 다른 상담자들에게도 동일하게 적용된다(Ellis, 1981).

문제와 증상은 내담자에 의해 규정되지만, 상담자가 반드시 내담자와 관점을 같이할 필요는 없다. 상담자들은 대개 그들의 이론과 가설에 따르기 때문에, 그들이 생각하는 증상은 내담자가 생각하는 증상과 매우 다를 수 있다. 내담자의 주요 호소 문제는 종종 상담자가 가장 중요하다고 생각하는 문제가 아닌 것으로 드러나기도 한다. 예를 들어, 화장지나 장갑 없이 문고리를 잡지 못하는 사람은 세균에 대한 두려움과 관련된 강박충동을 갖고 있는 것으로 여겨진다. 내담자는 그 강박충동이 편하게 느껴져서 변화의 필요를 느끼지 못할 수도 있고〔즉, 자아 동조적(ego syntonic)〕, 성가시며 원하지 않는 방해라고 여겨서 바꾸고 싶어 할 수도 있다〔즉, 자아 비동조적(ego dystonic)〕. 같은 문제가 알코올중독인 사람들에게도 일어날 수 있는데, 어떤 사람은 음주벽을 자기 삶에서 허용 가능한 부분으로 받아들이는 반면, 어떤 사람은 걱정하고 곤란해하며 이를 변화시키려고 한다. 이런 경우, 상담자는 내담자의 문제 중심을 불안, 수치심, 의존심 그리고 가족관계로 보기도 한다.

상담자는 어떻게 증상을 해석하는가: 이론적 모델

많은 상담자는 ① 증상, ② 증상의 원인, ③ 증상의 의미, ④ 증상의 기능을 구별하는 것이 중요하다고 믿는다. 예를 들어, 우울은 심리적 역기능의 증상으로 여겨진다. 그 원인은 중대한 상실이나 뇌의 생화학적 변화, 혹은 두 가지 모두일 수 있다. 우울의 의미는 도움을 요청하는 것이라고 기술되어 왔다(그 요청이 반드시 언어적인 것일 필요는 없다.). 우울의 기능은 자신이 소속한 곳의 구성원들로부터 사회적 지지를 이끌어 내는 방법으로 일컬어진다. 이러한 해석이 항상 분명한 것은 아니고, 광범위한 임상적 경험과 이론을 통해 탐색되어야 한다. 이 장에서 나는 임상가들 사이에 존재하는 증상의 의미에 대한 다양한 관점을 살펴보고자 한다. 이후 4장에서는 증상의 기능에 관한 문제를 검토할 것이다.

임상가는 앞서 제시한 네 가지 요소의 다양한 측면에 각각 초점을 둔다. 다양한 이론이 증상을 이러한 방법으로 이해하려고 시도한다. 임상가들의 증상 해석에 관한 몇몇 저술을 보면서 이러한 개념을 설명하고자 한다.

증상의 의미

정신역동적 접근

정신역동적 관점에서 보면, 증상은 기저 갈등의 표명이다(Karasu, 1992). 즉, 증상은 억압되어 온 어떤 것을 나타낸다(Maranhao, 1986). Sigmund Freud(Fenichel, 1945b 참조)는 삶을 본능(혹은 추동)과 소망 혹은 외적 요구와의 끊임없는 투쟁으로 보았다. 이러한 갈등은 다양한 타협을 통해 증상으로 나타나게 된다.

정신분석가들은 자신들의 이론이 인간의 기본 본성을 다룬다고 믿는다. 그들의 해석에 따르면, 인간의 기본 본성은 유전적 혹은 본능적 추동의 형태로 나타나는 진화의 산물이다. 이러한 추동은 지속적이고 다양하며 학습을 통해 그 대상을 획득하는데, 본질상 기본적으로 성적이고 공격적이다(Mishne, 1993). Freud는 또한 갈등과의 타협이 매일의 일상에서 일어나며, 정상적 타협과 병리적 타협의 구분은 결과행동의 배타성과 고착성 정도에 따른다고 주장했다.

정신분석가인 Sandor Rado는 정신병리를 '위기정서'에 대한 과잉반응으로 생각했다. 예를 들어, 두려움, 분노, 혐오는 사람들이 철회, 공격, 거부 등의 행동을 통해서 안전을 회복하도록 하는 위기반응이다. Rado(1969)는 다음과 같은 네 가지의 잘못된 보상기제(repair mechanism)가 대부분의 정신병리적 행동의 저변에 있다고 주장했다. 즉, ① 회피나 철회 행동을 결정하는 위험에 대한 공포반응, ② 고통에 의해 환기되는 (거부, 혐오 같은) 쫓아내기 반응, ③ 공격행동을 사용하여 다른 사람을 압박하려는 시도, ④ 죄책감이나 수치심에 의해 만들어지는 자기강제(self-coercion)가 그것이다.

또 다른 분석가인 David Shapiro는, Freud의 가장 위대한 업적은 자기소외와 이것의 많은 외현물을 발견한 것이라고 주장했다. 내담자는 자신의 의지에 반해서 의식을 수행하고자 하는 필요와 '거부할 수 없는 충동'에 사로잡혀 있을 수 있다. 그것은 자신에게 낯선, 강하고 통제 불가한 정서다. 그들은 다른 정서 간의 갈등을 경험할지도 모른다. 예를 들어, 자기 삶에서 중요한 사람에게 화를 터뜨리면서도 친밀한 애착을 소망하거나, 관대한 사람으로 여겨지기를 소망하면서도 자신의 욕심과 이기심을 자각한다. 사실 모든 증상은 내담자가 의식하지 못하는 갈등의 산물로 여겨지기도 한다.

통찰 지향 상담에서는 일차적으로 자기에 대한 알아차림과 자기이해, 성격의 변화를 다룬다. 기저의 갈등을 확인함으로써 증상이 점차로 사라지고 덜 되풀이될 것이라고 가정한다. 이런 종류의 상담은 무의식적인 심리 내적 갈등과 초기 아동기의 갈등, 가족역동에 초점을 맞춘다. 상담과정에서 내담자는 새로운 증상을 보이거나 오래된 갈등이 악화되기도 하며 '전이 신경증'이 생겨나기도 한다. 이 경우, 내담자는 상담자를 위대하고 완전하게 보기 시작한다. 동시에 양가감정의 시기가 생겨나 내담자는 복종과 반항을 번갈아 나타낸다. "내담자가 상담자와의 관계에서 증상을 나타내기 시작할 때 진정한 상담이 시작되고, 이러한 증상에 대한 탐색은 중심 문제로 가는 길을 열어 줄 것이다." (Yalom, 1989a, p. 99)

어떤 의미에서 내담자는 좋아지기 전에 더 나빠진다. 정신역동적 상담과정 동안, 내담자는 교정적 정서 체험을 해야 한다. 정신역동적 관점에서 보면, 상담자는 공감적인 동시에 중립적이며 만족을 주지 않고 익명의 상태로 머물러야 한다(Mishne, 1993). 상담에서 개선되고 있다는 중요한 표시는 내담자가 자신의 약함을 점점 더 드러내면서도 상처받지 않는 것이다.

실존치료: 실존적 위기의 파생물인 증상

Irvin Yalom(1989, 1995)은 자신의 접근법을 실존치료라고 명명하는 개인 및 집단 상담자다. 그는 자신의 책 『나는 사랑의 처형자가 되기 싫다(*Love's Executioner and Other Tales of Psychotherapy*)』(1989)에서 성불능으로 자신을 찾아온 노인 내담자에 대해서 쓰고 있다. Yalom은 상담의 진짜 목표는 내담자가 다른 사람과 관계하는 방법을 개선시키는 것이라고 믿었다. 내담자의 성적 능력이 크게 개선되어서가 아니라, '성적으로 의기양양했던 행복한 옛날을 생생하게 추억'(p. 156)할 기회를 내담자에게 제공했기 때문에 상담이 계속 진행될 수 있었다. 인지행동 접근법은 아마도 성적 기능장애에 초점을 맞추고 그것이 완화되었을 때를 성공으로 간주하였을 것이다.

Yalom(1989)은, 상담이 기본적으로 억압된 추동이나 어린 시절의 정신적 외상을 고치려는 시도에 관한 것이 아니고 오히려 인생의 실존적 문제를 부적절하게 다루는 데서 오는 불안에 관한 것이라고 믿었다. 즉, 우리 자신과 우리가 사랑하는 이들의 죽음의 불가피성, 우리 삶의 통제와 관련된 문제들, 우리가 가진 절대고독 그리고 혼란된 세계에서 의미 탐구의 필요성 등이 그것이다. 그는 내담자가 상담에 가지고 오는 특정 증상의 밑바닥에 깔려 있는 이러한 실존적 문제들에 대해 내담자가 반드시 알고 있는 것은 아니라고 말했다. 그는 "상담에서의 문제는 항상 자신의 진실에 대한 효과적이지 않은 지적 이해로부터 어떤 정서적 경험으로 어떻게 나아갈 수 있을까 하는 것이다. 상담이 변화를 위한 강력한 힘이 되는 것은 깊은 정서의 도움을 얻을 때다." (p. 35)라고 주장하였다. Carl Rogers(1965)는 "내담자는 해결 방법을 찾은 이후에야 비로소 무엇이 문제인지 진정한 의미에서 알게 된다." (p. 104)라고 강조하였다. 또 Masterson (1976)은 초기에 제시된 문제는 종종 "낭만적인 위장으로 싸여져 있다." (p. 9)라고 말하였다.

단기 통합치료: 증상에 함축된 핵심 주제

Leigh McCullough Vaillant는 단기 통합치료에 대해서 폭넓게 저술해 왔다. 그녀의 책(예, 1997)은 내적 어려움으로의 접근이 제한된 때의 자아방어의 역할을 강조하고 있다. 그녀는 전통적인 정신역동이론과 인지이론 모두 병리의 원천인 고통스러운 정동과 그에 따른 혼란에 충분히 초점을 두지 않고 있다고 보았다. 모든 내담자의 특성 중 하나는 자신의 정서를 충분히 느끼지 못하고 억제하는 것이다. 즉, 내담자들은 불안을 표현할 수는 있지만 화를 내지 못하거나, 폭력적일 수는 있지만 사랑이 넘치거나 슬픔에 잠기지 못한다. 또 대부분의 내담자들은 보살피고 보호해 주는 애착에 충족되지 않은 깊은 갈망을 가지고 있다. Vaillant의 단기치료 접근법은 핵심 주제에 초점을 맞추고, 저항을 다루고, 방어를 분명히 밝히고, 형성된 불안을 다룬 다음에, 내담자가 새로운 기술과 관계를 만들도록 돕는 것이다.

Vaillant(1997)는 또한 내담자가 '유능감 상실'로 고통받는데, 이는 모두 자신의 정동을 부적절하게 처리하는 것과 관련되어 있다고 보았다. 그녀는 다음의 다섯 가지를 열거했다(p. 352).

- 자신의 극도의 긴장 상태를 완화할 수 없는 것
- 공격으로부터 자신을 방어하지 못하는 것
- 잦은 실망감을 피하지 못하는 것
- 다른 사람과의 갈등을 풀 수 없는 것
- 삶에서의 좌절을 참고 견딜 수 없는 것

이러한 유능감 상실 또한 상담자가 다루는 증상이다.

정동각본과 증상

일부 상담자는 Sylvan Tomkins(1995)의 이론에 근거하여 증상이 기저의 '정동각본(affect script)'을 반영하거나 표현한다고 보았다(Nathanson, 1996). 상담자는 내담자의 행동, 과거이력, 이전의 사건이나 현재의 사건에 대한 정서적 반응 등의 평가를 통해 삶에 대한 내담자의 반응을 지배하는 특징적 정동 패턴을 추론할 수 있다. 어떤 패턴은 상당히 적응적인 반면, 어떤 패턴은 부적응적이다. 예를 들어, 사회적 상황으로부터 지속적으로 철수하고, 다른 사람에게 좀처럼 개인적인 요구를 하지 않으며, 쉽게 위협을 겪고, 안 하는 것이 좋을 일에 관련되는 사람은 불안이 중심에 있는 정동각본을 가지고 있을 것이다. 이러한 각본은 내담자가 다양한 삶의 상황에서 어떻게 반응하는지를 결정한다. Stone(1996)은 다음과 같이 말했다. "정서와 정동의 영역을 간과한다면, 정신의학과 심리학, 기타 다른 상담에서의 어떤 임상적 평가도 완전한 것으로 여겨질 수

없다." (p. 35)

권력관계를 의미하는 증상

Jay Haley(1984)는 증상을 인간관계 권력투쟁의 간접적인 표현이라고 보았다. 분투하지만 관계에 대한 통제력을 얻을 수 없는 사람은 불안, 기분부전, 공황발작, 광장공포증과 같은 일련의 증상을 일으키기 쉽다. 반면에 관계에서 보다 지배적이고 통제적인 사람은 거만하고 공격적이고 편집증적이며 자기애적으로 될 수 있다. 이러한 패턴은 집단상담이나 가족상담에서 보다 쉽게 볼 수 있지만, 상담장면이란 것이 불평등한 힘의 관계를 수반하기 때문에 모든 상담관계에서 나타나게 된다.

Haley는 직접적인 교육기법은 거의 가치가 없다고 보았지만, 과제물 부과나 다양한 활동을 해 보도록 권장하는 것은 적절한 전략이라고 여겼다. 그의 이론은 가족이나 부부들에서 힘의 상호작용이 변화하면 종종 관계의 역기능적인 패턴도 보다 적응적으로 변화한다는 것이다(Haley, 1984). 증상에 대한 Haley의 개념은 정서를 내포한다. 기저 증상인 힘과 통제에 대한 관심은 내재된 두려움 및 분노와 증상의 관련성을 암시한다. 이는 힘과 통제를 얻기 위한 싸움에서 만들어지는 정서와 사람들 사이에 항상 있어 온 위계적 관계에 초점을 맞춘다. 이 개념은 8장에서 설명할 것이다.

증상과 진화심리학

최근 심리학자와 정신과 의사들 사이에서 인간의 정신병리에 대한 진화론적 관점에 대한 관심이 늘고 있다. 정신과 의사인 Stevens와 Price(1996)는 『진화론적 정신의학(*Evolutionary Psychiatry*)』이란 책에서 정신병리를 이해하는 데 Darwin과 Jung 학파의 개념을 적용하려는 시도를 하고 있다.

그들의 진화론적 관점에서 보면, 정신장애는 진화적으로 예전 상황에서는 적응적일 수 있지만 현재의 맥락에서는 적응적이지 않은 행동 패턴이다. 내담자 개인의 역사는 개인의 곤경뿐 아니라 인류의 보편적 성향과도 관련시켜 이해해야 한다. 예를 들어, 우울은 주요한 대상을 상실한 것에 대한 적응적 반응이고, 불안은 중대한 위협에 대한 적응적 반응이다. 상담자가 할 일 가운데 하나는, 특정 개인에 있어 상실과 위험반응을 유발하는 억제되거나 숨겨진 심상뿐 아니라 정서의 적응적 가치의 정확한 본질을 확인하는 것이다. "우울과 불안 등의 증상은 개별 병리를 드러내는 것이라기보다, 자신의 인간적 속성 때문에 모든 인간이 갖게 되는 타고난 행동 잠재력이 만성적으로 과장된 것으로 이해되어야 한다."(p. 47)

이 두 사람은 사람이 사회적 역할에 임할 때 적어도 여덟 가지 성향을 가진다고 가정한 Gardner(1988)의 연구를 인용하였다. 이러한 성향은 타고난 것이며, 환경의 어떤 특성에 의해 촉발되어 특정 행동양상을 만들어 낸 것이라고 여겨진다. 그 행동은 개인의 생존 기회를 증가시키고, 자신의 유전자를 다음 세대에 전달할 가능성을 높이기 위해서 진화했다.

이 여덟 가지 역할 잠재력(이 모두는 사람들 간 의사소통과 관계된 것이다)은 〈표 2-1〉에 제시되어 있다. Gardner는 정신과적 증상이나 장애는 각각 이러한 '정상'적이거나 일상적인 역할 잠재력과 관련이 있다고 주장하였는데, 그중에 일부가 표에 제시되어 있다. 이러한

〈표 2-1〉 여덟 가지 역할 기능 및 일상, 비일상 맥락에서의 표현

역 할	일상적 표현	비일상적 표현
양육-주기	부모 역할, 돌봄	금전적 목적이 없는 납치
양육-받기	정상적인 자녀의 행동	의존
성적 역할	사랑, 성교	성도착, 강간
지배적 분투	리더십	조증, 경조증
순종적 수용	추종자, 청중의 일원 되기	가치 상실
순종적 철회	집단의 하위 구성원	우울
공격	다른 사람을 괴롭힘	편집증
거리 두기	격리된 생활	분열성 행동

출처: *Evolutionary Psychiatry: A New Begining* (p.28), by A. Stevens and J. Price, 1996, New York: Routlege. 저작권은 Routledge(1996)에 있으며, 승인에 따라 옮김.

역할 기능은 여러 면에서 어느 정도 중첩된다. 또 각각은 기저의 신경계 및 그 구조와 관련되는 것으로 추정된다. 그러나 이 여덟 가지 역할이 인간의 행동 잠재력에 대한 완전한 목록은 아닐 것이다.

Stevens와 Price(1996)는 "정신병리는 발달 중인 개인의 환경이 부분 혹은 전체적으로, 하나(혹은 그 이상)의 원형적 요구를 충족시키는 데 실패했을 때 나타나는 결과다."(p. 34)라고 주장하였다. 그들은 각 병리적 조건이 어떻게 애착, 지위, 거리두기, 생식 등의 장애로 개념화되는지 상세한 분석을 제공하고 있다. 또 그들은 각각의 증상이 대개 억제되거나 과장된 형태로 왜곡되어 나타나지만, 어떻게 잠재적으로 적응해 가는 과정인지를 보여 주려고 시도하였다.

상징으로서의 증상

정신분석가 Maranhao(1986)는 상담적 대화의 본질에 관한 책에

서 정서와 관련된 증상의 속성에 대해 논의하였다(Maranhao, 1986). Freud의 초기 저작에서 그는 많은 환자가 자신의 어린 시절에 성적 괴롭힘을 경험한 것으로 믿었다. 이러한 외상의 영향은 너무 고통스러워서 그에 대한 기억이나 생각이 억압된다. 그러나 그 경험과 관련된 정동이 완전히 억압될 수는 없어서 부적절한 울음이나 갑작스러운 얼굴 표정의 변화, 근육이나 감각의 기능상실 등과 같은 히스테리성 증상으로 나타나게 된다. 정신분석적 이론에 따르면, 증상 형성은 추동과 정동, 자아 기능 그리고 현실 간의 타협이다.

어떤 의미에서 증상은 다른 사건의 상징이다. Maranhao(1986)가 말했듯이, "상징은 검열에 의해 그 흐름이 저해된 정동을 대체하는 대리물이다."(p. 87) 수용할 수 없는 정동은 그것과 관련된 생각이 의식화되는 것을 막기 위해 위장된다. 모든 권위자에게 적개심을 표현하는 내담자는 실제로는 자신의 아버지에 대해 숨겨진 증오를 가지고 있을 수 있다. 정신분석가들은 내담자로 하여금 상징을 드러내도록 하고, 이론과 경험을 통해 그 상징을 기저 정동의 측면에서 해석하려고 시도한다. 분석가들은 정확한 해석이 강력한 정서의 해방으로 이끌어 갈 것이라고 믿는다. 통찰은 반드시 상담자가 하는 제안에 이성적으로 합의한 결과가 아닌 정서에 기초를 둔 것이어야 한다. 사실 정신분석가들은 "정신분석은 근본적으로 정동이론으로 보는 것이 유용하다."(Spezzano, 1993, p. 35)라고 합의하고 있다.

왜곡된 정서로서의 증상

이 장에서는 증상의 본질에 대해 검토해 왔다. 앞에서 논의하였듯이, 전문가들은 장애의 증상을 정의하고, 그 진단명은 그저 증상의 묶음인 듯하다. 많은 증상은 분명히 정서와 그 변화에 대한 것이고, 그 밖의 것들은 보다 간접적인 방식으로 정서와 관련되어 있는 것으로 보인다. 상담 실제에서 내담자는 다양한 범주의 호소 증상을 가지고 오는데, 그중에 많은 부분이 정신의학적 전문 용어에 속하지 않는다. 빈약한 대처기술과 자포자기, 사기 저하 등이 그것이다. 다소 덜 심각한 장애를 가진 많은 내담자는 (일곱 가지의 증상 중 네 개가 해당되어야 하는) DSM-VI의 준거에 해당되지 않는다. 그러나 그들은 불행하고, 삶에 실망하며, 무의미와 권태를 경험하고 있다. 그들은 공식적인 진단준거를 충족시키지는 않지만 상담에 온다. 대부분의 진단 용어는 그저 설명적이지만, 그 인과관계에 관한 많은 암시가 들어 있다. 경계선 성격장애라는 용어는 병리의 심각성, 기원이 어린 시절에 있을 것이란 점, 치료의 어려움 등을 암시한다. 게다가 이 장애명은 동질성이 매우 적어서 이 장애를 가진 어떤 내담자는 집단이나 개인 상담을 받을 수 있고 치료 효과도 있는 반면, 또 어떤 내담자는 그렇지 않다(Yalom, 1995). 장애, 역기능 그리고 정신병리라는 용어는 뭔가 결핍된 이미지를 주어 때로 상담자들은 이들 용어의 사용에 부정적 태도를 보이기도 한다(Furman & Ahola, 1992).

내담자들은 때로 자신의 증상을 상담자에게 설명하는 데 어려움을 겪고, 증상은 상담과정에서 부침을 거듭한다. 어떤 내담자는 제기되었던 문제가 없어져도 상담을 받고 싶어 한다.

상담자들이 종종 내담자들보다 증상을 더 다양하게 본다는 것은 매우 중요하다. 증상은 상징이고, '뭔가 다른 것'의 표현이며, 그 '뭔가 다른 것'은 대부분 이론에 의해 추정된다. 정신분석가들은 기저 갈등(대부분 무의식)에서 증상의 의미를 이해한다. 어떤 상담자는 증상을 삶의 실존적 위기에 대한 개인의 부적절한 대처로 이해한다. 또 어떤 상담자는 증상이 개인의 특정 능력 상실로부터 나타나는 것이어서 좌절이나 대인 간 갈등에 적절히 대처하는 데 한계가 생긴 것이라고 본다. 어떤 상담자는 드러난 증상이 다양한 삶의 상황에 대한 반응을 결정하는 개인의 기저의 정서각본을 나타내는 것이라고 주장한다. 증상은 모든 관계에 특징적인 위계에 대한 권력투쟁을 반영하는 것으로 해석되기도 한다. 또한 어떤 상담자는 증상을 발달 중인 개인의 타고난 기본 욕구와 성향을 충족시키지 못하는 환경의 실패를 반영하는 것으로 해석하기도 한다.

증상의 의미에 대한 이와 같은 다양한 이론적 모델로 보건대, 하나의 해석만이 옳고 다른 해석은 틀렸다고 주장하는 것이 불가능한 것은 아니지만 무척 어려운 것이다. 모두 어느 정도는 옳고, 상담자는 이들 중 하나나 몇 개의 가능성에 자신의 전략을 맞추고 선택할 수 있을 것이다. 또 어떤 상담이라도 충분히 지속적으로 진행된다면, 기저의 갈등, 실존적 위기, 유능감 상실, 정서각본, 권력투쟁, 충족되지 않은 생리적 성향 등 모든 문제를 다루게 될 것이다.

증상과 그 변화

정서의 의미와 증상의 관계에 대해서는 보다 정확하게 개념화할 수 있다(Plutchik, 1993). 최소한 다음과 같은 다섯 가지의 설명이 가능하다.

• 내담자는 우울, 불안, 분노 같은 특정 정서를 매우 자주, 강하게

경험한다. 이는 아마도 사람들이 상담에 오는 중요한 이유일 것이다. 그러나 다른 정서 또한, 상담을 시작하게 하는 정서들만큼은 아니지만 매우 강하게 존재하고 자주 경험될 수 있다. 혐오(거부, 비난, 적개심 형태로), 믿음(쉽게 속아 넘어가는 형태로), 기쁨(경조증이나 조증 형태로) 등이 그 예다. 내담자는 보통 이러한 정서의 강도나 빈도를 줄일 수 있었으면 하는 소망을 피력한다.

- 내담자는 어떤 정서를 매우 약하거나 낮은 빈도로 경험한다. 그들은 사랑과 애정을 표현할 수 없는 것, 화를 내는 것, 또는 주장적이지 못한 것 등을 호소한다. 이런 경우에 내담자는 이런 감정의 빈도와 강도를 증가시키고 싶어 한다. 이런 문제는 외상 후 스트레스 장애 내담자에게 자주 나타나는데, 그들은 경험한 외상과 관련된 정동의 범위가 종종 제한되어 있다.
- 때때로 내담자는 대인관계적 용어로 자신의 문제를 기술한다. 내담자는 자신의 배우자, 연인, 부모, 자녀, 친구, 직장 상사, 동료와 잘 지내는 데 어려움을 겪는다. 이런 호소 문제를 잘 검토해 보면 이들 문제의 중심에 정서가 있다는 것이 드러난다. 부모는 이들이 죄책감을 느끼게 하고, 직장 상사는 이들을 불쾌하게 만들고, 자녀는 그들을 실망시키며, 연인은 불안을 준다. 대인관계는 처리하기 어렵다고 여기는 정서적 관계를 야기한다. 대처가 어렵거나 불가능할 때는 '정서적으로 혼란'될 수 있다.
- 두 개 이상의 정서가 동시에 일어나 심각한 갈등이 만들어질 때 정서는 정신병리의 일부가 된다. 정신분석가들은 이런 일이 흔히 발생하며, 내담자는 어디까지가 옳은지를 종종 알아차리지 못한다고 여긴다. 이러한 정서 갈등의 예는 두려움과 분노가 함

께 일어나는 경우를 들 수 있는데, 부모와 자녀 또는 직장 상사와 동료 사이에서 드물지 않은 반응이다. 또 다른 흔한 예로 친구, 부모, 배우자를 향한 신뢰와 거부감을 낳는 의심 사이의 갈등, 혹은 독립심, 우월감을 향한 욕구와 의존심, 순종적인 마음, 보살핌을 받고 싶은 소망 사이의 갈등을 들 수 있다. Shapiro는 이러한 신경증적인 특징을 갈등적 성격이라고 불렀다.

- 정서는 성인이 자신의 느낌에 대해 주관적으로 보고하는 것에만 적용되지 않는다. 정서는 아동, 유아, 지적장애나 정신병 환자, 특정 느낌을 억압해 온 '정상' 개인에게서도 보인다. 모든 이론가는 정서가 행위에 대한 충동(Plutchik, 1980a)뿐 아니라 인지적 평가과정(Lazarus, 1991)을 수반한다고 본다.

정서는 평가, 주관적 느낌, 행위충동(impulses to action), 목표지향적 행동을 포함하는 일련의 사건을 수반하는 것으로 보인다. 때때로 이 복잡한 일련의 정서적 사건의 각 부분 사이에 잘못된 연결이 발생하기도 한다. 그 결과의 한 예로, 불안의 원천을 알지 못하는(즉, 적절한 인지적 평가가 없는) '부유불안(free-floating anxiety)'이 일어날 수도 있다. 왜 우울한지 이유를 알 수 없는 우울, 분노의 원천을 알 수 없는 분노가 일어날 수도 있다(Kurschner & Beitman, 1990). 스스로는 두려움이나 불안을 느끼지 않는데도 공황발작과 같은 신체 증상이 나타날 수도 있다. 정신과 의사들은 자신은 알아차리지 못하지만 불안이나 우울의 징후가 보이는 '가면성 불안(masked anxiety)' '가면성 우울(masked depression)' 상태를 보고한다. 심지어 강한 감정에 대한 반응으로 혹은 그 감정을 대신해서 신체 질병이 나타나는 '정신신체적 등가물(psychosomatic equivalents)' 이 보고되기도 한다(Karasu & Plutchik, 1978).

요약하면, 다음의 다섯 가지 중 한 가지나 그 이상의 방법으로 정서는 증상이 되기도 하고 증상을 만들어 내기도 한다. ① 너무 많은 정서가 있을 때, ② 너무 적은 정서가 있을 때, ③ 대인관계가 만족스럽지 않을 때, ④ 강한 정서가 갈등을 일으킬 때, ⑤ 연결된 정서의 일부가 단절되었을 때(예, 행동으로부터의 느낌) 등이다. 이렇게 해서 정서의 왜곡은 바로 증상으로 밀접하게 연결된다.

증상과 정서, 그리고 상담의 목표

Freud는 정신분석의 목표를 신경증적인 비참함을 보통의 불행감으로 바꾸는 것이라고 쓴 적이 있다. Yalom(1989)은 이와 다르게 보았다. 즉, 상담의 목표는 삶의 역경에 대한 책임감을 받아들이는 것이라고 보았다. 일반적으로 대부분의 상담자는 상담의 목표를 최소한 내담자가 상담에 올 때 가지고 온 증상이나 문제를 줄여 주거나 제거하는 것이라고 생각한다. 그러나 만약 상담자가 내담자의 증상이 기저 갈등, 고착, 외상 그리고 권력투쟁을 반영하는 것이라고 믿는다면, 상담의 목표는 보다 복잡해지고 어떤 식으로든 이 문제를 다루도록 계획을 세울 수 있다. 성공한다면 상담은 현재의 증상뿐 아니라 자존감, 성격, 대처기술, 정서의 변화를 가져온다. 이러한 관점의 결과, 상담자들이 설정하는 상담 목적의 수는 증가되어 왔다. 이들 목적(goal)은 광범위하고 많은 목표(aim)를 포함한다. 다양한 상담에서의 관점 비교가 〈예시 2-1〉에 제시되어 있다.

이 예시에서 보면, 상담자가 정서변화를 얼마나 중요하게 생각하는지 알 수 있다. 예를 들어, McGlashan과 Miller(1982)는 정동을 충분하게 경험할 수 있는 능력과 정서적 고통이라는 증상의 감소를 상담 목적에 포함시켰다. Strayhorn(1988)은 칭찬을 기꺼이 받아들이는 능력 및 친밀감과 신뢰의 증가를 강조했다. Prochaska, Norcross 그리고 DiClemente(1994)는 자신의 문제에 대한 느낌(정동)을 경험하고 표현하는 것을 포함시켰다. Yalom(1995)은 상담의 두 가지 목적은 희망을 증가시키고, 인지적 자각과 함께 느낌을 표현할 수 있는 것이라고 주장했다. 열거된 많은 다른 목적들도 내담자가 상담으로부터 혜택을 입었다고 간주되려면 특정 정서의 변화를 필요로 한다는 것을 함축하고 있다. 다음 장에서는 정서가 상담 작업에서 왜 그토록 중요한지에 대해 설명하고자 한다.

예시 2-1 | 상담의 목적: 예

■ McGlashan과 Miller(1982)

1. 책임 있는 행위 주체로서의 자존감과 자기감 증진하기
2. 또래와 가족 구성원과의 대상관계성 개선하기
3. 좌절을 견디는 힘과 추동 상태를 통제하는 능력 증진하기
4. 믿음, 주장성, 성에 대한 관심으로 표현되는 개인의 발달 수준 향상시키기
5. 모든 범주의 정동 경험하기
6. 보다 성숙한 방어를 사용하여 문제에 대처하기
7. 양가성을 견딜 수 있도록 하기
8. 자기관찰과 분석을 위한 힘 증진하기
9. 정서적 고통에 의한 증상 줄이기

■ Strayhorn(1988)

1. 신뢰와 친밀감 증진하기
2. 가까운 타인으로부터의 거부와 분리 다루기
3. 대인관계에서의 갈등 다루기
4. 좌절과 원하지 않는 사건 처리하기
5. 승인과 칭찬, 관심 받아들이기
6. 미래를 위해 현재의 만족 거절하기
7. 놀 수 있고, 자발적일 수 있도록 하기
8. 느낌을 언어화할 수 있는 능력 증진하기
9. 장기 목표 개발하기

■ Prochaska, Norcross와 DiClemente(1994)

1. 자신에 대한 지식 증진하기
2. 변화의 능력과 힘 증진하기
3. 자기변화에 대한 공개적 노력 증진하기
4. 자신의 바람직하지 않은 행동을 대신할 행동 발견하기

5. 문제를 야기하는 사건의 가능성을 줄이도록 자신의 환경 재구성하기
6. 바람직한 행동이 증진되었을 경우 스스로에게 보상하기
7. 자신의 문제와 해법에 관한 느낌 경험하고 표현하기

■ Yalom(1995)

1. 자신의 대인관계적 세계에서의 개인적 책임 수용하기
2. 배려와 친밀감, 동정심 개발하기
3. 자신의 대인관계에서의 행동 패턴, 동기, 유전적 원천에 대한 통찰 획득하기
4. 희망 늘리기
5. 타인을 북돋우고 지지하는 능력 증진하기
6. 인지적 자각과 함께 느낌을 표현하기
7. 궁극적으로 죽음과 삶의 고통으로부터 비상구는 없다는 것 인식하기

CHAPTER 03

정서이론

각자 자기만 옳다고 주장하지 않는다면 사실 모두가 옳을 것이다.

— Manfred Eigen & Ruthhild Winkler

정서이론에 관한 많은 문헌이 저술되었지만, 상담 실제와 직접 관련된 것은 상대적으로 적다. 이는 임상 문헌에서도 마찬가지여서, 내담자의 정서에 대해서 많이 언급하고는 있지만 정서에 대한 일반이론은 매우 적다. 이 장에서는 정서연구에서 다섯 가지의 주요한 전통을 살펴보고, Freud, Rado, Brenner, Spezzano, Tomkins, Vaillant, Lazarus, Greenberg 등 여덟 명의 임상가를 선택한 이론적 근거를 제시하였다. 이들은 상담 실제에 바로 적용할 수 있는 정동이론을 제공하려고 시도하였다. 여기서는 그들의 견해를 자세하게 서술하고자 한다.

CHAPTER 03

정서이론

일상적 삶에서 정서가 분명히 중요함에도 불구하고, 정서라는 주제는 충분한 관심을 받지 못했다. 대부분의 심리학 교과서에는 정서에 대한 간략한 장이 있을 뿐이고, 이 주제에 대한 어떤 강좌가 구체적으로 할애된 경우는 극히 적다. 임상적 저작들도 정서에 대한 논의는 상대적으로 제한되어 있다.

학자들은 용어의 정의를 합의하는 것에조차 많은 어려움을 겪어왔다. Kleinginna와 Kleinginna(1981)는 정서를 어떻게 정의할지 합의를 도출하기 위하여 조사를 통해 다양한 교과서, 사전, 기타 자료에서 92개의 정의를 찾아냈다. 나는 관련 문헌을 검토해서 24개의 정서이론을 확인하였다(Plutchik, 1980b). 유사하게 Strongman(1987)은 정서에 대한 30개의 접근법을 기술하였다. 이러한 이론의 대부분은 초점이 다소 협소한 경향이 있다. 예를 들어, 정서반응 동안 자율신경계가 어떻게 변화하는가, 어떤 인지나 평가가 정서와 관련되는가와 같은 한두 가지 문제에 대체로 관심을 보이고 있다. 이러한 문제도 중요하다. 그러나 정서에 대한 만족스러운 이론은 광범위하고 일반적이어야 하며 수많은 관심사를 다룰 수 있어야 한다.

정서연구에서 혼란과 다양성은 왜 존재하는가

정서의 본질에 대해 혼란이 있는 데는 많은 이유가 있다. 그 이유 중 하나는 대부분의 사람들이 자기의 느낌에 대한 다른 사람의 말을 액면 그대로 받아들이는 것을 조심하라고 배워 왔기 때문이다. 이것은 우리 스스로가 생각과 느낌을 검열하는 것을 알고, 다른 사람 역시 그럴 것이라고 생각하기 때문이다. 우리는 당황스러운 순간에 씩 웃으면서 참도록 배운다. 슬프고 화날 때조차 웃으라고 배우며, 표정을 잘 드러내지 않도록 배운다. 우리는 다른 사람들로부터의 비난을 피하고 수용과 존중을 받기 위해서 이렇게 한다.

두 번째 이유는 거의 반세기 동안 심리학자들의 사고에 강한 영향을 미쳐 온 행동주의 때문이다. 행동주의자들은 유기체로부터 얻어낼 수 있는 정말 신뢰할 만한 객관적 정보는 행동(그것도 아주 단순한 행동)뿐이라는 관점을 유지했다. 이러한 태도는 조건반사에 몰두하도록 했다. 반면에 정서는 신뢰할 만하게 관찰할 수 없는 내적 상태여서, 과학적 심리학의 영역 밖의 것으로 간주되었다.

정서의 본질에 혼란을 가져온 세 번째 이유는, 정신분석가들이 정서에 대한 주관적인 보고를 항상 있는 그대로 받아들일 수 없다고 강조해 온 사실에서 발생한다. 억압된 정서(그 결과, 스스로 성찰할 수 없는 정서)뿐 아니라 다른 정서들도 자주 자아방어에 의해서 왜곡되고 변형된다.

네 번째 이유는 정서를 나타내는 언어와 관련된다. 많은 연구에서 정서를 표현하는 영어 단어를 확인하고자 (대학생들과 교수들에게) 판단을 구한 결과(예, Averill, 1975; Clore, Ortony, & Foss, 1987;

Shields, 1984; Storm & Storm, 1987), 극히 소수의 단어를 제외하고는 정확하게 어떤 단어가 정서와 관련되는지, 정확히 그 의미가 무엇인지에 대해서는 대부분 불일치하였다.

정서에 관한 불일치와 혼란의 다섯 번째 이유는 정서에 대한 우리의 개념이 여러 가지 다양한 역사적 전통으로부터 유래되었다는 사실이 반영되었기 때문이다.

정서와 관련된 역사적 전통

정서와 관련된 다섯 가지 역사적 전통으로, 진화론적, 심리생리학적, 신경학적, 정신역동적, 인지적 전통이 있다. 〈예시 3-1〉에는 각 전통과 관련된 주요 개념이 제시되어 있다.

예시 3-1 | 정서와 관련된 다섯 가지 역사적 전통

■ 진화론적 전통

주요 인물: Charles Darwin(1809~1882)

주요 저서: 『인간과 동물의 정서 표현(*The Expression of the Emotions in Man and Animals*)』(1872/1965)

주요 개념: 정서 표현은 응급 상황에서의 의사소통이며, 생존 확률을 높인다.

■ 심리생리학적 전통

주요 인물: William James(1842~1910)

주요 저서: 『정서란 무엇인가(*What Is Emotion*)』(1884)

주요 개념: 정서는 행위와 관련되어 일어나는 내부의 자율신경 변화를 자각하는 것에 기초한 주관적 느낌이다.

■ 신경학적 전통

주요 인물: Walter B. Cannon(1871~1945)

주요 저서: 『고통, 배고픔, 두려움 그리고 분노를 느낄 때 신체의 변화(*Bodily Changes in Pain, Hunger, Fear and Rage*)』(1929)

주요 개념: 정서는 시상하부의 각성으로 야기되는 주관적 느낌으로, 대부분 투쟁-회피 행동과 관련된다.

■ 정신역동적 전통

주요 인물: Sigmund Freud(1856~1939)

주요 저서: 『히스테리에 관한 연구(*Studies on Hysteria*)』(1895/1936, J. Breuer와 공저)

주요 개념: 정서는 갈등, 어린 시절의 경험, 성격특질, 방어기제를 수반하는 복합적 상태다. 이는 여러 종류의 간접적 증거를 기초로 추론할 수 있을 뿐이다.

■ 인지적 전통

주요 인물: Fritz Heider(1896~1988)

주요 저서: 『대인관계 심리학(*The Psychology of Interpersonal Relations*)』(1958)

주요 개념: 개인의 신념, 특히 개인의 목표, 일상적인 귀인, 기대는 모두 정서에 영향을 미친다. 또한 정서가 있으면 신념에도 영향을 미친다.

진화론적 전통

Charles Darwin은 진화론뿐 아니라 정서이론도 만들었다(Darwin, 1872/1965). 그는 진화과정이 해부학적 구조에만 적용되는 것이 아니라 동물의 '마음'과 표현행동에도 적용된다고 생각하였다. 동물, 인간의 유아 그리고 다양한 문화권에서의 성인 연구를 기초로, 그는 표현행동이 동물의 삶에서 적응적인 기능을 한다는 결론을 내렸다. 표현행동은 행동을 위한 신호와 준비 태세로서 작용한다. 표현행동은 앞으로 무슨 일이 일어날지에 대한 정보를 서로 주고받게 한다. 따라서 행동을 하는 개인의 생존 확률에 영향을 미친다. 또한 Darwin은 대부분의 정서 표현이 학습된 것이 아니라고 믿었다. 그는 정서연구를 주관적 느낌에서 생물학적, 진화적 맥락의 행동연구로 확장했다. '특정 정서나 행동 패턴이 어떤 방법으로 생존을 돕도록 하는가' 라는 질문은 과학적으로 합당한 물음이 되었다. 정서에 대한 진화론적 견해는 많은 현대의 연구, 특히 동물행동학에 영향을 미치고 있다.

심리생리학적 전통

정서에 관한 Darwin의 책(1872/1965)이 출판되고 나서 12년 후 미국의 심리학자이자 철학자 William James는 새로운 관점에서 정서를 조명한 논문을 출간했다. 이로써 정서연구의 두 번째 전통이 그 토대를 마련하게 되었다. 그의 관심은 주로 정서의 느낌과 정서의 생리학적 변화 중 무엇이 먼저 일어나는가 하는 순서에 대한 것이었다. 그는 "재산을 잃고 나면 애석해서 우는 것이 상식적인 생각이다. ……[나의] 가설은…… 애석한 기분이 드는 것은 우리가 울기 때문이고, 화가 나는 것은 우리가 때리기 때문이며, 우리가 떨고 있기 때문에 두렵다는 것이다." (James, 1890, p. 1066)라고 결론을 내렸다.

지난 100년이 넘게 많은 심리학자가 James의 이론을 증명하거나 반증하고자 시도해 왔다. 이는 정서와 관련된 신경의 변화를 연구하도록 촉진했고, 자율신경생리학, 거짓말탐지기 그리고 각성을 이해하는 데 중요한 진보를 가져왔다.

신경학적 전통

James가 죽고 나서 몇 년 후, 또 다른 하버드 대학교 교수이자 의학 연구자였던 Walter Cannon이 동물의 자율신경계 변화에 대한 스트레스의 영향을 다룬 일련의 연구를 출간하기 시작했다. 이 작업은 James의 이론에 대한 비평이자, 정서에 대한 Cannon의 대안이론 개발의 기초가 되었다.

Cannon(1929)은, 고양이 뇌의 특정 부분을 제거하자 이른바 가짜 분노 상태가 만들어져 2~3시간 지속되었다고 보고하였다. 그의 연구는 분노 표현과 관련된 신경계의 구조가 뇌의 시상하부에 있고, 이 영역이 정서를 관장할 것임을 보여 주었다. 이 연구는 신경 구조에서의 정서의 역할과 관련된 많은 연구를 촉진했다. 이후 연구자들은 뇌의 다른 많은 영역과 함께 변연계(limbic system)의 중요성을 발견했다. 정서와 정신병과 관련한 뇌의 생화학적 연구 또한 이 신경학적 전통에서 초기 작업의 직접적인 결과다.

정신역동적 전통

20세기 시작 무렵 Sigmund Freud와 Josef Breuer(1895/1936)는 『히스테리에 관한 연구(*Studies on Hysteria*)』라는 책을 출간하였다. 이 책은 정신병(psychiatric illness)의 기원에 대한 Freud의 새로운 이론 개발 과정을 서술한 것이다. 동시에 Freud는 정서이론의 기초를 닦았다.

Freud는 환자를 치료할 때 처음에는 최면을 사용했다. 그러나 점차 이 방법을 포기하고, 환자가 자신의 억압된 정서와 기억을 찾아가는 데 도움을 주는 최상의 방법으로 자유연상기법을 사용했다. 이제 더 이상 치료 목표는 억압된 정서를 풀어 정화하는 것이 아니었다. 치료 목표는 억압된 것을 찾아내고, 그것을 판단행위로 대치하는 것이었다. 여러 해에 걸쳐 Freud와 동료들은 신경증의 기원과 발달에 대한 복잡한 이론을 만들어 냈다. 정신분석학 저서에는 추동, 정동, 정서발달의 단계, 발달의 변이, 갈등, 마음 그리고 성격에 관한 이론이 암시적으로 혹은 분명하게 등장하였다.

정신분석에서의 광범위한 저작들에도 불구하고, 정서에 대한 분명한 일반이론이 언급되기 시작한 것은 최근에 이르러서다(Spezzano, 1993). 그렇지만 지금까지도 정신분석가들은 정서의 본질에 대해 제대로 의견 일치를 보이지 못하고 있다.

인지적 전통

정서를 다루는 주요한 역사적 전통 가운데 다섯 번째는 상대적으로 최근 것으로, 시초는 Fritz Heider(1958)의 저작들에서 찾을 수 있다. Heider는 인과적 속성, 사리분별, 목표 등의 다양한 인지과정 모두가 우리 정서에 영향을 준다고 주장한 사회심리학자였다. 또한 정서가 발생하면 때로 우리의 인지도 바뀌어서 인지와 정서는 순환적 피드백 과정을 통해서 서로 관련된다고 밝혔다.

Heider의 분석은 주로 일화를 통한 것이거나 이론적이었다. 그러나 많은 연구자가 정서반응의 인지적 측면을 연구할 때 그의 저작에서 자극을 받았다. 현대 심리학에서는 이러한 관심이 매우 강하며, 최근에 정서를 이해하는 데 많은 도움(이 장의 Lazarus의 연구 논의 참조)이 되고 있다.

몇몇 이론적 함의

이제 정서연구가 왜 그렇게 어려웠는지 분명해졌을 것이다. 정서를 나타내는 언어는 분명하지 않다. 정서를 보고할 때는 자기검열이 종종 일어나고, 정신분석과 행동주의 같은 지적 운동이 (서로 다른 이유에서) 정서 상태 보고의 타당성에 의문을 제기해 왔으며, 다양한 역사적 전통이 정서라고 불리는 복잡한 상태의 각기 다른 측면에 초점을 맞춰 왔다.

이러한 어려움에도 불구하고, 특히 최근 몇 년 동안 정서이론을 개발하기 위한 많은 노력이 있었다. 일부는 진화론적인 측면에, 일부는 뇌의 기능에, 일부는 자율신경생리학에, 일부는 인지적 측면에, 그리고 일부는 치료적 문제에 초점을 맞춰 왔다. 이들 이론의 다수는 이전의 책에서 개관하였다(Plutchik, 1980a, 1994). 이 책의 초점은 정서이론의 상담적 함의에 있으므로, 이 장에서는 임상적 문제를 이해하기 위한 구체적 함의를 가진 이론들을 다루고자 한다.

임상적으로 가장 적절한 정서이론을 선정하는 것은 논쟁의 여지가 있다. 대부분의 상담자들이 내담자의 정서에 대해서 이야기하지만, 상대적으로 극히 적은 수의 상담자만이 포괄적인 정동이론을 내놓으려는 분명한 시도를 하였다. Freud의 정동이론조차도 일차적으로는 전반적인 정동이 아니라 불안에 관한 것이었다(Plutchik, 1994 참조).

내가 생각하기에, 정동에 관한 일반 정신분석적 이론에 가장 중요한 공헌을 한 사람은 Rado, Brenner, Spezzano 등이다. 이들은 모두 정신분석적 맥락에서 정서에 관한 책을 저술하였다. Honey, Sullivan, Malan과 같은 중요한 정신역동적 공헌자들은 그렇게 하지 않았다. 많은 비정신분석적 정서이론도 있다(Plutchik, 1980a의 설명 참조). 대부분 주관적인 보고서에서 자율신경계 변화의 역할 같은 학술적 주제를 다루고 있으며, 상담 실제와 직접 관련이 있는 것은 거의 없다. 나의 판단으로는, Tomkins와 Vaillant, Lazarus 그리고 Greenberg의 책이 가장 직접적으로 상담 실제에 적용되도록 정서를 다루고 있다. 이것이 이 책에서 그들을 기술하는 이유다.

논의를 위해 내가 선정한 저자들의 공통점은, 정서가 상담의 중심이고 대체로 환경, 특히 인간환경의 도전적 측면에 적응하려는 노력임을 그들 모두 인식하고 있다는 것이다. 그들 대부분은 정서가 반드시 스스로에 의해 성찰되는 것이 아니며, 개인은 자신의 느낌을 잘못 판단하기도 한다는 것을 인정한다. 독자는 이 저자들이 정서를 상담과의 관계에서 논의하고 있다는 점을 명심해야 한다. 즉, 그들이 일반 상담이론이나 특히 특정 학파를 대변하는 것은 아니다.

상담 관련 정서이론

Sigmund Freud: 억압의 원인으로서의 정서

Freud(Freud & Breuer, 1895/1936)는 히스테리 환자에 대한 연구 결과, 자신의 환자들이 망각했거나 적극적으로 억압한 기억 때문에 고통받고 있다고 보았다. 이런 일은 강한 정서가 기억에 부착할 때 발생하고, 환자는 그 정서를 지각조차 못할 수도 있다. Freud의 가설은 히스테리 증상이 억압된 정서의 위장된 표현이라는 것이다. 처음에 Freud는 환자가 억압된 정서의 강한 표출, 즉 자신이 카타르시스라고 부르는 과정을 통해서만 증상을 제거할 수 있다고 보았다. 그러나 최면을 사용해서 얻은 치료가 신뢰하기 어렵다는 것을 깨달은 다음에는 카타르시스의 필요성에 대한 생각을 바꾸었다. 그렇지만 증상의 기원에 대한 자신의 이론은 계속 믿었다. 사실 그는 정서가 부가된 기억의 억압이 히스테리 증상뿐 아니라 모든 신경증 증상의 기초라는 결론에 점차적으로 도달했다.

Freud의 불안이론을 그의 정동이론의 예로 검토할 수 있다. Freud의 저작에서 불안의 개념은 많은 다양한 형태를 취하고 있다. Freud (Fenichel, 1946 참조)는 불안이란 짓누르는 스트레스에 대처할 능력이 없을 때 나타나는 반응이라고 주장했다. 그 상황은 모든 인간이 출생할 때 처음 겪게 되는데, 갑작스럽고 거대한 환경의 자극으로 생기는 출생외상이 그 시초다. 이 외상은 Freud가 원불안(primary anxiety)이라고 부른 원초적 방출증후군(archaic discharge syndrome)을 만들어 내고, 이는 그 사람의 이후 삶에서 이차적 불안반응 발생의 원형이 된다.

Freud는 1915년에 불안에 대한 두 번째 가설을 내놓았다. 그는 정동은 일차적으로 어떤 식으로든 직·간접적 표현을 요구하는 에너지의 형태라고 주장했다. 만약 정동의 억압과 억제가 있으면, 정서 에너지가 공포증, 강박관념, 강박적 행동 같은 신경증적인 과잉 메커니즘의 형태로 표현된다. Freud는 불안을 정서억압의 결과로 보았다. 또한 수반된 정서는 항상 성적 욕구에 대한 갈등과 관련된다고 가정했다.

그러나 Freud는 1926년에 그의 저서 『억제, 증상 그리고 불안(*Inhibitions, Symptoms and Anxiety*)』에서 불안 속성에 대한 새로운 개념을 정립했다. 그는 불안을 정동 에너지의 전환 결과라고 보는 대신에, 외적·내적 환경의 위험에 대한 자아의 평가 결과라고 해석했다. 정신분석과 중요하게 관계 있는 위험 사건의 예로는 출생, 배고픔, 어머니의 부재, 사랑의 상실, 거세, 양심, 죽음 등이 있다. Freud의 후기 개념화에서 불안은 억압의 결과가 아니라 억압의 원인이다. 자아에 의한 평가를 통해 내적 충동이나 외적 사건이 위험한지 아닌지 여부를 결정한다. 반대로 이 결정은 이어지는 정서반응을 결정한다.

불안에 의해 예시된 이와 같은 정신분석적 정서 해석은 몇 가지 함의를 가진다. 우선, 정서가 무의식적일 수 있는지, 즉 개인이 정서를 경험하면서도 알아차리지 못할 수 있는지 의문을 제기한다. Freud가 무의식적 죄책감과 무의식적 불안에 대해서 서술하기는 했지만 그는 이 개념을 불만스러워했다. 왜냐하면 그는 정서를 반응과정으로 생각했기 때문이다. 그는 『무의식(*Unconscious*)』(1915)에서 다음과 같이 썼다.

> 정서가 의식되어야 한다는 것은 분명히 정서의 본질이다. 따라서 정서, 느낌, 정동이 무의식적일 수 있다는 것은 극히 불가능할 것이다. 그러나 정신분석 실제에서 우리는 익숙하게 무의식적인 사랑, 증오, 분노 등을 이야기한다. 그리고 어쩔 수 없이 '죄의식에 대한 무의식적 의식(unconscious consciousness of guilt)'과 같이 단어의 이상한 연결을 피할 수 없다는 것을 알게 된다……. 엄밀히 말해서 무의식적 관념이라는 의미에서의 무의식적 정동은 존재하지 않는다……(p. 110).

Freud가 나중에 불안에 대한 해석을 발전시키고 나서야 이 딜레마는 해결되었다. 그는 반응이 의식적일지라도 사건의 평가는 무의식적일 수 있다는 결론을 내렸다(예, 부유불안은 분명히 드러나지만 그 원천, 즉 평가는 인지되지 않음).

두 번째 함의는 다른 사람의 정서를 어떻게 인식하느냐 하는 의문에 관한 것이다. 정서가 억압될 수 있다는 것이 사실이라면, 내담자 자신도 확인할 수 없는 그 어떤 것을 분석가가 어떻게 확인할 수 있는가?

Freud는 다양한 치환과 변형이 정서 표현에서 발생하지만, 그것의 간접적인 신호는 항상 알아차릴 수 있다고 가정하였다. 예를 들어, 어떤 사람이 계속 얼굴을 찌푸리고, 이를 갈고, 사람이 살해되는 꿈을 꾼다면, 우리는 비록 이 사람이 그렇지 않다고 부정하더라도 뭔가 화가 났다는 것을 추정할 수 있을 것이다. Freud는 사람의 억압된 정서를 판단하기 위해서 주로 꿈, 자유연상, 말 실수, 자세, 얼굴표정 등에 의지했다. 다시 말해서, Freud 학파의 정신역동적 전통에서 정서는 여러 유형의 행동을 근거로 추론할 수 있는 개인의 복잡한 상태다. 비록 주관적인 느낌이 사람의 정서에 대한 실마리를 제공해 주기는 하지만 이는 많은 단서 가운데 하나일 뿐이다. 정서는 자기 내면을 관찰하는 것이라고 여겨지는 언어 표현과 일치하지 않는다.

정신역동적 전통의 세 번째 함의는 정서가 순수한 상태로 관찰되는 경우가 매우 드물다는 것이다. 모든 정서는 복잡한 역사가 있고, 각 구성요소는 어린 시절로까지 거슬러 올라간다. 정서는 여러 가지 추동의 원천이 있을 수 있고, 느낌과 반응이 혼합되어 있을 수도 있다. 정신분석적 개념은 바로 그 복잡한 상태의 구성요소를 찾아내려는 시도를 의미한다.

Sandor Rado: 위기정동에 대한 이론

Sandor Rado는 정신분석가로서 유럽에서 수련을 받고 미국의 주요 정신분석 수련센터에서 지도자로 여러 해를 보냈다. 그의 수련 배경은 고전적이지만 분석이론, 특히 정동 영역에서 혁신적인 기여를 했다.

Rado(1969)는 적어도 일곱 가지 중요한 정동 패턴을 확인할 수 있다고 주장했다. 그것은 회피(escpae), 싸움(combat), 복종(submission), 반항(defiance), 반추(brooding), 속죄(expiation), 자해(self-damage)다. 그는 진화론적 전제에 입각해서 다수준(multilevel) 정서이론을 개발했다. 그리고 통제에 대한 네 가지 심리적 수준이 있다고 가정했다. 첫 번째 수준은 쾌락 수준(hedonic level)으로, 이는 행동양식을 선택하고 조직하는 데 고통과 즐거움의 효과에 주목한다. 이 원시적 통제 양식은 모든 유기체, 심지어 하등생물에도 존재한다. 그 효과에 따라, 사람들이 고통은 멀리하고 즐거움의 원천은 가까이하게 되는 것이다.

위험하거나 나쁜 대상과의 접촉은 대개 고통으로 귀결된다. 이는 위해가 이미 발생했음을 나타내는 원시적 위기신호다. "이 신호체계는 진화 역사의 초기 단계에서 시작되었으며, 위기행동을 보이는 유기체 전체의 진화에 기초가 된다." (Rado, 1969, p. 26)

즐거움의 영향으로 통합반응이 만들어지고, 고통의 결과로 제거반응이 형성된다. 정신적 고통이나 예기된 고통은 육체적 고통이 쉽게 그러하듯, 제거행동을 촉진시킨다. 그러나 어떤 제거 시도는 덜 효과적이며, 심지어 병리적이다. 예를 들어, 억압 방어기제는 제거반응을 통해 고통스러운 정서와 생각을 지각하지 못하도록 해 준다. 정신병과 망상 상태의 어떤 환자는 자기 스스로 (눈이나 생식기 같은) 신체기관을 느닷없이 절단해 제거함으로써 고통스러운 것을 보는 것과 고통스런 느낌을 피할 수 있다고 생각한다.

통제의 두 번째 수준은 맹목적 정서 수준(brute-emotional level)이다. 유기체는 중추신경계의 발달에 맞추어 말초 수용기를 발달시켜온 것처럼, 행동 패턴을 선택하고 조직하는 새로운 방법을 발달시켜 왔다. 이 새로운 통제 방법은 두려움, 분노, 사랑, 비탄과 같은 기본 정서들이다. 즐거움과 고통이 유기체로 하여금 환경자극에 접근하거나 물러나게 하는 것처럼, 정서들도 이를 위한 보다 통제된 방법을 제공한다(예, 분노는 싸움이나 공격행동을 조직화한다.). 이들 정서는 미래 사건에 대한 예측을 만들어 낸다. 왜냐하면 환경을 위협적인 것으로 평가하는 동물은 무서워하며 도망가거나 사납게 공격할 수 있을 것이기 때문이다. 어떤 의미에서 겉으로 나타나는 행동은, 유기체 내에 존재하는 느낌이 어떠한지 상세히 설명하는 것이다.

세 번째 통합 수준인 정서적 사고 수준(emotional-thought level)은 뇌의 대뇌화(encephalization)가 현저하게 증가하는 것과 관계된다. 이 통제 수준에서 정서는 보다 절제되고 복잡해진다. 걱정, 귀찮음, 질투, 시기 같은 파생정서가 나타난다. 분노에 의한 파괴가 목적이던 것이, 지배와 이용을 목적으로 하게 된다. 또한 억압 같은 방어기제가 보다 자주 사용된다. 나타나는 정서의 수도 네 개의 기본정서보다 많아진다.

행동조절의 네 번째 수준인 비정서적 사고 수준(unemotional thought level)에서는 이성적이고 지적인 방법으로 사건을 통제할 수 있게 된다. 여기서 Rado(1969)는 정서를, "위기행동을 준비하는 예비신호이며, ……이 행동의 목표는 유기체가 안전해지는 것이다."(p. 27)라고 정의했다.

정신분석 임상가로서 Rado는, 이러한 개념이 내담자를 치료하는 데 이용될 때 의미 있는 것으로 보았다. 그래서 그는 자신의 견해가 가지는 실제적 함의에 대해서 다소 장황하게 서술하며, 장애행동은 기본적으로 하나의 과잉반응이라고 주장했다. 고통과 두려움, 분노 및 기타 다른 위기정서를 경험한 사람은 철회, 복종, 싸움 등을 통해서 원인을 제거하려고 노력한다. 이러한 위기반응은 종종 효과가 없어서 극단적이고 다소 융통성 없는 행동을 낳기도 한다.

정서에 대한 Rado의 개념은 독창적이고 시사하는 바가 많은데, Cannon(1929)의 위기반응으로서의 투쟁-회피 개념에 영향을 받은 것이 분명해 보인다. 정서의 사회적 커뮤니케이션과 관련되는 그의 생각 일부는 Darwin의 생각과도 유사하다. 그러나 근본적으로는 간접적 증거에 의해서만 그 특성을 추론할 수 있는 무의식적이고 복합적인 정서가 있다는 것을 인정하는 Freud적 전통 안에서 서술되었다.

Charles Brenner: 쾌락 상태와 개념이 결합된 정동

Charles Brenner는 저명한 정신분석가이며, 미국정신분석가협회의 전임회장이다. 그의 저서는 고전적 정신분석 사고에 굳건히 기초하고 있으며, 그의 이론적 주장은 전통적 개념으로부터 조심스럽게 진보되어 왔다.

Brenner(1974)는 Freud의 정동이론이 대부분 불안에 한정되며, 그 초점이 운동방출 과정으로서의 정서에 있는 것으로 보았다. 오늘날 정신분석가들은 이른바 '자아심리학(ego psychology)'에 점차 관심을 두고, 행동에 관련된 생각의 역할을 규명하려고 노력해 왔다. Brenner의 목표는 현대의 자아심리학과 일치하는 정동이론을 개발하는 것이었다. 모든 정신분석가처럼 Brenner(1974)도 정서(정동)의 의식적이고 주관적인 보고(report)는 종종 믿을 수 없다고 생각했다. 이는 대부분의 정서 상태가 좋거나 나쁜 사건에 대한 기억이거나 기대일 뿐 아니라, 즐겁거나 불쾌한 느낌 모두의 복합물로 나타날 수 있기 때문이다. 이러한 양가성은 예외 없이 적용된다. 게다가 이러한 정동의 부분 또는 전부는 억압되거나 변형되어, 의식적인 보고(conscious report)는 대부분 있는 그대로가 아니다. Brenner는 경쟁자 이기기를 예로 들었다. 경쟁자를 이기는 것은 즐거움과 승리의 느낌을 만들어 내기도 하지만 또한 경쟁자에 대한 연민과 동정의 느낌, 그리고 경쟁자를 좌절시킨 것에 대한 처벌의 예상을 수반한다.

Brenner(1974)는 자아심리학과 관련짓기 위해 정동을 "유쾌, 불쾌의 감각, 혹은 양쪽 모두에 생각이 더해진 것으로, 그 감각과 연결된 의식과 무의식 모두"(p. 536)라고 정의했다. 이 관점에서 보면 불안은 위험에 대한 특정 개념과 관련된 불쾌감이다. 그는 불안과 관련된 다양한 단어를 불쾌감의 강도 또는 위험의 확실성 정도에 따라서 구분했다. 예를 들어, 위험이 임박했을 때의 정동은 두려움이라고 불린다. 불쾌함이 강하다면 그 정동은 공황이라고 명명된다. 불쾌감이 약하고 위험이 불확실하다면 그때의 정동은 걱정으로 묘사된다. 이러한 생각들이 〈표 3-1〉에 요약되어 있다.

일단 개인에게 어떤 이유에서건 불안과 같은 불쾌한 정동이 일어난다면 어떤 결과가 따른다. 이른바 쾌락 원칙의 작동에 따라, 그 개인은 그 상황으로부터 물러나는 행동이나 자아방어라고 불리는 무의식적 정신작용을 통해 불쾌감을 줄이려고 시도한다. 자아방어의 예로는 불쾌한 느낌을 자각하지 못하게 하는 억압, 사건의 존재 자

〈표 3-1〉 쾌락 상태 및 개념에 따른 정동의 분류

분 류	쾌락 상태	개 념
불안	불쾌	위험
두려움	불쾌	임박한 위험
공황	강한 불쾌	임박한 위험
걱정	가벼운 불쾌	불확실한 위험
슬픔	불쾌	대상 상실 혹은 신체적 상해
외로움	불쾌	상실한 대상에 대한 갈망
절망	불쾌	상실을 경감시킬 희망의 부재
비참	강한 불쾌	상실을 경감시킬 희망의 부재
불만족	가벼운 불쾌	상실을 경감시킬 희망의 부재
수치	불쾌	공공연하게 드러난 실패나 패배
당혹감	가벼운 불쾌	공공연하게 드러난 실패나 패배
행복	유쾌	욕구 충족 경험이나 그 환상
희열	강한 유쾌	본능적 욕구 충족이나 그 환상
의기양양	유쾌	경쟁자를 물리침

출처: "On the Nature and Development of Affects: A Unified Theory," by C. Brenner, 1974, *Psychoanalytic Quarterly, 43*, 532-556. 저작권은 Psychoanalytic Quarterly, Inc.에 있으며, 승인에 따라 옮김.

체를 무시하는 부정, 위협적이지 않은 대상으로 정동을 돌리는 치환 등이 있다.

Brenner는 불안정동에 적용되는 이론은 우울정동에도 적용된다고 강조했다. 불안이 나쁜 무엇이 일어날 것 같은 생각과 연결된 불쾌한 느낌으로 정의되는 반면, 우울은 나쁜 무엇이 이미 발생했다는 생각과 연결된 불쾌감이다. Brenner는 이 나쁜 무엇(something bad)을 다음과 같이 설명했다.

> 자기애에 대한 손상과 굴욕일 수 있고, 자신이 잃어버린 사람 혹은 다른 대상일 수도 있고, 자신이 범한 나쁜 행동일 수도 있고, 자신이 겪는 모진 처벌일 수도 있다. 그것은 신체적 고통일 수도 있고, 정신적 고통일 수도 있으며 혹은 둘 다일 수도 있다(Brenner, 1995, p. 11).

Brenner는 상실 경험이 반드시 실제 상실을 기반으로 할 필요는 없고, 상상 속 상실도 우울정동을 가져올 수 있다고 했다.

우울과 불안 모두와 관련해서 정동이 발생하면, 억압, 부정, 투사와 같은 자아방어가 야기된다. 이러한 방어는 불쾌감을 줄이는 기능을 한다. 그러나 위험과 상실을 줄이는 데 자아방어가 늘 완벽하게 효과적이지는 않다. 최종 결과는 항상 정동과 정동에 대한 반응(방어)의 타협이다. 공포증이나 복종 같은 성격특질은 그 타협의 표현이다.

이 개념은 [그림 3-1]에 도식으로 제시되어 있다. 어떤 상황을 위험하거나 개인적 상실을 의미하는 것으로 인지하면 불안이나 우울 정서 혹은 둘 다가 발현되게 된다. 이 정서는 불쾌하기 때문에 다양한(그 개인의 역사에 따른다) 자아방어가 불쾌감을 줄이기 위해 작용

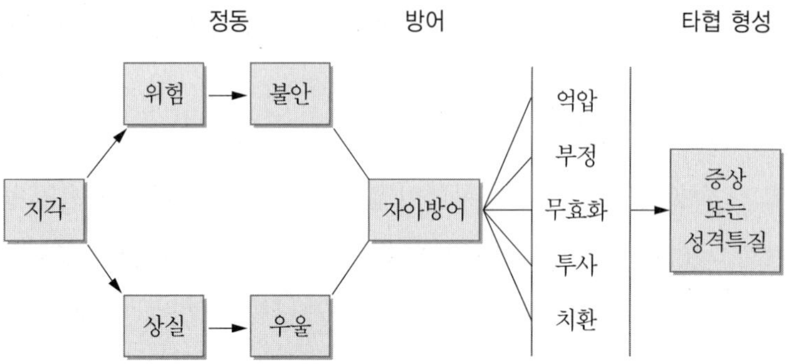

[그림 3-1] 정동 및 그 결과를 포함한 사건의 순서에 관한 정신분석적 관점

하기 시작한다. 대부분의 방어가 전적으로 성공적이지 않기 때문에 타협이 만들어진다. 타협은 증상이나 성격특질의 형태를 수반한다.

이러한 개념의 실제 상담적 함의는 무엇인가? 첫 번째 함의는 Brenner(1975)가 주장했듯이 부유불안, 즉 내용 없는 불안은 없다는 것이다.

> 환자가 불안을 호소하지만 무엇을 두려워하는지 깨닫지 못할 때, 분석가는 관련된 다른 생각뿐만 아니라 일어날 것 같은 그 '나쁜 무엇', 즉 두려움의 본질이 무의식적이라고 가정한다. 임상가들은 환자가 무엇을 두려워하는지 말을 못하고, 자기 불안에 대한 어떤 내용도 제시할 수 없다는 것은 억압이나 기타 방어기제 때문이라고 가정한다 (p. 18).

두 번째 함의로, 정동이 불쾌감을 최소화하도록 작용하는 자아방어를 야기한다는 이론에서 보면, 외현적 불안이나 우울이 나타난다는 것은 방어 기능이 실패했음을 나타낸다. 이는 그 개인이 불쾌한 정동을 줄이는 데 실패했다는 것을 의미한다. 이 상황은 상담자가 자아방어가 작동하지 않는 이유를 검토해야 함을 뜻한다. 이러한 검토는 상담자가 검토하지 않으면 인식할 수 없는 성격역동에 관한 통찰을 제공한다.

Brenner의 관점이 가지는 세 번째 함의는 우울이라는 용어의 사용과 관련된다. 그는 이 용어가 정동과 진단명 두 가지 의미로 사용되어 왔다고 강조했다. 우울이라는 진단명은 증상과 갈등 그리고 그 기원 등 이질적 요소의 집합을 언급하는 것이다. 상담자는 대상상실의 역할과 위험의 역할을 구분하려고 해야 하며, 삶의 부침(vicissitude of life)을 처리하면서 형성된 타협을 반영하는 성격특질과 방어를 찾으려고 노력해야 한다.

쾌락 상태에 개념을 더한 Brenner의 정동 개념은 정신분석 문헌에서 중요한 확장이다. 이는 자아방어의 역할과 몇몇 실제 치료적 개념에 대한 새로운 통찰을 보여 준다.

Charles Spezzano: 의사소통과 상호 이해로서의 정동에 대한 정신분석

정신역동적 입장에서 정동에 대한 가장 광범위한 논의는, 웨스트코스트의 개업 정신분석가 Charles Spezzano가 『정신분석에서의 정동(*Affect in Psychoanlysis*)』(1993)에서 제기한 관점이다. 그는 초기 정신분석이론이 일관성이 결여되고 주제에 집중하지 못한 것은 사실이지만 정신분석은 기본적으로 정동에 관한 이론이라고 주장했다. 대부분의 임상전문가들은 정동 용어를 사용해서 생각하고 말하며 해석한다. 상담자들이 인지할 수 있게 하기 위해 내담자들이 자신의 정동을 언어로 확인해 줄 필요는 없다. 공감은 상담에서의 보편적 경험이다.

Spezzano는 정동에 대한 다음과 같은 몇몇 특징을 확인했다.

- 정동 상태는 정보적이기도 하고 동시에 적응적이기도 하다.
- 정동은 무의식적인 내적 상태에 관한 정보다.
- 정동은 추동과 사회적 관계에 대한 단서다.
- 정동은 일시적인 것이다.
- 기본정동에는 최소한 분노, 불안, 성적 느낌과 흥분이 있으며, 이들이 여러 가지 방식으로 조합되어 질투 같은 보다 복잡한 정서가 만들어진다.
- 사고가 발달하기 전에 그리고 대상을 인식하기 전에 정동과 함께 심리적 삶이 시작된다.
- 정동은 서로 상호작용한다. 예를 들어, 불안은 성적 흥분을 억제한다.
- 정동은 의사소통 양식이며 행동성향이다. 다시 말해, 정동은 반드시 행동을 수반한다. 예를 들어, 두려움에는 도피가, 수치심에는 숨는 행동이 뒤따른다.
- 우리 모두는 특정 정동을 최대화하거나 최소화하려는 성향을 가진다.
- 신경증은 정동을 조절하기 위한 무의식적 전략이다.

Spezzano는 정동이 추동 또는 동기와 밀접한 관계를 맺고 있다고 주장했다. 안전한 생존을 위해 개체는 불안 감지 능력을 가지고 태어난다. 개체는 번식을 위해 성적으로 흥분하고 애정을 느낄 수 있는 잠재력을 가지고 태어난다. 또한 절망적인 상황에서 벗어나기 위해 개체는 그 상황에서 물러나고 우울을 느낄 수 있는 능력을 가지고 태어난다. 그 근원이 무의식적일 때가 많기 때문에 그 의미를 확인하기는 어렵지만, 인간의 모든 경험은 정동적 의미를 가진다. 아동은 영양 공급, 안전, 권력, 호기심, 통제 및 자율성에 대한 욕구, 즉 추동을 경험한다. 정서는 이러한 추동을 만족시키는 방법이다.

Spezzano는 치료에 대한 논의에서, 증상의 발달은 언제나 자신의 정동을 조절하려는 시도라고 주장했다. 예를 들어, 그는 자기애는 성적 흥분과 호기심이 왜곡된 형태라고 믿었다. 자기애는 안전에 대한 갈구와 위험한 일을 하고 싶은 욕구 사이의 주요 갈등을 수반한다. 자기애가 강한 사람은 불만스러운 사건에 대한 방어반응으로 확실하고 완벽하다는 느낌을 가지려고 한다.

상담에서 상담자는 내담자가 자신의 정동 상태를 최종적으로 좌우할 수 없다는 것을 인식하고 있다.

> 그들은 아무것도 느끼지 못한다고 주장하면서, 아무것도 느끼지 못하는 사람이라면 할 수 없는 것을 말하고 행동하기도 한다. 또한 그들은 특정 정동을 느낀다고 주장하면서도, 사람들이 그 정동과 전혀 다른 정동을 느낄 때 하는 방식으로 말하고 행동하기도 한다(p. 53).

정동은 복잡한 정보의 원천에서 추출되어 나오는 것이지만, 내담자는 그중에 한 가지를 말로 하는 것이다.

정신분석은 정서와 성격, 혹은 인격 간의 관계에 대한 재미있는 현상을 드러낸다. 상담 장면에서는 불안해하거나 노여워하거나 죄책감을 느끼면서 대부분의 시간을 보내는 내담자를 흔히 만나게 된다. 그들은 이러한 정서 상태를 끊임없이 만들어 내는데, 그 이유는 이 상태가 자신의 심리적 안정이 위협받을 때 대처할 수 있도록 내담자를 준비시키기 때문이다. 이런 과정은 순환적이다. 왜냐하면 (예를 들어) 불안한 기대를 가지는 사람은 끊임없이 이어지는 위험을 예상하기 때문이다. 이러한 지속적인 상태를 기분이라고 표현할 수 있는데, 만약 그런 상태가 오래 지속되면 성격특질, 즉 성격이라고 기술할 수도 있을 것이다.

내담자는 자신을 불안하고 수치스럽게 만드는 상황을 피하고자 하는 소망을 가지고 상담에 온다. 그들은 나쁜 느낌이나 창피함을 드러내기를 주저한다. 또한 자신이 견딜 수 있는 것보다 많은 위험을 무릅쓰지 않고, 자존감과 안전을 최대한 유지하면서, 자신이 만들어 온 성격특질도 보호하려고 한다. 성격특질은 정동적 모험과 정동적 안정의 타협으로 이해된다. 성격특질은 갈등하는 욕구를 표현하는 동시에 억제하려는 것으로 여겨진다. 어떤 의미에서 상담은 내담자의 성격특성에 따라 통상적으로 이루어져 온 정동조절 작업을 대신해 주는 것이다.

내담자는 종종 불신과 분노, 두려움 그리고 성적 흥분을 가지고 상담을 시작한다. 상담자는 그러한 상태, 갈등 및 저항을 확인하고, 갈등을 일으키는 충동과 정동 간의 상대적 힘을 평가해야 한다. 이상적으로는, 정신분석 치료 상황은 내담자가 안전하게 정동을 가지고 놀 수 있는 공간이어야 한다. 즉, 정동을 발견하고 표현하고 변화시키며, 그 정동이 생겨난 무의식적 과정을 찾을 수 있도록 정동을 활용할 수 있는 공간이어야 한다.

Sylvan S. Tomkins: 일차적 동기체계로서의 정동

하버드 대학교와 로저스 대학교의 전 심리학 교수인 Tomkins (1962)는 여덟 가지 기본정서가 있다고 가정했다. 그 가운데 긍정적인 정서는 흥미(interest), 놀라움(surprise), 기쁨(joy)이고, 부정적인 정서는 고뇌(anguish), 두려움(fear), 수치(shame), 혐오(disgust), 분노(rage)다. 이들 기본정서는 특정 유형의 자극에 대한 반응으로 선천적으로 타고난 것으로, 사람들은 다양한 신체반응, 특히 얼굴반응을 통해 이를 표현한다. 각 개별 정동은 뇌의 피질하에 저장되어 있는 구체적인 프로그램이라고 가정된다. 따라서 기본정서의 표현은 종과 관련된 유전에 그 바탕을 두고 있다는 것이다.

이 이론은 정동체계(affect system)와 동기체계(motivational system) 간의 차이점을 매우 강조하고 있다. 대부분의 심리학자들은 굶주림과 성욕 같은 동기가 행동을 야기하는 강력한 요인이라는 생각을 당연하게 여긴다. 이와 달리 Tomkins는 동기가 신체적 욕구의 일차적 신호이고, 정서가 이들 신호를 증폭시킨다고 믿었다. 예를 들어, 산소결핍(anoxia)은 산소에 대한 욕구를 불러일으키지만, 그에 따른 두려움이라는 정동이 절박감이나 공황을 만들어 낸다고 주장했다. 제2차 세계대전 당시 3만 피트 상공에서 산소 마스크를 쓰지 않았던 조종사들은 점진적인 산소결핍을 경험했다. (산소에 대한) 욕구는 존재했지만 그 결핍과정이 서서히 진행되어 조종사들은 그 욕구를 깨닫지 못했고, 따라서 공황도 경험하지 않았다. 정서가 없었기 때문에 조종사들은 아무런 조치를 취하지 못했고, 목숨을 잃었다.

정동체계는 추동체계(drive system)보다 더 일반적이다. 추동(drives)은 주로 일정한 대상이 몸 안으로 들어가고 몸 밖으로 나오는 것과 관련되며, 주기적인 패턴을 가진다. 정동은 거의 어떤 자극과도 (학습을 통해) 결합될 수 있으며, 장기적으로 혹은 단기적으로 존재할 수 있다. Tomkins에 따르면, 정동은 추동보다 강하다. 왜냐하면 사람의 행위를 야기하기 위해 우리에게 필요한 것은, 추동 상태와 관계없이 정서 상태(예, 기쁨, 분노, 수치심)를 만들어 내는 것이기 때문이다. 자동차를 보고 순간적으로 놀란 사람이라면, 배가 고프든 목이 마르든지 간에 자동차를 피한다.

이들 개념은 학구적일 뿐, 임상적 문제와 분명하게 연결되지 않는다. 그러나 최근 몇몇 임상가가 이러한 개념이 상담적 맥락에서 유용할 수 있도록 발전시키려는 시도를 하고 있다. 그중 가장 상세한 설명은 Leigh McCullough Vaillant(1997)의 저술에서 찾을 수 있다.

Leigh McCullough Vaillant: 정서 재구성

Leigh McCullough Vaillant의 이론은 방어의 중심 개념과 관련된다. 그녀는 정신역동적 상담자로서 수련을 받았고, 단기 역동상담에 관련된 폭넓은 연구를 하였다. 임상가들은 정서의 많은 예가 잘못된 것이라고 본다. 예를 들어, 격노(rage)가 반드시 어려움을 극복하기 위한 적응적인 노력은 아니지만 비탄과 갈망에 대한 방어일 수는 있다. 고통과 고난은 방어적 행동인 행동화(acting out)로 이끈다. Vaillant는 하나의 정서는 다른 정서로 대체될 수 있다고 주장했다. 이 경우, 하나의 정서는 다른 정서가 드러나는 것을 막아 주는 방어로서 작동할 수 있다.

대인관계에서 애착 욕구는 매우 중요하다. 애착이 억제되거나 금지되었을 때 비탄과 분노가 생기고, 만족되었을 때 기쁨과 부드러움이 만들어진다. 심각한 갈등이 존재할 때 애착은 불안을 낳고, 이는 다시 방어와 죄책감, 수치심으로 이어진다. 이러한 도식은 반대로도 적용된다. 내담자의 방어에 대한 지식은 핵심갈등에 대한 유용한 정보를 제공한다. Vaillant는 이 개념이 매우 중요하다고 생각해서 나아가 모든 증상이 방어행동의 일종이라고 주장했다. 방어는 내담자에게 매우 중요하기 때문에, 방어를 포기하기 전에 그들은 몹시 슬픔을 느끼게 된다. 인색하거나 빈정거리는 것과 같은 익숙한 행동을 포기하고 안 한다는 것은, 다른 가치 있고 보다 성숙한 행동으로 대체해야 된다는 것을 의미한다. 표현되는 방어와 표현되는 정동의 비율은 상담에서 내담자가 나아지고 있다는 것을 나타내는 적절한 예측치가 되는 것으로 보인다(Taurke et al., 1990).

Vaillant(1997)의 정동 모델에는 다음과 같은 기본 가정이 있다.

- 인간의 본성은 자극하지만 않는다면 상냥하다.
- 정신역동적 이론은 가능한 모든 범주의 정동을 포함해야 하고, 흔히 보는 3~4개의 정동에 한정되지 않아야 한다.
- "정동은 우리가 생물학적으로 부여받은 기본 동기체계를 구성한다. 그리고 추동과 다르게 상담적 변화에 영향을 받는다." (p. 424)
- 정동은 적응적일 수도 있고 부적응적일 수도 있다.
- 핵심갈등은 정동 패턴의 주요 원천이다. 그 패턴에 대한 추론과 지식이 상담적 개입을 이끌어 낸다.
- 보상과 장려를 통한 강화, 그리고 그 반응을 조절하는 것은 상담적 변화의 주요 요소다.
- 변화는 불안에 대한 체계적 둔감화를 통해 일어난다.

- 변화는 새로운 지식과 기술의 습득을 통해 일어난다.
- 내담자와 상담자가 함께 나누는 정서는 강력하고 유익한 효과가 있다.

Vaillant(1997)는 정서가 사람에게 대체로 매우 유용하다고 주장했다. 정서는 적응적 목적으로 행동하도록, 즉 "슬플 때는 울고…… 행복할 때는 웃고, 흥미로운 것을 추구하고, 위협으로부터는 물러나며, 모든 것이 잘돼 가고 있을 때는 편안하고 기쁘게 느끼도록 진화하였다."(p. 30) 일이 잘되지 않아서 갈등이 발생할 때, 정서는 우리 방어체계의 일부가 되어 자신을 보호한다. 그러한 방어적이고 조절된 정동의 예가 심한 수줍음, 몸에 밴 공손함, 행동화, 불신, 과도한 순종, 사회적 고립, 관계에서의 지속적인 실패, 언어를 사용해서 대화할 때의 모호함이나 지나치게 상세한 설명(circumstantiality) 등이다. 방어는 불쾌한 것을 회피하도록 해서 내담자를 보호한다. 실제로, 기저의 갈등이 심각할수록, 갈등을 피하는 데서 오는 개인의 이익도 커진다.

이 정서이론의 마지막 논점은 다음과 같다고 할 수 있다. Vaillant는 각각의 주요 정서가 적응적인 면과 부적응적인 면이 모두 있다고 믿었다. 이것은 슬픔을 예로 설명될 수 있다. 적응적인 슬픔은 다른 사람과의 친밀감, 미래에 대한 희망, 관찰자나 듣는 사람이 느끼는 반응적인 동정심 등과 상관이 있다. 반대로 부적응적인 슬픔은 자기연민, 무망감, 관찰자가 느끼는 무력감 등과 상관이 있다. 이러한 개념은 〈표 3-2〉에 요약되어 있다.

〈표 3-2〉 슬픔의 적응 및 부적응 형태

적 응	부적응
자기에 대한 관심	자기비난, 자기연민, 자기에 대한 공격
미래에 대한 희망	미래에 대한 무망감
좋은 기억을 할 수 있음	나쁜 기억이 지배적임
다른 사람에 대해 가깝게 느낌	다른 사람에 대해 소원하게 느낌
관찰자가 동정을 느낌	관찰자가 무기력감과 짜증을 느낌
슬픔이 끝남	슬픔이 지속됨

출처: *Changing Character: Short-Term Anxiety-Regulating Psychotherapy for Restructuring Defenses, Affects, and Attachments*, by L. M. Vaillant, 1997, New York: Basic Books. 저작권은 Basic Books(1997)에 있으며, 승인에 따라 옮김.

Richard Lazarus: 정서에 대처하기

Richard Lazarus는 버클리의 캘리포니아 대학교의 심리학과 명예교수로, 성인의 스트레스와 그 대처에 관한 연구로 생애 대부분의 시간을 보냈다(Lazarus, 1991). 이 연구를 통해 그는 스트레스와 대처가 정서라는 보다 큰 연구 영역의 일부라는 것을 깨달았다.

Lazarus에 따르면, 정서연구는 인지, 동기, 적응은 물론 생리적 활동 연구를 포함해야 한다. 정서는 환경이나 다른 사람과의 관계에 대한 평가와, 이러한 관계에 대처하려는 시도를 포함한다. 이에 따라 Lazarus는 그의 이론을 개인-환경 관계에 초점을 둔 '인지-동기-관계성' 설명체계라고 명명했다(Lazarus, 1991, p. 87).

이 이론의 핵심은 평가(appraisal)라는 개념이다. 여기서 평가는 개체가 각 환경과의 상호작용에 존재하는 개인적 득실을 따지는 의사결정 과정을 말한다. 일차적 평가는 개인의 목표들 간의 상호작용, 상황이 목표에 일치하는 정도(즉, 개인의 목표를 방해하는가, 촉진하는가), 자아의 몰입 정도(혹은 관여 정도)의 적절성을 결정한다. 이차적 평가는 비난과 칭찬 여부, 자신의 대처능력, 앞으로의 기대 등에 관해 결정하는 것이다. 그의 견해에 따르면, 정서는 개별적인 범주로, 각각 강-약의 연속선상에 놓여 있다. 여러 가지 정서가 동시에 발생할 수 있는데, 이는 어떤 상황이든 여러 가지의 동기와 목표가 들어 있기 때문이다. 또 각 정서는 (화나면 공격하고, 두려우면 피하고, 수치스러우면 숨는 등) 구체적인 행동경향성을 수반한다.

그가 말하는 이차적 평가의 핵심은 대처(coping) 개념이다. 이는 갈등과 정서를 해석하고 관리하는 방법을 일컫는다. Lazarus에 따르면, 대처과정에는 두 가지의 일반적 유형이 있다. 첫 번째는 문제중심 대처인데, 이는 관계 변화를 위해 만들어진 직접적 행동을 통해 갈등을 다룬다(예, 위협을 당할 경우의 싸움). 두 번째는 정서중심(혹은 인지적) 대처로, 이는 상황을 재해석해서 갈등을 처리한다(예, 위협에 직면해 있다는 것을 부정함). 평가 개념에 합리성(rationality)이나 신중성(deliberateness), 또는 알아챔(consciousness)이 함축되지는 않는다.

또 다른 Lazarus 이론의 주요 측면은 핵심관련 주제(core relational themes) 개념이다. 핵심관련 주제는 각각의 정서를 경험할 때 발생하는 주요 이득이나 피해로 정의된다. 예를 들어, 분노의 핵심관련 주제는 '나와 나의 것에 대한 품격을 저하시키는 공격'이고, 죄책감의 핵심관련 주제는 '도덕적 원칙을 어기는 것', 희망의 핵심관련 주제는 '최악을 두려워하면서 나아질 것을 열망하는 것'이다(Lazarus & Lazarus, 1994, p. 20). 이들 개념이 가지는 함의 가운데 하나는 정서가 언제나 인지를 수반한다는 것이다. Shakespeare가 말했듯이, 세상에는 "좋은 것도 나쁜 것도 없다. 생각이 그렇게 만들

뿐이다."

모든 정서반응에 평가가 필수적인가, 아니면 평가 없이도 정서가 일어날 수 있는가? Lazarus는 이에 대해 상세하게 논의하며 이렇게 결론 내렸다. "평가는 정서의 필요충분조건이며, 유아기나 아동기의 각기 다른 시기의 다른 정서의 출현은 자신과 세계에 대한 이해의 성장을 반영한다."(Lazarus & Lazarus, 1994. p. 214) 즉, 평가가 정서 상태를 결정한다.

Lazarus는 정신병리에 관한 자신의 생각을 정교하게 다듬어 왔다(Lazarus & Lazarus, 1994). 정서는 우리가 일상사에 부여하는 의미의 결과이며, 근본적으로 각자에게 중요한 것이 무엇인가에 따른다고 결론지었다. "삶과 죽음의 문제, 즉 현재의 우리는 누구이고 무엇이며, 미래의 우리는 누구이고 무엇이 될 것인가라는 문제는 곧 인간의 불안과 정서적 삶의 주요 원천이다."(p. 5) 정서가 생겨나려면 개인이 자신이 처한 상황을 자신에게 해가 되거나 득이 된다고 평가해야 한다. 득실에 대한 평가 없이는 어떤 정서도 야기되지 않는다.

그의 글에서 핵심 가설은 각각의 정서가 독특한 극적 줄거리를 가진 각본과 같다는 것이다. 예를 들어, 수치심의 극적 줄거리는 개인의 이상에 맞는 삶을 살지 못했다는 것이며, 질투의 극적 줄거리는 자신에 대한 다른 사람의 사랑을 빼앗길 위협을 받고 있다는 것이다. 자부심을 만들어 내는 극적 줄거리는 자기의 중요성에 대한 의미가 증가하는 상황이다.

Lazarus는 상담과 관련해서는 이러한 각본이 바뀔 수 있도록 그 상황을 재해석하는 인지의 역할이 중요하다고 강조했다. 그는 정서가 일어나기 전과 일어나는 동안 우리가 가지게 되는 생각과 일상의 정서에 주의를 기울여야 한다고 주장했다. 또한 스트레스, 좌절 그리고 주관적 불편을 다루는 데 있어서 대처행동의 역할을 강조했다. 그리고 자기상을 보호하고 자신의 행동을 정당화하는 데 소비되는 에너지는 되도록 줄여야 한다고 믿었다.

Leslie S. Greenberg: 상담에서의 정서 경험

캐나다 토론토의 요크 대학교 심리학 교수인 Leslie S. Greenberg와 그의 동료는 상담에서의 정서의 역할에 대해 포괄적으로 저술했다. Greenberg와 그의 동료는, 상담에서 해야 할 일이 내담자의 생애 초기 사건을 검토하거나 내적 역동에 대한 가설을 공식화한다거나 무의식적인 동기를 찾아내는 것이라는 견해를 받아들이기보다, 상담의 목적이 일차적으로 내담자의 그때그때의 정서 체험을 이해하는 것이라고 주장했다(Greenberg, Rice, & Elliott, 1993). 기본 목표는 내담자가 자신의 행동을 좌우하는 자신의 정서체계를 자각하도록 돕는 것이다.

이러한 생각은 정서가 적응적인 것이며, 정서의 생물학적 기능이 생존 확률을 높이는 것이라고 여기는 견해에 기초한다. 정서는 이를 경험할 때 각 개인이 만들어 내는 평가에 기초한다. 정서는 개인과 환경, 특히 타인이라는 환경의 관계를 만들고 유지하며 붕괴시킨다. 전부는 아니지만 다수의 정서는 고유한 행동경향성을 가지고 있다. 예를 들어, 화가 났을 때는 공격하고, 두려울 때는 피하며, 즐거울 때는 사귀고 싶은 충동이 그것이다. 그러나 질투와 자부심 같은 복합정서는 특징적 얼굴표정이나 행동경향성이 없다(Greenberg & Korman, 1994).

정보체계는 다양한 정보처리 영역에 걸친 정보를 통합하는데, 그 자체로는 인간의 가장 복잡한 하위체계다. Greenberg는 정서가 개인의 현재 상태를 끊임없이 판독해 주며, 따라서 상담의 주요 관심사 중 하나라고 생각하였다. 환경에 대한 내담자의 적응력을 높이고 목표지향적인 행동을 동기화하도록 돕기 위해서는, 가능하다면 내담자가 자신의 정서를 의식적으로 자각할 필요가 있다(Greenberg & Safran, 1990).

상담의 과정은 최소한 다음과 같은 네 가지 측면 혹은 단계가 수반된다. ① 내담자와의 유대, ② 내담자가 자신을 어떻게 생각하고 있는지 나타내는 정서도식(emotion scheme)을 반영하는 정서 불러일으키기, ③ 상황이 내담자에게 부여하는 고유의 의미를 살펴봄으로써 정서도식을 자세하게 탐색하기, ④ 다양한 상담적 개입을 통해서 정서를 재구성하기가 그것이다. 정서 재구성의 한 예는, 내담자가 미해결된 가족관계를 풀 수 있도록 하기 위해 역할놀이 기법을 사용하는 것이다. 이 과정의 또 다른 측면은, 어떤 형태의 정서가 나타나더라도 사람이 수용하도록 도와서, 결국 자신의 표현양식을 어느 정도 통제할 수 있도록 하는 것이다. 상담자들이 사용하는 몇몇 적극적인 기법은 이 목표를 달성하기 위해 현재에 초점을 맞추고, 얼굴과 신체 표현을 분석하고, 특정 정서를 강화하도록 격려하고, 목표와 미래의 계획에 초점을 맞추게 한다(Greenberg & Paivio, 1997).

결 론

이 장에서는 상담 실제와 가장 직접적으로 관계가 있는 정서이론들에 관심을 두었다. 상담자들은 상담이 일차적으로 정서장애의 개선과 관련이 있다고 믿는다. 그들은 정서가 대인 갈등과 관련이 있고, 적응적일 수도 있고 부적응적일 수도 있으며, 성격이나 방어와 관련되어 있을 수도 있고, 언어적 보고로 드러난 것보다 한층 복잡하다고 믿기도 한다. 정서를 인식하고 설명하는 것은 상담과정의 기본 기능이다. 다음 장에서는 폭넓은 진화론적 구조 안에서 정서를 고찰하는 정서 및 정서와 상담의 관계에 대한 또 다른 견해를 검토해 볼 것이다.

CHAPTER 04

정서의 정신진화론

행동은 일반적으로 진화의 틀이 아니면 이해될 수 없다.

—K. Breland & M. Breland

나는 세 가지 모델로 구성되어 있으며 내가 정서의 정신진화론(psycho-evolutionary theory of emotion)이라고 부르는 이론을 기술하면서 시작하고자 한다. 구조적(structural) 모델은 강도, 유사성 그리고 양극성에서 각기 다른 (원색과 같은) 여덟 가지 주요 정서 차원이 있다고 가정한다. 그것은 원형 구조의 횡단면, 즉 3차원 아날로그 모델로 개념화될 수 있다. 주요 정서의 혼합은 성격특질(personality traits)이라고 기술되어 왔던 것을 만들어 낸다. 이것은 정서와 성격특질 간의 긴밀한 연결을 보여 준다.

순차(sequential) 모델은 인지, 느낌, 신경계 변화, 행동하려는 충동, 목표지향적 행동, 방어 그리고 대처양식을 포함하는 정서적인 반응의 주요 요소들을 정의한다. 이 요소들은 일련의 피드백 고리를 통해 서로 관련되어 있다. 이 모델은 정서가 복잡하고 행동적이며 항상적인 피드백 시스템으로서, 그 기능이 정보를 전달하고 개인의 생존 기회를 증가시키기 위한 것임을 의미한다.

파생(derivatives) 모델은 성격, 성격장애 그리고 자아방어와 같은 몇 가지 개념 영역이 정서에서 체계적으로 파생되었고 그들 사이에 특정한 관계 형태를 가진다고 가정한다. 그리고 정서와 성격특질 간의 몇 가지 중요한 유사점을 논의할 것이다. 이 두 가지는 비슷하고 매우 중복되는 언어를 사용하고, 둘 다 대인관계에서 의사소통 기능을 하며, 또한 개인 간의 관계를 조절한다. 나는 진화론적 틀에 기초하여, 다르지만 중복되는 정서에 대한 몇 가지 정의를 제시하면서 끝을 맺을 것이다.

CHAPTER 04

정서의 정신진화론

정서의 정신진화론의 기원

초기에(Plutchik, 1962) 정서의 정신진화론은 학문적인 연구 문헌과 다윈설 혹은 진화론적인 역사적 전통에서 가져온 아이디어를 강조했다. 여러 해 동안 일련의 논문과 책에서 발달되어 온 것과 같이(Plutchik, 1970, 1980b, 1984, 1989, 1990, 1993, 1994, 1995, 1997), 나는 정서를 임상적 이슈(Plutchik, 1966, 1967, 1987, 1988, 1990, 1993)와 인지적 전통(Plutchik, 1977, 1980b, 1983)에 연결시키려고 시도하여 왔다. 이 이론은 또한 순서에 관한 William James의 관점을 다루었다. 그러나 나는 정서반응에서 사건의 순서는 William James가 상상했던 것보다 더 복잡하다고 믿는다.

Darwin의 생각에 대한 수십 년간의 비판에도 불구하고, 진화론적 사고는 현대 생물학의 토대로 기술되어 왔으며 심리학자의 사고에 점점 더 영향을 주고 있다(Barkow, Cosmides, & Tooby, 1992). 게다가 Freud의 관점 또한 정서에 대한 정신진화론의 발달에 영향을 주었다. 이들 Freud 학파의 견해 중 많은 것이 연구 문헌에서 정당한 확인을 받아 왔다(Fisher & Greenberg, 1996; Westen, 1998). 예를 들어, Westen은 다섯 가지 기본적인 정신역동적 주장을 지지하는 문헌들을 광범위하게 검토했다. 첫 번째 가정은 정신생활의 많은 부분이 무의식적이고, 따라서 사람은 증상을 발달시키고 그들 자신에게 설명되지 않는 행동을 보일 수 있다는 것이다. 방어와 대처 양식을 포함한 많은 인지적 과정이 무의식적으로 실행된다는 것 또한 인정되었다. 두 번째 가정은 많은 정신과정이 병렬적 체계에서 작동하고, 그 결과 자주—느낌과 동기 사이에서 그리고 의식과 무의식 과정 사이에서—갈등이 나타난다는 것이다. 그러한 갈등이 발생할 때의 결과는 대개 타협이다. "발달적 관점에서 갈등은 실질적으로 인간 존재의 일부다."(Westen, 1998, p. 345)

세 번째 가정은 아동기 경험과 유전적인 특징 모두 성격 형성에서 주요 역할을 하고, 많은 행동 유형의 기초가 된다고 추정한다. 이 생각은 충분히 입증되어 왔다. 네 번째 가정은 자신에 대한 인지적 해석과 다른 사람에 대한 판단이 사회적 상호작용에 영향을 준다는 것이다. 상호작용은 다른 사람에 대하여 내리는 결정의 정서적 중요성에 의해 큰 영향을 받는다. 마지막으로 다섯 번째 가정은 성숙하고 독립적인 발달을 위해서는 개인이 자신의 성적 그리고 공격적 추동을 조절하는 것을 배우도록 요구된다는 것이다. Westen(1998)은 한때 쟁점이었던 이들 가정이 대부분 확인되었고 현재 정신역동적 입장의 상담자들에게 토대가 되고 있다고 결론 내렸다.

정서의 정신진화론

정서에 관한 바람직한 이론은 정서라는 용어에 의미 있는 정의를 제공해야 할 뿐만 아니라, 연구를 인도하고, 새로운 통찰을 제안하며, 다르게 보이는 영역들 간의 연결을 보여 주고, 측정 수단의 발달을 돕고, 정서 문제를 알고 변화시키고 개선하는 것에 관심 있는 전문가들에게 유용한 임상적 통찰을 제공해야 한다. 이것은 이 이론이 시도해 왔던 것이고, 다음에 나오는 몇 장은 그렇게 해 온 정도를 밝힐 것이다. 이 장에서 기술된 이론은 새로운 상담 학파도 아니며, 정신역동상담이나 인지행동상담에 대한 대안도 아니다. 그것은 정서의 특성을 최대한 넓은 의미에서 이해하고 정동이론이 임상적 이슈에 대해 가질 수 있는 관련성을 보여 주기 위한 시도다.

정신진화론은 여러 해 동안 서로 관련된 세 가지 주요 모델, 즉 구조적(structural) 모델, 순차(sequential) 모델 그리고 파생(derivatives) 모델을 발달시켜 왔고, 그것들은 함께 이론을 구성하였다. 각 모델은 서로 다른 기본적인 질문을 다룬다.

구조적 모델

정서를 표현하는 언어는 내재적인 강도 차원을 포함한다. 정서 어휘 목록에 있는 대부분의 단어는 그 정서보다 더 강하거나 혹은 더 약한 표현을 나타내는 다른 단어를 발견하는 것이 대개 가능하다. 예를 들어, 분노(anger)의 더 강한 표현은 격노(rage)와 격분(fury)이 될 것이고, 반면 분노의 더 약한 표현은 성가심(annoyance)과 짜증

(irritation)이 될 것이다. 이와 유사하게 우수(pensiveness), 슬픔(sadness) 그리고 비탄(grief) 사이에도 분명한 강도의 차이가 존재한다. 이 예에서 보여지는 함의는 대부분의 (아마도 모든) 정서가 내재적인 강도 차원상의 한 점에 존재한다는 것이다.

두 번째는 정서가 그들이 서로 얼마나 유사한가 하는 점에서 다양하다는 것이다. 이 특성은 두려움(fear)과 공포(fright) 같은 동의어의 경우에 분명하게 나타나지만(이는 단순히 강도 차원상에서 가까운 지점임을 반영하는 것일 수 있다), 그것은 또한 주요 차원 그 자체에서도 나타난다. 예를 들어, 분노 차원은 기쁨(joy) 차원〔쾌활함(cheerfulness), 고양(elation)〕에 비하여 혐오(disgust) 차원〔싫음(dislike), 질색(loathing)〕과 더 유사하다. 실제로 다양한 정서 차원이나 주요 정서의 유사성 정도를 체계적으로 연구하는 것이 가능하다.

정서에 대한 우리 경험의 일부인 세 번째 중요한 특성은 정서의 양극성이다. 일상 경험에서 우리는 정서에 관하여 대비의 관점으로 생각하는 경향이 있다. 즉, 우리는 행복과 슬픔, 사랑과 미움, 두려움과 분노에 대하여 이야기한다. 따라서 정서를 표현하는 언어는 적어도 정서에 관한 다음과 같은 세 가지 특성을 포함한다고 결론 내릴 수 있다. ① 강도에서 다양하다. ② 서로에 대한 유사성 정도에서 다양하다. ③ 반대 혹은 양극의 느낌이나 행위를 표현한다.

원뿔 모양의 간단한 3차원 기하학적 모델에 의하여 정서의 강도, 유사성 그리고 양극성에 대한 이 세 가지 생각을 결합시키는 것이 가능하다. 수직 차원은 정서의 강도를 표상하고, 각 횡단면의 원은 정서의 유사성을 나타내며, 양극성은 원의 반대 지점에서 반영된다. 이 원뿔 모양의 모델은 우리가 잘 알고 있는 색채 간의 관계를 나타내는 색 입체(color solid)와 매우 비슷해 보인다. 그리고 실제 여러 해 동안 많은 관찰자가 전반적인 속성에서 정서와 색채 간 유사성을 말해 왔다(예, 강도, 색조 및 상보성, Plutchik, 1980a).

구조적 모델을 완성하기 위하여 한 가지 중요한 개념이 이 생각에 덧붙여진다. 적어도 Descartes(1596~1650) 시대부터 철학자들은 소수의 주요 정서가 있고, 다른 모든 것은 그로부터 파생된다고 가정하여 왔다. Decartes는 6개, Spinoza는 3개, Hobbes는 7개, McDougall은 7개, 그리고 Cattell은 10개를 열거했다(Plutchik, 1980). 보다 최근에 연구자들은 3~11개의 정서를 주요한 것으로 제안했다. 모두가 두려움, 분노 그리고 슬픔을 포함했고, 대부분이 기쁨, 사랑 그리고 놀람을 포함했다(Kemper, 1987).

만약 우리가 주요 정서에 대한 개념을 정서에 관한 언어의 세 가지 특성과 결합한다면, 우리는 (가정되는) 기본정서를 나타내는 8개

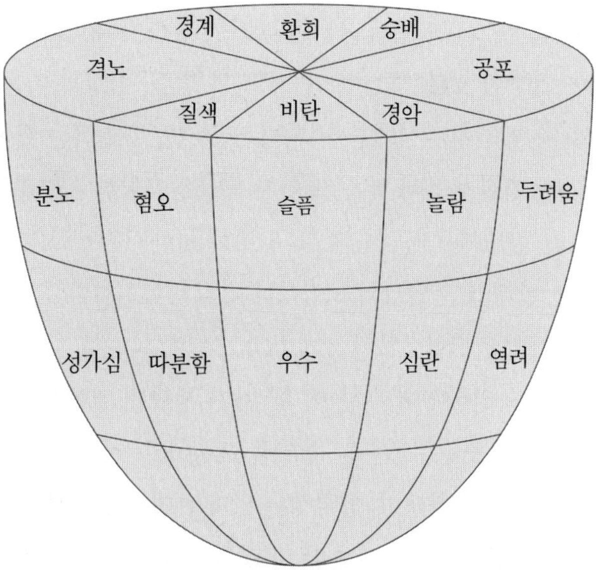

[그림 4-1] 정서의 다차원적 모델(Roy Plutchik)

조각으로 3차원 구조를 개념화할 수 있다. 이것은 [그림 4-1]에 나타나 있다. 8개의 기본정서가 있다는 생각은 이론적인 것이지만, 그것이 이끄는 추론과 통찰, 그것이 제안하는 연구, 그리고 경험적인 자료가 그것과 일치하는 정도에 관하여서는 부분적으로 평가되어야만 한다.

만약 우리가 정서 입체(emotion solid)라고 부를 수 있는 이 3차원 구조를 통과하는 횡단면을 상상한다면, 우리는 강도 차원에서 중간 수준의 횡단면으로 [그림 4-2]에 나타난 것과 같은 정서 원(emotion circle)을 얻는다. Plutchik(1980b), 그리고 Plutchik과 Conte(1997)에서 요약된 많은 연구는 이러한 정서 간 상호관계의 원형 혹은 순환적 구조를 지지한다. 〈표 4-1〉은 경험적으로 결정된 많은 정서 개념의 각 위치(angular location)의 목록을 제시한다. 예를 들어, '수용적(accepting)' 정서를 임의적으로 0°에 정하고 출발할 때, 단어 '냉담한(apathetic)'은 그로부터 90° 떨어져 있고, 반면에 '반감을 가진(revolted)'은 원형에서 181° 반대에 있다. 단어

[그림 4-2] 정서 입체의 횡단면에 기초한 정서의 원형(circumplex)
주요 2가 정서는 인접한 기본정서 쌍을 결합하여 구성되었다.

〈표 4-1〉 정서 용어 전집에 대한 각도 배치

정 서	각도 배치 (도)	정 서	각도 배치 (도)	정 서	각도 배치 (도)
수용적	0.0	쓸쓸한	88.3	놀란	146.7
동의하는	5.0	냉담한	90.0	깜짝 놀란	148.0
평온한	12.3	온순한	91.0	대경실색한	152.0
쾌활한	25.7	죄책감 느끼는	102.3	외경심에 휩싸인	156.7
잘 받아들이는	32.3	슬픈	108.5	시기하는	160.3
차분한	37.0	비탄에 잠긴	112.7	혐오하는	161.3
인내심 있는	39.7	공허한	120.3	냉담한	165.6
잘 돌봐 주는	43.3	후회하는	123.3	수용하지 않는	170.0
자애로운	52.3	절망한	124.7	화난	175.0
고분고분한	57.7	우울한	125.3	거슬리는	176.4
겁 많은	65.0	걱정하는	126.0	분개한	176.7
겁내는	66.7	무관심한	127.3	반감을 가진	181.3
전전긍긍하는	67.7	고뇌하는	127.3	못마땅한	181.5
두려워하는	70.3	불행한	129.0	수상쩍은	182.7
수줍어하는	72.0	침울한	132.7	불만스러운	183.0
순종하는	73.0	절망적인	133.0	심술궂은	184.3
부끄러워하는	74.7	경계하는	133.3	시샘하는	184.7
당혹한	75.3	주저하는	134.0	편협한	185.0
겁먹은	75.7	우유부단한	134.0	의심 많은	185.0
우수에 젖은	76.7	거부당한	136.0	앙심을 품은	186.0
신중한	77.7	따분한	136.0	가혹한	186.0
불안한	78.3	실망한	136.7	적의 있는	188.0
무력한	80.0	동요하는	137.3	완고한	190.4
염려하는	83.3	낙심한	138.0	비협조적인	191.7
자의식이 강한	83.3	곤혹스러운	138.3	얕잡아 보는	192.0
수치스러워하는	83.3	확신 없는	139.3	싫어하는	193.0
굴욕을 느끼는	84.0	혼란스러운	141.3	비판적인	193.7
버림받은	85.0	당황한	142.3	성난	200.6
안달복달하는	86.0	양가적인	144.7	신경질이 난	202.3

분노하는	212.0	탐욕스러운	249.0	열렬한	313.7
적대하는	220.0	이상히 여기는	249.7	흥미를 가진	315.7
격노한	221.3	충동적인	255.0	아주 기뻐하는	318.6
적의 있는	222.0	예상하고 행하는	257.0	즐기는	321.0
격분한	225.3	자랑하는	257.3	주의 깊은	322.4
경멸하는	227.0	기대하는	257.3	기쁜	323.4
애정 없는	227.3	대담한	260.1	행복한	323.7
싸우기 좋아하는	229.7	호기심이 강한	261.0	자제하는	326.3
참을성 없는	230.3	무모한	261.0	만족하는	326.7
지르퉁한	230.0	자부심이 있는	262.0	만족한	328.0
도전적인	230.7	탐구적인	267.7	관대한	328.0
공격적인	232.0	목표지향적인	269.7	준비가 된	329.3
비꼬는	235.3	모험적인	270.7	동정심 있는	331.3
반항하는	237.0	환희에 찬	286.0	만족하는	338.3
화가 치민	239.7	사교적인	296.7	협력적인	340.7
어리둥절한	140.3	희망을 품은	298.0	잘 믿는	345.3
복종하지 않는	242.7	매우 기뻐하는	307.0	견뎌 내는	350.7
요구가 많은	244.0	의기양양한	311.0		
소유욕이 강한	247.7	열망하는	311.0		

출처: *Emotion: A Psychoevolutionary Synthesis* (p. 170), by R. Plutchik, 1980, New York: Harper & Row. 저작권은 Harper & Row(1980)에 있으며, 승인에 따라 옮김.

'모험적인(adventurous)'은 270°에 있고 따라서 단어 '냉담한'의 반대에 있다. 많은 다른 반대 쌍들이 원에서 발견된다.

만약(각각이 많은 동의어 혹은 관련된 용어를 가진) 8개의 기본정서 차원이 있다면, 우리는 정서에 대한 전체 언어를 어떻게 설명할 수 있을까? 발표된 많은 연구(Plutchik, 1994 참조)는 정서단어의 전체 수는 기껏해야 수백 개이고 그것은 유사성에 기초하여 같은 과로 분류되는 경향이 있음을 보여 준다. 만약 색채 이론과 연구에서 사용된 방식을 따른다면, 우리는 2개 혹은 그 이상의 정서가 결합될 때 어떤 결과가 나올 것인지에 대한 판단을 내릴 수 있다. 이렇게 되면 그 결과는 분명하다. 대학생 판정단은 기쁨과 수용의 결합이 사랑의 혼합된 감정을 가져온다는 것에 동의했다. 혐오와 분노의 결합은 증오 혹은 적대감의 혼합된 정서 상태를 가져온다. 그러한 혼합은 이론에서 주요 2가 정서(primary dyads)라고 불려 왔다(Plutchik, 1962). 〈표 4-2〉는 다른 많은 예를 보여 준다. 둘 혹은 그 이상의 정서를 서로 다른 강도 수준에서 혼합함으로써 정서의 언어를 표현하는 수백 개의 용어를 창조하는 것이 가능하다.

구조적 모델에서 유래한 또 다른 중요한 생각은 정서의 혼합을 기술할 때 판정단이 사용한 많은 용어가 성격특질을 기술하기 위해서 전형적으로 사용되는 단어라는 것이다. 사실 정서를 기술하는데 사용된 대부분의 용어는 성격특질을 기술하기 위해서도 또한 사용된다. 예를 들어, 침울한(gloomy), 분개하는(resentful), 불안한(anxious) 혹은 차분한(calm)과 같은 단어는 정서적 느낌뿐만 아니라 성격특질을 기술할 수도 있다. 정서 상태와 성격특질 간의 구별

〈표 4-2〉 혼합된 정서 기술에 적합한 단어에 대한 판정단의 추정

주요 정서 요소		상응하는 혼합 정서의 이름
기쁨 + 수용	=	사랑, 우정
두려움 + 놀람	=	경계, 외경
슬픔 + 혐오	=	후회
혐오 + 분노	=	경멸, 증오, 적개심
기쁨 + 두려움	=	죄책감
분노 + 기쁨	=	자부심
두려움 + 혐오	=	수치, 얌전한 체함
기대 + 두려움	=	불안, 신중

출처: *Emotion: A Psychoevolutionary Synthesis* (p. 162), R. Plutchik, 1980, New York: Harper & Row. 저작권은 Harper & Row(1980)에 있으며, 승인에 따라 옮김.

은 대체로 임의적이다(Allen & Potkay, 1981). 종종 같은 형용사 체크리스트가 지시문의 간단한 변화에 의해 상태와 특질 둘 다를 측정하는 데 사용할 수 있다. 만약 연구 참여자들에게 그들이 지금 어떻게 느끼는지 혹은 지난 며칠 동안 어떻게 느꼈는지를 묻는다면, 그들은 정서적인 상태나 기분에 대해서 질문을 받는 것이다. 그러나 만약 그들에게 자신이 평상시에 어떻게 느끼는지를 기술하도록 요청한다면, 그들은 성격특질에 대한 질문을 받는 것이다. 그래서 이 이론에 따르면, 정서와 성격특질은 밀접하게 관련되며, 사실 성격특질을 정서의 혼합에서 파생된 것으로 생각할 수 있을 것이다. 정서의 파생에 대한 이 생각은 이 장의 후반에서 상세히 논할 것이다.

순차 모델

무엇이 우선하는지—정서의 느낌 혹은 생리적 변화—의 질문에 관한 William James의 저술 이후로 지금까지 심리학자들은 정서에서 사건의 순서에 관심을 가져왔다. 그 질문에 대한 상당한 관심에도 불구하고 명확한 답은 발견되지 않았다.

이와 같이 결론이 나지 않는 주된 이유는 정서가 단순한 선형적(linear) 사건이 아니기 때문이다. 즉, A가 항상 B에 선행하는 것은 아니고, D가 항상 C에 뒤따르는 것은 아니다. 내조적으로 임상가들은 정서가 원형적이거나 피드백 과정이라고 이야기했다. 예를 들어, Weisman(1965)은 정동(affect)의 기능은 개인이 평형 상태를 회복하도록 하는 것이라고 했다. 바꿔 말하면, 정서와 관련된 행위는 그것을 발생시킨 정서를 감소시키는 경향이 있다고 했다. 또 다른 정신분석가(Spezzano, 1993)는 정동이 그 자체를 통제하거나 제거하는 경향을 가진 반응을 일으킨다고 제안했다.

> 사고가 정동에 선행하는지 혹은 정동이 사고에 선행하는지에 관한 논쟁은 인간의 경험을 순환(circle)적 개념으로 발전시키고 있는 것으로 보인다……. 순환의 요소와 그것이 어떻게 명명되는 것이 최선인지에 대하여 많은 가능한 변형이 있다. 그러나 내가 보기에 모든 정신분석적 이론은 사람이 어떻게 기능하느냐에 대하여 이야기할 때 이 순환에 관하여 말한다(p. 52).

관련된 진술에서 Karasu(1992)는 사람은 각자 일상생활에서 적당한 정도로만 동요하면서 일정 수준의 감정적 평형 상태를 유지하려고 애쓴다는 것을 관찰했다. 예측되지 않은 혹은 평소와 다른 사건(외적인 혹은 내적인)은 이 정동 수준을 변화시키고, 결과로 나타나는 행동은 이전 상태를 다시 복구하려는 개인의 시도를 보여 준다. Greenberg와 Paivio(1997)는 정서가 사건에 대한 우리 자신의 반응에 관한 피드백을 우리에게 제공하며 기본적으로 생존을 촉진하도록 기능한다고 주장했다. 예를 들어, 정서적인 반응 중에서 공격성이나 도피의 목적이 일단 달성되고 개인의 환경에 대한 관계가 변화되면 정서적인 반응은 감소한다. 이 생각을 진술해 왔던 또 다른 방식은 "긍정적인 정동이 최대가 되고 부정적인 정동이 최소가 되도록 하기 위해서 모든 관계는 끊임없는 상호작용과 피드백을 필요로 한다."(Kelly, 1996, p. 84)는 것이다.

정신진화론은 정서가 복잡하고 순환적인 피드백 시스템의 일부이며, 자극 사건은 그것이 외적이든 내적이든 (꿈에서처럼) 정서과정을 작동하기 시작하게 하는 주요 계기로 작용한다고 가정했다. 그러나 사건이 개인에게 영향을 미치기 위해서는 그것이 해석될 필요가 있다. 성조기 사진은 미국인에게 긍지와 열정의 느낌을 불러일으킬 수 있지만 이라크인에게는 미움과 복수의 느낌을 자극할 수 있다. 때로는 해석이 분명하기도 하지만, 때로는 덜 분명하기도 하다. 예를 들어, 어떤 개인이 방금 만난 사람을 그 자리에서 바로 싫어할 수도 있는데, 그 이유가 관찰자나 혹은 본인에게조차 명백하지 않을 수 있다. 그러한 경우에 무의식적인 해석이나 인식이 떠올랐다고 가정할 수 있고, 그래서 보여지는 행동에 기초하여 그 인식에 대한 결론을 내릴 수 있다. 이것은 분명히 내담자가 보이는 특정한 행동에 기초하여 내담자의 생각에 대하여 상담자가 결론을 내리는 전이의 경우에서 일어나는 것이다.

한 철학자는 다른 사람의 행동에 대한 합리적이고 옳은 해석이 성공적인 적응에 결정적이라고 주장했다(Bogdan, 1997). 이것은 사회적 상호작용이 행위자의 생각을 풍부하게 하고, 따라서 그들의 포괄적인 적응도에 영향을 줄 수 있기 때문이다. 한 개인의 목적과 행동은 인식되어야 하고, 다른 사람의 목적과 행동에 관련되어야만 한다.

정신진화론은 만약 적절하다면 인지 혹은 해석에 뒤따라서 생리적인 각성 상태뿐만 아니라 느낌의 상태가 발생한다고 가정한다. Cannon(1929)과 다른 많은 사람(예, Young, 1961)이 각성 상태는 일반적으로 행동을 위한 준비, 즉 위험 상황에서 기능적으로 유용할 수 있는 자기보호적 변화라는 것을 지적해 왔다. 느낌의 상태가 생리적 각성 상태에 선행하는지 혹은 뒤따르는지에 관한 질문을 만족스럽게 해결한 사람은 없다. 그것들이 함께 나타난다는 주장이 그럴듯해 보일 뿐이다.

느낌의 상태 다음에는 행동하려는 충동이 뒤따르는 경향이 있다.

그러한 충동은 근육의 긴장, 얼굴표정, 주먹을 꽉 쥐는 것, 혹은 달리거나 공격하거나 소리칠 준비로 표현될 수 있다. 종종 보복이나 당혹스러움에 대한 두려움 때문에 행동하려는 충동 이후에 행동이 항상 뒤따르지는 않는다는 것을 상담자들은 잘 알고 있다. 그러나 행동은 자주 발생한다. 사람은 달리거나, 공격하거나, 비판하거나, 울거나, 칭찬하거나, 키스하거나 혹은 철회한다.

하지만 그러한 외현적 행동이 정서과정의 끝이 아니다. 그러한 행동은 일반적으로 사건의 연쇄를 처음 시작하게 하였던 자극이나 상황에 영향을 미친다. 예를 들어, 위협의 원인으로부터 달아나는 것은 위협을 감소시키며, 위협이 나타나기 전에 존재하였던 상황을 복구하는 경향이 있다. 이와 비슷하게 만약 부모의 죽음과 같은 중요한 상실이 개인의 삶에서 발생한다면, 그 결과인 울음과 애도가 사회적 집단의 다른 구성원으로부터 지지적이고 도움을 주는 접촉을 가져오며, 적어도 상징적인 방식으로나마 상실한 부모와 일종의 재통합을 제공하는 경향이 있다. 종합적으로, 이 과정은 일종의 항상적 과정이지만 내적인 변화가 아닌 행동적 변화에 의해 이루어지는 과정이다. 나는 이 과정을 행동의 항상적 피드백 시스템(behavioral homeostatic, feedback system)이라고 부른다. 이러한 관점에서 정서는 단순히 느낌의 상태가 아니라 피드백 고리를 포함하는 전체적인 사건의 연쇄다.

[그림 4-3]은 이 과정을 일반적인 용어로 보여 준다. 피드백 고리는 행동하려는 충동, 느낌의 상태, 인지 그리고 촉발 자극에 영향을 준다. 이 과정은 인지가 느낌에 영향을 줄 수 있는 것과 똑같이 느낌과 행동이 인지에 영향을 줄 수 있다는 생각에 도달하게 한다. 또한 이 모델에 포함된 생각은 느낌(feeling)이라는 용어가 기쁨, 슬픔, 분

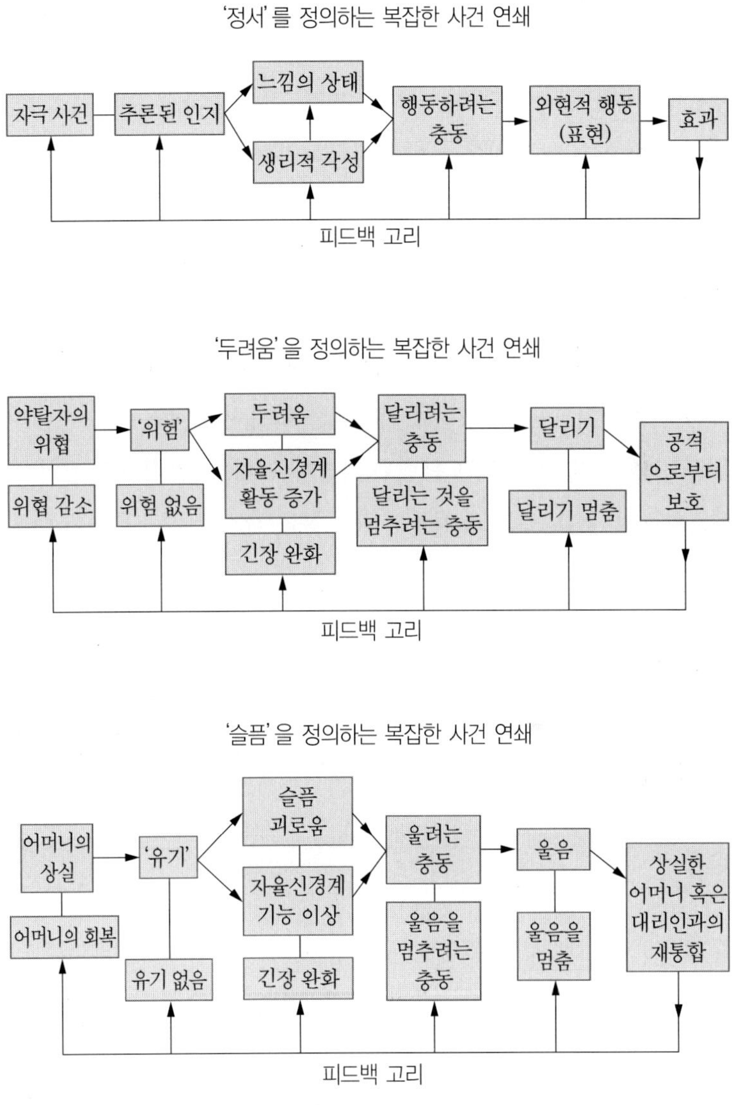

[그림 4-3] 정서를 정의하는 복잡한 사건 연쇄

맨 위의 그림은 일반적인 정서에 대한 피드백 고리를 보여 주며, 가운데와 아래의 그림은 각각 두려움과 슬픔에 대한 피드백 고리를 나타내고 있다.

노, 혹은 혐오와 같이 주관적이고 보고 가능한 상태를 나타내는 데 사용되는 반면, 정서(emotion)라는 용어는 느낌뿐만 아니라 인지, 행동하려는 충동, 나타나는 행동, 그리고 발생하는 다양한 고리들 또한 포함하는 사건 연쇄 전체를 언급하면서 훨씬 더 넓은 의미에서 사용된다는 것이다. 개인은 이 요소들의 일부를 의식적으로 알고 있지 않을 수 있다.

〈표 4-3〉은 정서 연쇄(emotion sequence)와 관련된 핵심 요소 중 일부에 대한 이론적 가정을 요약한 것이다. 여덟 가지 기본정서 각각에 대하여 그것을 유발하는 자극 사건의 일반적인 기술이 제시되고, 그다음에 각 정서와 관련된 가능한 인지, 주관적인 느낌의 상태, 외현적 행동, 그리고 행동이 불균형을 감소시키는 효과에 대한 기술이 이어진다.

이 모든 기술의 중심에는 정서가 개인의 삶에서 목적을 가진다는 생각이 있다. 이 생각은 진화론적 관점에서 유래하였고, 정신역동적 사고와 일치하며, 현대 상담자의 저술에서 점점 더 받아들여지고 있

〈표 4-3〉 정서 연쇄에서 핵심 요소

자극 사건	인 지	느낌 상태	외현적 행동	효 과
위협	'위험'	두려움	도피	안전
방해	'적'	분노	공격	방해를 제거함
소중한 대상의 획득	'가지다'	기쁨	유지 혹은 반복	자원을 획득함
소중한 대상의 상실	'유기'	슬픔	울음	상실한 대상과 재통합함
자기 집단의 구성원	'친구'	수용	훈련시키다	상호 지지
불쾌한 대상	'독'	혐오	토하다	독을 배출함
새로운 영역	'조사하다'	기대	지도를 만들다	영역에 대한 지식
예기치 않은 사건	'뭐지?'	놀람	멈추다	적응할 시간을 얻음

다. 예를 들어, Hauser(1996)는 어린 생명체가 필요로 하는 일차적 보살핌은 음식과 보호 그리고 이동이며, 울음은 그러한 보살핌을 얻기 위한 주요 방법이라고 했다. Spezzano(1993)는 사람이 사랑이나 위협을 사용하는 것은 타인으로 하여금 그들 개인의 사안에 관여하도록 하기 위함이라고 말했다. Vaillant(1997)는 여러 정서의 적응적인 기능을 논의했다. 예를 들어, 슬픔은 다른 사람에 대하여 친밀감을 증가시키며, 듣는 사람이 연민을 느끼고 도움이 되기를 바라는 경우가 많다. 관심 혹은 기대는 종종 타인에게 기운을 북돋우고, 타인에 대한 관여를 높인다. 두려움은 자기를 보호하고, 철회를 일으키며, 일반적인 기능이 지속되게끔 한다. 수치심은 후회하게 하며, 수치스러운 행동이 반복될 가능성을 감소시킨다. 이 모든 예는 정서가 적응적인 순환 혹은 피드백 과정의 일부임을 보여 준다.

파생 모델

정신진화론의 가장 중요한 생각 중 한 가지는 파생(derivatives)의 개념이다. 이 용어는 세 가지 의미에서 사용된다. 먼저, 특정한 인간 행동이 하등동물에서 보인다는 것을 의미할 수 있다. 예를 들어, 인간의 비웃음은 늑대의 으르렁거림에서 파생된 것이라 할 수 있다. 또한 성인이 보이는 특정 행동이 유아가 보이는 특정 행동의 파생물이라는 것을 의미할 수 있다. 예를 들어, 때로 연인인 성인 간에 나타나는 먹여 주기와 같은 행동은 아기 같은 행동이라 할 수 있다. 파생 개념의 세 번째 의미는 특정한 개념이 다른, 더 기본적인 사건이나 개념에서 파생된다는 생각이다. 여기서 사용되는 파생 개념의 의미는 바로 이것이다. 즉 파생은 많은 개념적인 영역이 서로 체계적으로 관련되어 있다는 것을 의미한다.

성격의 영역을 예로 들어 보자. 대학에서는 일반적으로 이 주제를 정서와 거의 혹은 전혀 무관한 것처럼 가르친다. 그러나 정서의 언어와 성격의 언어는 매우 유사하다. 사람은 우울하게 느끼거나 우울한 사람이 될 수 있고, 과민하게 느끼거나 과민한 사람이 될 수 있으며, 혹은 기쁨을 느끼거나(feel joyful) 쾌활한(joyful) 사람이 될 수 있다.

정서와 성격 영역의 언어에서의 중복에 덧붙여서, 두 영역 모두는 원형 모델(circumplex model)에 의하여 표현될 수 있다. 이것은 Conte와 Plutchik(1981)에 의해 설명되었는데, 이들은 성격특질의 원형 구조를 입증하기 위하여 두 가지 독자적인 방법, 즉 직접적인 유사성 측정 방법과 의미분별법(semantic differential) 후 자료의 요인 분석 방법을 사용했다. 두 방법에 의하여 얻은 성격특질 40개 표본의 각 위치(angular location)는 매우 상관이 높았다(+.98). 이들의 위치는 [그림 4-4]에 나타나 있다.

[그림 4-4]는 성격특질이 원주를 따라 상당히 고르게 분포되며 반대쪽의 특질이 그 용어의 통상적인 사용과 일치한다는 것을 보여 준다. 예를 들어, 싸우기 좋아하는(quarrelsom)은 평화적인(peaceful)의 반대쪽에 있고, 자애로운(affectionate)은 염세적인(pessimistic)의 반대쪽에 있으며, 대담한(bold)은 겁많은(timid)의 반대쪽에, 그리고 순종하는(submissive)은 공격적인(aggressive)의 반대쪽에 있다. 앞서 언급하였듯이, 이 용어들은 맥락에 따라 지속적인 특질과 일시적인 정서 두 가지 모두를 기술하는 데 사용될 수 있다. 성격특질에 대한 이 원형은 다른 방법을 사용하여 매우 유사하게 반복되었다(Fisher, 1997; Fisher, Heise, Bohrnstedt, & Lucke, 1985). 원형 모

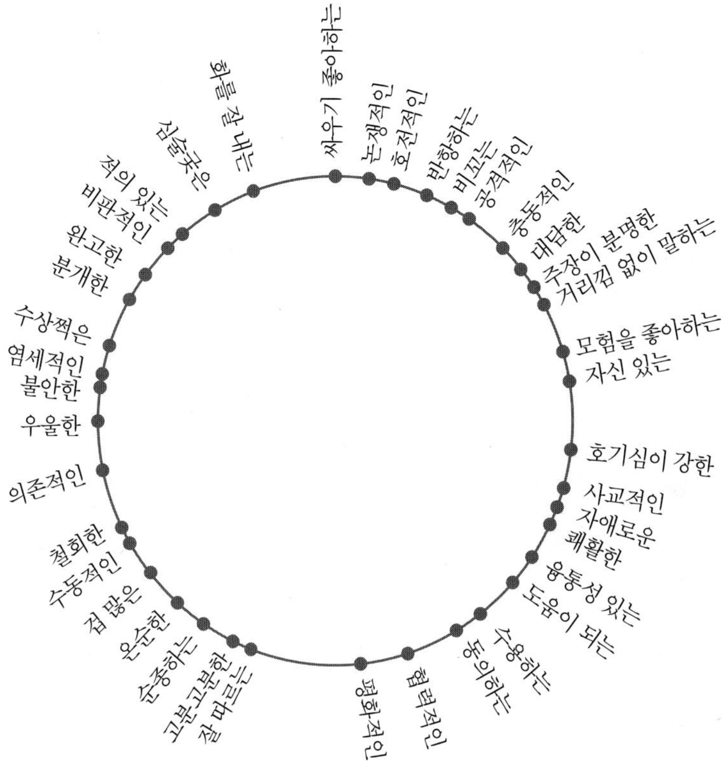

[그림 4-4] 성격특질 40개 표본의 유사성과 양극성 구조

델은 얼굴표정(Myllyniemi, 1997), 직업 흥미(Tracey & Rounds, 1997), 부모-자녀 관계(Schaefer, 1997), 사회적 예민함이나 공감(Gurtman, 1997) 그리고 사회적 지지(Wiggins & Trobst, 1997)를 포함한 다른 대인 간 영역을 기술하는 데도 사용되어 왔다.

정서의 정신진화론은 정서가 모든 유기체에서 기본적인 역할을 하기 때문에, 정서와 다르지만 그와 관련된 성격과 같은 영역들에서 표현되는 방식의 선구자(precursor)라고 가정한다. 자연에서 대부분의 색이 몇 가지 원색의 혼합에서 파생되는 것과 마찬가지로, 성격특질이 더 기본적인 정서 상태의 파생물이라는 것은 이러한 의미에서다. 정서가 한 개인에게서 지속적이거나 반복되는 형태로 오랜 시간에 걸쳐 나타날 때, 우리는 그것을 그 개인의 대체로 변하지 않는 (기질적) 특성으로 간주하는 경향이 있다. 그러고는 정서 상태의 언어가 아니라 그 사람을 기술하는 성격특질의 언어를 사용하는 경향이 있다. 파생의 개념은 〈표 4-4〉에 나타나 있다.

〈표 4-4〉는 정신진화론이 가정하는 많은 개념적 언어가 서로 체계적으로 관련되어 있다는 것을 보여 준다. 예를 들어, 표의 상단에서 하단을 따라 내려가면 두려움은 분노, 기쁨 그리고 놀람과 같은 용어처럼 주관적인 정서 언어의 일부다. 두 번째 열은 진화론적 관점에서 각 정서의 기능을 나타낸다. 두려움의 기능은 보호다. 분노는 자신의 욕구 만족에 대한 장애물의 파괴, 슬픔은 돌봄의 형태로 상실한 대상과의 상징적인 재통합, 그리고 혐오의 기능은 유해한 물질이나 경험의 거부다.

〈표 4-4〉 정서와 그 파생물

주관적 언어	기능적 언어	특질 언어	진단적 언어	자아-방어의 언어	대처양식의 언어
두려움	보호	겁 많은	의존적, 회피적	억압	억제
분노	파괴	싸우기 좋아하는	반사회적	전치	대치
기쁨	재생산	사교적인	경조증적	반동 형성	반전
슬픔	재통합	침울한	기분부전	보상	대체
수용	함입	잘 믿는	연극성	부인	최소화
혐오	거부	적대적인	편집증적	투사	결점 찾기
기대	탐색	통제적인	강박성	주지화	매핑(Mapping)
놀람	적응	우유부단한	경계선적	퇴행	도움 추구

출처: *The Psychology and Biology of Emotion*, by R. Plutchik (p. 102), 1994, New York: Harper Collins. 승인에 따라 옮김.

개인의 정서 상태가 시간이 흐르면서 지속되거나 자주 반복될 때 우리는 그 개인을 특정한 성격특질을 가진 것으로 기술하는 경향이 있다. 그래서 두려움의 반복되는 표현은 그 사람을 겁 많은(timid) 것으로 칭하게 한다. 분노(anger) 혹은 과민함(irritability)의 반복되는 표현은 어떤 사람을 싸우기 좋아하는(quarrelsome) 것으로 기술하게 하며, 타인에 대한 거절이 반복되어 표현되면 그러한 특질을 적대적인(hostile) 혹은 무자비한(cruel) 것으로 칭하게 된다.

성격특질이 상당히 극단적인 형태로 존재할 때, 우리는 그 상황을 나타내기 위해서 새로운 언어, 즉 성격장애에 관한 언어를 사용한다. 그래서 싸우기 좋아함(그리고 몇 가지 다른 특성들)의 극단적인 형태를 가진 사람은 반사회적 성격장애를 가진 것으로 진단될 수 있고, 겁 많음의 극단적인 형태를 보여 주는 사람은 의존적인 성격 유형으로 진단될 수 있을 것이다. 성격특질의 주요 군집 각각에 대하여 유사한 것을 찾을 수 있으며, 성격특질도 또한 기본정서에서 파생이 된다.

자아-방어의 언어와 대처양식의 언어는 특정한 정서를 다루는 방식이라고 이론화된다. 대처양식은 사람들이 정서를 초래하는 문제를 다루는 데 사용하는 의식적인 방법인 반면, 자아방어는 대부분 무의식적이다. 이 개념은 5장과 6장에서 더 자세히 살펴볼 것이다.

이 주제를 살펴보면서(Plutchik, 1997), 나는 정서, 성격 그리고 대인관계 사이에 관련성이 있음을 뒷받침하는 세 가지 이유를 제시했다. ① 정서와 성격을 기술하는 언어에 광범위한 중복이 있다. ② 원형 모델은 정서와 성격특질에서의 정서의 관련성을 매우 잘 기술한다. ③ 정서와 특질 양자의 기능에서 상당한 중복이 있다.

정서와 특질의 기능적 중요성

정서의 기능

Darwin이 1872년에 발행한 『인간과 동물의 정서 표현(*The Expression of the Emotions in Man and Animals*)』에서 정서에 대한 기능적 관점을 제시하였음에도 불구하고, 그의 생각은 제2차 세계대전 이후 십 년이 지날 때까지 심리학자들에 의해서 대체로 무시되었다. 그 이후 정서에 대한 진화론적, 동물행동학적 접근이 점차 인정받았고, 많은 연구자가 이러한 관점에 따른 견해를 제시하였다(Plutchik, 1980b).

정서에 적용되었을 때 정신진화론은, 모든 유기체가 살아남기 위해 성공적으로 다루어야만 하는 생존을 위한 문제를 자연환경이 야기한다고 가정한다. 문제는 먹이와 포식자, 돌보는 사람과 돌봄을 요구하는 사람, 그리고 잠재적인 배우자 등에 대한 적절한 반응을 포함한다. 이러한 관점에서 정서는 모든 계통발생 수준에서 확인될 수 있는 기본적인 적응 패턴으로 개념화될 수 있을 것이다. 이 적응 패턴은(예, 논쟁적인 행동, 성적인 행동 그리고 탐색적인 행동) 모든 계통발생 수준에 걸쳐 기능적으로 동등한 형태로 유지되어 온 것들이다. 정서는 기본적으로 개인적 그리고 유전학적 생존을 위한 의사소통과 행동의 과정이다. 정서 표현은 상호작용하는 사람들의 대인관계에 영향을 미치는 기능을 하는, 미래 행동의 의도에 대한 신호로 작용한다. 주어진 환경 안에서 비상사태에 대한 적절한 반응에 의하여(예, 투쟁 혹은 도피에 의하여) 개인의 생존 기회는 증가한다

(Plutchik, 1994).

Nesse(1991)는 정서를 대인관계를 형성하기 위한 전략으로 기술하였다. "우정과 사랑은 힘든 시기 동안에도 좋은 관계를 유지시킨다. 분노는 착취를 막는다……. 불안과 죄책감은…… 사람들이 그들의 책임을 수행하고, 사회적 계약을 지키며, 친구에게 계속 충실하도록 동기를 준다."(p. 33)

정서의 기능적인 중요성에 대한 중요한 실례는 유아연구에서 볼 수 있다. 진화적 관점에서 신생아는 환경의 위험에 가장 취약하다. 이 현실은 미성숙한 유기체에서 발견되는 다양한 신호, 표현, 의사소통 패턴 그리고 행동들이 출생 시점 혹은 그 직후에 나타나게 되는 기본적인 원인이다. 이 여러 가지 행동은 보호자의 행동에 영향을 미침으로써 신생아의 생존 기회를 증가시키는 효과를 나타낸다. 생존의 문제는 출생 순간부터 존재하는 것이기 때문에 생존을 확실히 하도록 돕기 위해서 유아와 보호자 모두에게 특정한 기제가 존재해야만 한다. 만약 어린 유아가 부모의 주목과 지지를 끄는 방법을 배울 때까지 기다려야만 한다면, 그리고 만약 부모가 그것을 제공하는 방법을 배워야만 한다면, 종 생존의 가능성은 적어질 것이다. 의사소통 패턴은 그것이 사용되는 처음부터 작용해야만 한다. 이러한 관점에서 정서는 부분적으로, 유아의 생존 기회를 증가시키는 것을 돕도록 유아가 부모에게 보내는 의사소통 신호로 여겨진다. 정서는 파괴적, 부적응적 상태가 아니라 유기체의 내적인 상태를 안정화하는 작용을 한다. 그것은 유기체와 환경과의 관계가 붕괴되었을 때 유기체를 안정적이고 효율적인 관계로 돌아가도록 기능하는 일시적인 적응반응을 나타낸다.

양육에 대한 논의에서 Dix(1991)가 비슷한 주장을 했다. 그는 정서에 대해 다음과 같이 주장했다.

> 정서는 관계에 대한 지표다. 왜냐하면 그것은…… 자녀와의 상호작용이 얼마나 잘 진행되고 있는지에 대한 부모의 평가를 반영하기 때문이다……. 부정적인 정서는 체계를 재편성하는 혼란 상태이며, ……긍정적인 정서는 자녀에게 조율하도록 동기를 주고, 자녀의 바람과 욕구에 대한 반응성을 촉진하며, 부모와 자녀 모두에게 이익이 되도록 그들의 상호작용을 조화시키는 것을 가능하게 한다(p. 19).

정서의 기능적 중요성에 대한 마지막 예는 영장류 발성을 연구하였던 동물행동학자의 연구에서 찾을 수 있다. 예를 들어, Seyforth, Cheney 그리고 Marler(1980)에 의하면, 긴꼬리원숭이의 경계성(警戒聲, alarm call)은 특정 종류의 포식동물과 관련된 서로 다른 종류의 외부 위험을 가리키는 기능을 한다. 즉, 땅 위의 동물은 표범 경보(alarm)에는 나무로 뛰어가는 것으로 반응하고, 독수리 경보에는 위를 보는 것으로, 그리고 뱀 경보에는 아래를 보는 것으로 반응한다.

이러한 예는(자세한 내용은 Plutchik, 1994 참조) 정서 신호나 표현이 각 동물의 삶에서 중요한 사건—위협, 공격, 경보, 구애, 짝짓기, 사회적 접촉, 고립 혹은 분리, 인사, 달램(appeasement), 지배, 복종 그리고 놀이와 같은 사건들—과 관련된다는 것을 가리킨다. 그것은 매우 다양한 대인관계에 영향을 준다. 정서는 대인 간 문제에 맞서 상대적으로 안정된(혹은 '정상적인') 상태를 유지하기 위해 고안된 항상성 장치로 개념화될 수 있을 것이다.

성격특질의 기능

정신분석가들은 성격특질의 기능적인 중요성에 대하여 많은 것을 이야기해 왔다. 예를 들어, 정신분석적 개념을 종합한 주요 인물인 Fenichel(1946)은 특성〔character, 성격(personality)〕을 본능적인 갈등의 침전물로 묘사했다. 그의 관점에서 정서의 갈등은 고착과 정서적 경향의 '동결(freezing)'을 가져온다. 그러한 과정은 일시적인 정서반응을 지속적인 성격특질로 변형시킨다. Rapaport(1950)는 아동은 일시적인 방식으로 정서를 보여 주지만, 더 후반의 인생에서 불안한 사람은 계속해서 불안하고, 염세적인 사람은 계속해서 우울하며, 쾌활한 사람은 계속해서 유쾌하다고 언급했다.

또 다른 분석가인 Spezzano(1993)는 정동에 관한 분명한 이론이 정신분석의 저술에 포함되어 있으며, 정신분석학은 사실 기본적으로 정동에 관한 이론이라고 주장했다. 그의 주장 가운데, 정신병리는 항상 정동 조절(affect regulation)의 시도라는 개념이 있다. 이것은 이 맥락에서는 일반적으로 성격적 신경증(character neuroses) 혹은 성격장애를 의미하는 것인 정신병리가 기능을 가진다는 것을 의미한다. 즉, 대인관계의 조절이다. 우리는 다른 사람이 우리의 개인적인 사안에 관여하도록 하기 위해서 사랑을 사용한다. 또한 고통스럽거나 위협적일 수 있는 상호작용을 억제하기 위해서 혹은 타인에 대한 영향력을 가지기 위해서 위협을 사용한다. 정신분석적 해석은 내담자의 정동, 특히 내담자가 그 자신의 정동에 관하여 어떻게 스스로를 속이는지에 대하여 관심이 있다. 자기기만(self-deception)은 우리 자신의 한계와 우리 자신의 불안을 인식하는 고통을 완화시키는 명백한 기능을 가진다.

정신분석학자가 아닌 사람들도 성격특질의 기능적 가치에 대한 개념에 기여했다. 예를 들어, Millon(1994)은 성격이 타인, 문제 대처 그리고 정서 표현 등에 대한 개인의 생활양식을 말한다고 주장했다. 상대적으로 안정적인 이러한 사고 및 상호작용 패턴은 외부의 힘을 사용하거나 통제하거나 혹은 그에 순응하는 포괄적인 기능을 가진다. 성격특질의 표현은 개인의 문제가 감소될지 또는 안정적이 될지에 영향을 미치는 상호적이며 종종 예측 가능한 타인의 반응을 야기하는 경향이 있다.

Millon(1994)은 불안, 우울 혹은 자기비판과 같은 만성적인 정서 패턴(즉, 성격특질)이 다양한 목적에 기여한다고 했다. 즉, 타인으로부터 돌봄을 이끌어 내는 것과 같은 이차적 이득을 생기게 하며, 책임을 회피하는 데 변명이 된다. 또한 부족한 수행을 합리화하거나, 혹은 타인에 대한 분노 표현을 정당화한다. 그는 일시적인 정서를 만성적인 성격특질로 바꾸는 것이 무엇인지에 대한 질문을 제기했고, 이것이 일어나는 이유는 "사람들이 그들의 일생 동안 노출되는 경험의 범위가 제한적이며 동시에 반복적이기"(p. 287) 때문이라고 제안했다.

이 분석이 특질로서의 만성적인 슬픔이나 우울에 적용될 때, 슬픔에 대한 가장 일반적인 촉진 사건은 일반적으로 개인에게 중요한 어떤 것 혹은 어떤 사람의 상실이라고 인식된다. 이 상실은 종종 특징적인 표정과 음성(울음 혹은 괴로움의 신호와 같은)을 가져온다. 이러한 괴로움의 신호는 전형적으로 그 사람을 보는 성인에게 도움이 되는 행동을 하려는 시도가 뒤따르게 하는 느낌, 즉 공감적 반응을 일으킨다. 그래서 특질로서의 만성적인 우울은 계속해서 타인으로부터의 도움을 요청하는 기능을 하는 극단적이고 지속적인 괴로움의 신호라고 간주할 수 있다. 이것은 개인이 이러한 기능을 자각하는지의 여부와 관계없이 이루어질 수 있다.

Cantor와 Harlow(1994)는 사회적 불안 특질의 기능은 개인이 사회적 상황에서 다른 사람의 선도(lead)를 수용하도록 허락함으로써 불확실(insecurity)의 문제를 해결하는 것이라고 제안했다. 사회적 불안을 가진 사람은 불안을 사용하여 타인으로부터의 주목을 회피하며, 이것은 다시 수행의 압박감을 제거한다.

Trower와 Gilbert(1989)는 특질로서의 불안의 기능에 대한 대안적인 분석을 제공했다. 그들은 대부분의 포유동물과 특히 영장류가 지배계급에 의해 조직화되고 안정화된 사회 집단 내에서 산다는 사실을 지적했다. 집단 내의 각 개인이 계급 내에서 그의 지위를 정의하는 역할을 맡는다는 사실은 집단의 응집성을 유지하는 기능을 한다. 만약 더 상위의 지배 지위의 누군가가 또 다른 집단 성원을 위협하더라도 집단으로부터의 탈출은 거의 불가능하다. 일반적으로 생존이 그 집단의 지지에 달려 있기 때문이다. 결말은 대체로 위협당한 개인이 그 집단에 남아 있을 수 있도록 허락하는 어떤 복종 의식이나 제스처의 형태다. 사회적 불안은 집단 응집성을 유지하기 위한 수단으로서 발달되어 왔을 수 있다. 이 가설에 따르면, 사회적으로 불안한 사람은 적대적이고 경쟁적인 세상에서 위협과 지위의 상실에 특별히 민감한 평가와 대처양식을 가진다.

성격특질의 기능에 대한 마지막 한 가지 예를 들면, 공격성 특질을 생각해 볼 수 있다. Novaco(1976)는 인간에게서 공격성의 여러 유용한 기능을 다음과 같이 열거했다. 첫째, 공격성은 우리가 목적을 달성하도록 행동하는 강도를 높인다. 이것은 개인의 목표 달성을 촉진할 수 있는 힘의 인식(sense of power)과 관련된다. 둘째, 공격적인 개인은 다른 사람을 위협하며, 강하고 위협적인 존재라는 인상을 주는 경향이 있다. 공격적인 표현은 종종 자원을 얻고 위협을 마주하여도 살아남는 개인의 능력을 증대시킨다. 셋째, 공격성은 취약한 느낌을 감소시키고 무력감을 의식적 자각의 수준에 이르지 않도록 막을 수 있다. 넷째, 공격적인 개인은 종종 집단 내에 지배 혹은 계급 구조를 확립하는 데 중심적이다. 그러한 사회 구조는 집단 구성원 간의 관계를 안정화시키도록 작용하고, 따라서 집단 응집성, 즉 집단 구성원의 생존에 기여하는 속성을 유지한다. 이러한 여러 생각은 정서와 성격특질 모두가 유사한 기능, 즉 사회적 관계를 조절하는 기능을 가진다는 것을 제안한다. 특질은 기본적으로 정서적 경향의 지속적인 표현이며, 본질적으로 그로부터 파생되었다.

이어지는 다음의 두 장에서는 정서와 관련된 몇 가지 다른 개념적 영역을 기술할 것이다. 첫째는 성격장애의 영역이며, 둘째는 자아방어의 영역이다.

정서의 정의

정서는 복잡한 피드백 시스템이어서 그 개념을 단순하게 정의하기가 힘들다. 정서가 세 가지 요소(주관적 느낌, 외현적 행동 그리고 생리적 변화)를 가진다고 제시하는 교과서에서 자주 보여지는 종류의 정의는, 이 장과 앞의 장들에서 설명된 복잡성에 대하여 적절하게 기술하지 못하고 있다.

정서를 정의하는 다른 방법은 정서의 주요 속성을 열거하는 것이다.

① 정서는 진화적 적응에 기초한 의사소통과 생존 기제다. 이는 간단히, 정서가 환경에서의 역경에 대한 적절한 반응을 통하여 (예를 들어, 투쟁 혹은 도피에 의해) 개인의 생존 기회를 증가시킨다는 생각이다. 또한 정서적 표현은 미래 행위의 의향에 대한 신호로 작용한다.

② 정서는 유전적 기반을 갖는다. 이는 개인이 정서 표현을 억제하는 방법을 배우는 것은 가능하지만, 인간도 동물도 그들의 자식에게 정서를 표현하는 방법을 가르치지는 않는다는 것에 대한 인식이다. 이제 유전적 경향이 정서 표현의 기초가 된다는 것을 알려 주는 상당한 증거가 나타나고 있다.

③ 정서는 특정 수준의 행동적 항상성을 가져오려는 안정된 부적(negative) 피드백 고리를 가진 복잡한 사건 연쇄다. 사건 연쇄는 행동하려는 충동과 작용하는 억제력뿐만 아니라 정서의 인지적 요소도 포함한다.

④ 소수의 기본적, 일차적 혹은 원형적(prototype) 정서가 있으며, 다른 모든 정서는 일차적 정서의 결합, 합성 혹은 혼합물이다. 이 사실은 정서와 성격특질 간의 기본적인 상호관계에 대해 인식하게 한다. 성격특질은 갈등과 기본정서의 반복적인 혼합에 기초한 타협 형성으로 보인다.

⑤ 정서 간의 관계는 3차원의 구조적 모델에 의해 표상될 수 있다. 이 모델에서 수직 차원은 정서의 강도를 나타내고, 원 혹은 원형(circle or circumplex)은 일차적 정서 차원의 유사성 정도를 정의하며, 양극성은 정서 원(emotion circle)에서 반대편 정서로 보여진다.

⑥ 정서는 그 존재와 속성이 다양하고 간접적인 증거에 의해 결정

되는 가설적인 구성체다. 정서의 복잡한 특성과 한 가지 이상의 정서가 동시에 나타날 수 있다는 점 때문에, 우리는 결코 어떤 사람이 정확히 어떤 정서를 가지는지 확신할 수 없다. 어떠한 정서 표현이든지 접근과 회피, 공격과 도피, 성과 공격성, 혹은 두려움과 즐거움 같은 복잡한 상태를 반영할 수 있다. 우리는 종종 우리 자신의 정서조차 확신할 수 없다.

⑦ 정서는 성격특질, 성격장애, 자아방어 그리고 대처양식과 같은 많은 파생적인 개념의 영역과 관련된다.

정서의 특성을 간단하게 이야기하는 또 다른 방법은 다음과 같다. 정서는 보편적이다(모든 생물의 레퍼토리의 일부가 된다는 의미에서). 정서는 위험, 위협 혹은 즐거움의 가능성을 의사소통하고, 그래서 타인의 행동에 영향을 준다는 의미에서 유용하다. 정서는 일반적으로 혼합되어 있는데, 이는 단지 많은 중요한 것들이 대개 동시에 진행되기 때문이다. 어떤 정서는 일차적 혹은 기본적이고(원색이 있는 것과 같이), 모든 다른 정서는 이차적인 결합 혹은 혼합이다. 정서는 몇 가지만 예를 들어, 운동, 체스, 낙하산 점프, 음악, 춤, 시, 예술 혹은 편두통처럼 많은 간접적인 방식으로 표현된다. 정서는 행동의 증폭기 혹은 활력제로 작용한다. 정서가 관여될 때 모욕은 복수의 기초가 되고, 성적 유희는 강간의 기초가 된다. 마지막으로, 정서는 정서를 경험하고 있는 개인에게 항상 쉽게 접근 가능한(accessible) 것은 아니다. 방어는 정서를 경험하고 있는 사람으로부터 정서를 감추는 자기-보호적인 정신기제다. 결국, 정서는 폭넓고, 진화론적인 맥락에서 기술할 수 있다.

정서의 진화론적 정의

진화론적 관점에서 정서는 인간에서뿐만 아니라 하등동물에서도 확인될 수 있는 어떤 종류의 적응적 행동으로 개념화할 수 있다. 이 적응적 패턴은 먹이와 포식자, 잠재적 배우자와 낯선 사람, 자양분이 있는 것과 독이 되는 것 등에 대처하는 것과 같은 모든 유기체에서의 기본적인 생존 문제를 다루기 위하여 발달되어 왔다. 이러한 패턴은 접근 혹은 회피 반응, 투쟁과 도피 반응, 애착과 상실 반응, 그리고 탈출 혹은 배출 반응을 포함한다. 진화론적 관점은 이러한 패턴이 고등동물과 인간에게 정서라고 불리는 것의 원형이라고 제안한다. 이러한 적응의 상호작용적 패턴은 두려움과 분노, 수용과 혐오, 그리고 기쁨과 슬픔의 원형으로 평가될 수 있다. 일반적으로 정서라고 간주되는 주관적인 느낌은 상대적으로 후기의 진화론적 발달이며, 정서 상태의 존재에 대한 유일하거나 주요한 기준으로 사용되어서는 안 된다. 정서는 복잡하고 상호작용적인 적응이며, 그래서 여러 가지 표현 형태를 가져야만 하는데, 그 각각은 기저 상태의 속성을 추론하는 데 사용될 수 있다. 비록 환경과 유전의 특성에 따라서 적응과정의 세부 사항은 서로 다른 동물, 종 그리고 문(phyla) 간에 다양할지라도, 각 적응 패턴의 기능은 모든 계통발생적 수준에 걸쳐 변하지 않고 유지되어 왔다. 진화론적 관점에서 정서는 개인 및 유전학적 생존 기회를 증대시키는 적응 패턴이다.

CHAPTER 05

정서와 성격장애

급성적인 혹은 만성적인 부정적 정동의 고통은 오늘날 정동 및 성격장애라고 부르는 정서성(emotionality) 패턴의 중심에 있다.

— M. J. Mahoney

정서의 정신진화론, 특히 파생 모델에 따르면, 성격장애는 특정한 성격특질의 극단적인 표현이다. 여덟 가지 주요 정서(수줍음, 싸우기 좋아함 그리고 침울함과 같은)는 특정 집단의 성격특질과 개념적으로 관련된다. 특질이 극단적인 형태로 표현될 때 우리는 개인이 그 특질을 소유하고 있다고 진단적 용어(예, 의존적, 반사회적 혹은 기분부전)로 명명하는 경향이 있다. 다른 특징들도 성격장애의 진단에 포함되지만, 정서와 특질의 극단적 형태가 기본적인 요소다. 이론은 이 세 가지 영역 간의 연결에 대하여 일련의 가설을 제공한다.

만약 이 가설들이 그럴듯하다면 성격장애가 성격 및 정서에 적용되는 것과 유사한 원형 구조를 가지는 것으로 기대할 수 있을 것이다. 이 장에서는 공존장애에 대한 경험적 연구 문헌을 검토하는데, 여기서는 원형이 그러한 장애의 유사성 관계를 적절하게 보여 준다고 제안한다. 또한 연구는 성격장애에 대한 원형의 적용 가능성을 보여 주며, 여기서 이 관점의 몇 가지 함의를 검토하고자 한다.

CHAPTER 05

정서와 성격장애

정서의 정신진화론은 많은 예측을 하고, 많은 가설을 생성한다. 예를 들어, 이 이론은 정서 개념의 유사성이 원형 혹은 원형적 배열이라고 예측한다. 이는 Plutchik(1980a), Russell(1989), G. A. Fisher 등(1985)에 의하여 경험적으로 증명되어 왔다.

이 이론에 의하여 생성된 가설 중 하나는 성격특질 또한 원형 구조를 가져야만 한다는 것이고, 이러한 생각에 대한 많은 지지 증거가 있다(Plutchik & Conte, 1997 참조). 유도되는 또 다른 가설은 성격장애가 특정 성격특질의 극단적 형태이므로 유사한 원형 구조를 가져야 한다는 것이다. 이 가설은 성격장애에만 적용되며, 정신과적 진단 전반에 적용되는 것은 아니다.

성격장애 진단이 원형 구조에 의하여 서로 관련될 수 있는 정도를 조사한 많은 연구가 있다. 이 장에서는 그 연구 중 일부를 검토하고자 한다.

정서와 성격장애의 관계

『정신장애 진단 및 통계 편람 제4판(*DSM-IV*)』은 성격장애를 다음과 같이 규정한다.

> 개인이 문화적 기대로부터 심하게 벗어난 지속적인 내적 경험과 행동양식을 보이는 것으로서, 광범위하고, 굳어 있고, 청소년기 또는 성인기 초기에 시작되며, 시간이 지나도 변하지 않고, 이에 따라 고통과 장해가 초래된다(APA, 1994, p. 629).

나는 정신과에서 규정되어 왔던 성격장애가 성격특질의 극단적인 형태이며, 또 성격특질은 기본정서에 관련된다는 가설을 세운다. 몇 가지 성격장애에 대한 검토가 이 생각을 설명해 준다.

두려움의 정서는 철회와 도피를 하게 함으로써 개인을 위험으로부터 보호하는 기능을 하는 매우 적응적인 상태다. 두려움의 상태가 개인에게서 지속적일 때 이러한 행동 패턴은 성격특질로 인식되며, 수줍은, 겁 많은, 철회한 혹은 순종하는 등의 이름으로 기술된다. 이러한 명칭이 반드시 비정상을 의미하는 것은 아니며, 대개 어떤 큰 집단에서 보이는 성격특질의 광범위한 스펙트럼의 일부로 간주된다. 하지만 그러한 성격특질이 극단적이 되고 한 사람이 타인과 관계하는 방식에서 지배적인 측면으로 기능한다면, 상담자는 그 특질을 기술하는 데 성격장애 체계에서 채택된 진단적 용어를 사용하려고 할 것이다. 그러한 사람은 의존적, 회피적 혹은 수동적이라고 진단될 수 있다.

유사하게 분노의 정서는 개인의 욕구 만족을 방해하는 장벽에 대한 공격을 자극하는 기능을 하는 매우 적응적인 상태다. 분노의 상태가 개인에게서 지속적일 때, 이러한 행동 패턴은 성격특질로 인식되며, 다투기 좋아하는, 지르퉁한(grouchy), 비판적인 혹은 비꼬는 등의 이름으로 기술된다. 이러한 종류의 명칭이 반드시 비정상을 의미하는 것은 아니며, 어떤 큰 집단에서 보이는 성격특질의 광범위한 스펙트럼의 일부로 간주된다. 하지만 만약 그러한 성격특질이 극단적이 되고 한 사람이 타인과 관계하는 방식에서 지배적인 측면으로 기능한다면, 상담자는 그 특질을 기술하는 데 성격장애 체계에서 채택된 진단적 용어를 사용하려고 할 것이다. 즉, 이 경우에 반사회적 혹은 자기애적과 같은 용어가 적절해 보일 것이다.

여덟 가지 기본정서 각각에 같은 논리가 적용될 수 있다. 슬픔은 침울함, 냉담함 혹은 외로움의 특질과 관련되며, 극단적인 형태로는 기분부전과 관련된다. 기쁨은 사교성, 관대함 혹은 동정과 관련되며, 극단적인 형태로는 경조증 혹은 조증과 관련된다. 혐오는 적개심, 경멸 혹은 도전의 특질과 관련되며, 극단적인 형태로는 편집증의 진단에 연결된다. 수용은 잘 믿음, 인내 그리고 잘 속음의 특질과 관련되며, 극단적인 형태로는 연극성의 진단과 관련된다. 기대 혹은 관심의 정서는 호기심 많음, 규칙적임 그리고 통제의 특질과 관련되지만, 극단적인 형태에서 그것은 강박성으로 진단될 수 있다. 마지막으로, 놀람의 정서는 우유부단함 혹은 충동성의 특질과 관련되며, 경계선 성격장애의 진단과 관련될 수 있다. 이러한 제안은 가설에 속하며, 제안된 연결 중 하나 이상의 것에 동의하지 않을 수 있다는 것에 주의하여야 한다. 이 제안에 대한 한 가지 정당화는 그것이 큰 법칙론적 네트워크(nomological network)의 일부를 형성하고,

〈표 5-1〉 정서적인 느낌, 성격특질 그리고 성격장애 진단 간의 관계에 대한 가설

정 서	성격특질	성격장애
두려움	수줍은, 겁 많은, 과민한	의존성, 회피성
분노	다투기 좋아하는, 지르퉁한, 비판적인, 비꼬는	반사회성, 자기애성
슬픔	침울한, 냉담한, 쓸쓸한	기분부전
기쁨	사교적인, 관대한, 동정심 있는	경조증, 조증
혐오	적대적인, 경멸하는, 반항하는, 비판적인	편집성
수용	잘 믿는, 견뎌 내는, 만족하는	연극성
기대	호기심이 강한, 규칙적인, 통제적인	강박성
놀람	우유부단한, 충동적인	경계선적

하나로 합하여 생각할 때 우수한 설명력을 가지며 연구와 상담 이론에 함의를 가진다는 것이다. 이 가설은 〈표 5-1〉에 요약되어 있다.

이와 유사한 개념이 다른 사람들에 의해서도 제안되어 왔다. 예를 들어, Leary와 Coffey(1955)는 협조적이고 지나치게 동의를 잘하는 특질이 연극성 성격장애와 관련된다고 제안했다. 잘 믿고 의존적인 것은 공포성 성격장애와 관련되며, 겸손하고 자기처벌적인 특질은 강박적(obsessive) 성격장애와 관련된다. 그리고 의심 많고 잘 믿지 않는 특질은 분열성 성격장애에 연결되며, 비판적이고 공격적인 특질은 정신병질적(psychopathic) 성격장애의 일부라고 했다. 1982년에 Wiggins는 성격특질과 성격장애 사이에 일련의 유사한 관계를 제안했고, 이 의견은 Kiesler(1986)와 Benjamin(1993)에 의해서 더욱 정교화되었다. 〈표 5-2〉는 이 의견들을 요약한 것이다.

이 저자들 간에는 단지 제한적인 의견 일치가 있을 뿐이지만, 이것은 성격장애에 대한 우리의 개념이 지난 40년 동안 상당히 변화해 왔기 때문일 수 있다. 핵심적인 의견은 모든 도식이 성격특질과 성

<표 5-2> 성격특질과 성격장애 사이의 가설적인 관계

특 질	성격장애
Leary와 Coffey(1955)	
협조적인, 지나치게 동의하는	히스테리성
잘 믿는, 의존적인	공포성
겸손한, 자기처벌적인	강박적
의심 많은, 잘 믿지 않는	분열성
비판적인, 공격적인	정신병질적
Wiggins(1982)	
야심 있는, 지배적인	강박성
따뜻한, 동의하는	연극성
겸손한, 재치 있는	의존성
게으른, 순종적인	수동-공격성
초연한, 내향적인	분열성
차가운, 다투기 좋아하는	편집성
거만한, 계산적인	자기애성
Kiesler(1986)	
지배적인, 자신 있는	자기애성
과시적인, 사교적인	연극성, 자기애성
우호적인, 따뜻한	경계선적
잘 믿는, 공손한	경계선적
순종적인, 자신이 없는	회피성, 의존성
억제된, 고립된	분열성, 분열형
적대적인, 차가운	편집성, 반사회성
불신하는, 경쟁적인	편집성, 분열형
Benjamin(1993)	
격리하다, 무시하다, 자기방임	분열성
분리하다, 보호하다, 비난하다, 공격하다	편집성
물러나다, 자기방임	분열형
분리하다, 비난하다, 무시하다	반사회성
신뢰하다, 주장하다, 보호하다, 비난하다, 공격하다, 자기공격, 자기방임	경계선적

신뢰하다, 격리하다, 보호하다, 비난하다, 자기공격	연극성
분리하다, 보호하다, 비난하다, 공격하다, 무시하다, 자기비난, 자기방임	자기애성
부루퉁해지다, 물러나다, 격리하다, 비난하다, 자기통제, 자기비난	회피성
신뢰하다, 복종하다, 부루퉁해지다, 자기비난, 무시하다, 자기통제, 자기비난, 자기방임	강박성

출처: "Personality Disorders and the Interpersonal Circumplex," by T. A. Widiger & S. Hagemoser, in *Circumplex Models of Personality and Emotions,* edited by R. Plutchik & H. R. Conte, 1997, pp. 301, 303, 305, 310, Washington, DC: American Psychological Association.

격장애 간의 관계를 인정한다는 것이다.

공존장애의 문제

많은 정신과 환자는 다수의 정신과적 장애를 동시에 경험하는 것으로 보인다. 공존장애(comorbidity)라는 용어는 이 상황을 기술하기 위하여 도입되었다.

경험적 연구

많은 연구자가 공존장애의 증거를 발견했다. 예를 들어, Herpertz, Steinmeyer 그리고 Sass(1994)는 231명의 입원환자 연구에서 41%의 환자가 DSM-III-R(APA, 1987)에 따라 한 가지 이상의 성격장애 진단을 받았다는 것을 발견했다. Labouvie, Miller, Langenbucher

그리고 Morgenstern(1997)은 366명의 약물중독자 표본에서 1축 장애와 성격장애 진단 사이에 광범위한 중복을 보고했다. Marshall (1996)은 공황장애, 사회공포증, 우울증 그리고 의존성 및 회피성 성격장애 간의 공존성을 보여 주는 문헌의 요약을 제시했다.

강박성 장애를 가진 40명의 환자 연구에서 대부분의 환자가 또 다른 2축 진단을 가진 것으로 발견되었는데, 각 성격장애의 빈도에서는 흥미로운 변이가 있었다. 보고된 공존장애 수치는 회피성(52%), 의존성(40%), 연극성(20%), 편집성(20%), 자기애성(8%), 분열형(5%) 그리고 수동-공격성(5%)으로 나타났다. 게다가 10명 중에서 거의 6명의 환자가 두 가지 이상의 성격장애 진단을 받았다(Rodriguez Torres & Del Porto, 1995). 이러한 관찰은 공존장애가 전부 아니면 무(all or nothing) 현상이 아니라 단계로 존재할 수 있다는 것을 보여 준다. 또한 Corruble, Ginestet 그리고 Guelfi(1996)가 같은 요지로 이야기했는데, 그들은 최근 주요 우울장애를 가진 환자 중 입원환자의 20~50%와 외래환자의 50~85%가 관련 성격장애를 가진다는 사실을 광범위한 문헌 검토를 기초로 보고했다. 그러한 성격장애를 가진 사람들은 사례의 약 30%가 경계선으로, 사례의 약 20%가 연극성으로, 사례의 약 10%가 반사회성으로, 그리고 5% 이하가 자기애성으로 불릴 가능성이 높다. 역시 공존장애는 정도의 문제다.

주요 우울증을 가진 404명의 성인 외래환자에 대한 연구에서, Fava 등(1996)은 대부분이 회피성, 연극성, 자기애성 그리고 경계선 성격장애 중에서 하나 이상의 공존 진단을 가진다는 것을 발견했다. Klein, Lewinsohn 그리고 Seeley(1996)는 1,709명의 청소년 표본을 연구하여, 경조증적 특질을 가진 사람이 자살을 시도하거나 재발성 주요 우울증을 가질 가능성, 그리고 파괴적인 행동을 보일 가능성이 더 많다는 것을 발견했다. Spalletta, Troisi, Saracco, Ciani 그리고 Pasini(1996)는 기분부전을 가진 환자의 거의 절반이 성격장애도 가진다는 것을 발견했다.

Grilo, Becker, Fehon, Edell 그리고 McGlashan(1996)은 공존하는 품행장애와 물질사용 장애를 가진 청소년 환자들이 또한 공존하는 경계선 성격장애를 가질 가능성이 높다는 것을 보고했다. Okasha 등(1996)은 범불안장애와 회피성 성격장애 사이뿐만 아니라 경계선 성격장애와 신체형 장애 사이의 공존장애도 보고했다.

대규모 외래환자 집단에서 의존성 성격장애를 가진 환자들은 연극성 특질뿐만 아니라 공존하는 사회공포증과 경계선 특질을 가질 가능성이 높았다(Reich, 1996). 유사하게 Loranger(1996)는 의존성 환자들이 다른 성격장애를 가진 사람들보다 주요 우울증과 양극성 장애를 가질 가능성이 더 높다는 것을 보고했다. Skodal 등(1995)은 200명 환자 표본에서 공황장애가 의존성, 경계선 그리고 회피성 성격장애와 관련되고, 사회공포증이 회피성 성격장애와 관련된다는 것을 발견했다.

함 의

공존장애는 어떻게 해석되어야 할까? Plutchik과 Van Praag(1998)는 불안, 우울, 공격성, 충동성 그리고 자살충동(suicidality)이 별개이거나 무관한 실체가 아니라는 것을 지적했다. 즉, 이들과 다른 상태 사이에는 상당한 공존장애가 존재한다. 그러한 공존장애가 특별한 형태, 유사성 구조(similarity structure)라고 부를 수 있는 패턴을 보인다는 것이 흥미롭다. 예를 들어, 불안과 우울이 정서로 여겨지든 진단으로 여겨지든 같은 사람에게서 함께 발견되는 경우가 많다. 약물치료를 통해 환자에게서 이 증상 중 한 가지를 감소시킬 때 나머지 한 증상도 또한 감소될 가능성이 높다. 이러한 높은 공존장애는 불안과 공격성 간에, 혹은 우울과 충동성 간에는 발견될 가능성이 더 적다. 공존장애에는 정도가 있으며, 부적인 공존성(negative comorbidity)이 가능함을 보여 주는 증거가 있다. 이것은 한 가지 특정한 성격장애를 가지는 것이 다른 특정한 한 가지를 가질 가능성을 감소시킨다는 것을 의미할 수 있다.

만약 이러한 결론이 타당하다면 공존장애의 정도에 대한 견해는 원형(circumplex)—관계의 특정한 유형을 표현하는 요소의 원형적 배열—에 의해 표상될 수 있다. 이것은 유사성과 양극성의 관계를 포함한다. 만약 고려되는 그 요소가 서로에 대한 유사성의 정도에서 다양하고(정서, 성격특질 그리고 진단이 그러하듯이) 양극성을 보인다면(기쁨 대 슬픔, 지배 대 복종, 반사회적 대 회피적 행동과 같이), 아날로그 모델로서의 원형이 이러한 관계를 나타내기 위하여 사용될 수 있을 것이다. 통계적으로, 이 요소들 간의 일련의 상관은 개념적으로 가까운 정도에 따라 요소들 간 상관 정도에서의 체계적인 증가나 감소를 보여 주어야 한다(Plutchik, 1997).

Carson(1996)은 그 가장자리가 섞이고 서로 침투하는 원에서 한 결같은 일련의 요소로서 유사한 원형적 관점을 제안했다. 그는 범주적 용어로 DSM 분류체계를 구체화하는 지속적인 경향에 이의를 제기하고, 그 범주는 "우리가 가지고 있지 않으며 가질 수 없는 정확함" (p. 243)에 대한 소망을 반영한다고 제안했다.

Carson은 공존장애의 발생이 주로 존재한다고 가정되는 진단적 범주 수에 대한 함수라는 것을 언급하였던 DSM-IV 특별위원회의 의장과 연구 코디네이터를 인용하였다(Frances, Widiger, & Fyer, 1990). 다수의 진단적 범주는 그중 많은 것이 체계의 인위적 결과인 다수의 공존장애를 가져온다. Carson이 인용한 예는 가벼운 만성적 우울증에 더하여 주요 우울증의 특징이 동시에 나타나는 것을 일컫는 '이중 우울증(double depression)'이라는 진단이다(Keller & Shapiro, 1982). 그는 환자를 임의적이고 중복되는 진단적 범주에 배치하는 것이 임상 실제에 도움이 되지 않는다고 결론을 내렸다.

1970년대부터 연구자들은 원형 개념을 정서, 성격특질 그리고 성격장애를 포함한 여러 영역에 적용하는 것을 시도했다. 이 작업의 다수는 성격과 정서의 원형 모델(Circumplex Models of Personality and Emotions, Plutchik & Conte, 1997)에서 검토된다.

성격장애의 경험적 원형

진단 군집

수년에 걸쳐 성격장애 간의 관계를 원형으로 나타내려는 많은 시도들이 이루어져 왔다. 한 가지 문제는 DSM 시리즈에서 보여지는 것처럼 성격장애에 대한 일관된 용어가 결여된 것이었다. 예를 들어, DSM-II(1968)는 열 가지의 성격장애를 열거했다. 그중 세 가지는(폭발성, 무력증 그리고 부적당한) 이후에 빠졌다. Plutchik과 Platman (1977)은 남은 일곱 가지—강박성, 순환성, 히스테리성, 편집성, 수동-공격적, 분열성 그리고 사회병질적—에 대한 유사성 정도를 연구했다. 여기에 그들은 안정형이라는 한 가지 용어를 덧붙였다.

20명의 정신과 의사에게 각 명칭으로 진단되었던 환자를 생각해 내서 각 환자를 기술하는 정서단어(침울한, 사교적인 혹은 충동적인과 같은)를 선택하도록 요청했다. 정신과 의사들의 선택은 정서 프로파일 지표(Emotion Profile Index)에 있는 여덟 가지 기본적 정동 차원에 관하여 채점되었다(Plutchik & Kellerman, 1974). 이 과정은 각 진단에 대한 정서 프로파일을 제공했다.

그다음 이 프로파일에서 모든 가능한 진단 쌍에 대하여 상호 상관을 조사했다. 그리고 상호 상관 행렬에 대하여 주 성분 방법으로 요인 분석하여, 처음 두 가지 요인이 변량의 91%를 설명한다는 것을 발견했다. 각 진단에 대한 요인 부하를 처음 두 축을 이용하여 좌표에 그렸는데, [그림 5-1]과 같은 원형으로 나타났다.

이 그림은 성격장애가 순환성 반대편에 강박성, 히스테리성 반대편에 분열성, 안정형 반대편에 편집성을 가지는 원형 구조에 적합하다는 것을 가리킨다. DSM-II에서는 정의되지 않았지만, DSM-III (APA, 1980)와 DSM-IV에서 나타난 다른 성격장애를 표상할 수 있는 약간의 공간이 발견된다. 이러한 진단적 명칭의 원형적 배열이 정신과 의사의 진단에 대한 모호한 견해를 보여 주는 것은 아니라는 것을 강조하는 것이 중요하다. 그 대신에 그것은 각 진단과 관련된 특질의 중복에 대한 분명한 인식을 반영한다. 이 견해를 개념화하는 또 다른 방법은 진단적 명칭이 특정한 특질 군집을 관찰할 가능성에 대한 잠재적 가능성 추정치를 나타낸다는 것이다.

성격장애에 원형적 구조를 제공하는 또 다른 초기의 시도는 Blashfield(1986)에 의해 이루어졌고 Wiggins(1982)의 대인관계 유형에 기초했다. 이것은 [그림 5-2]에 나타나 있는데, Wiggins는 여

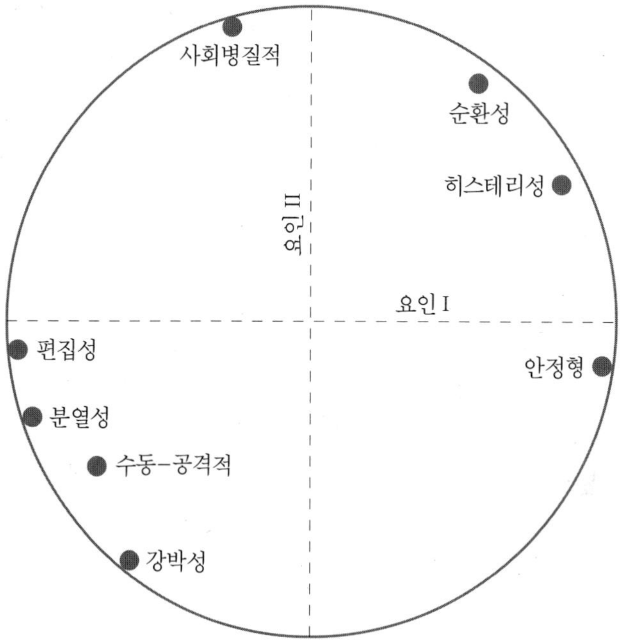

[그림 5-1] 정신과 의사들의 진단적 용어 정의에 기초한 요인

출처: "Personality Connotations of Psychiatric Diagnoses," by R. Plutchik & S. R. Platman, *Journal of Nervous and Mental Disease, 165,* p. 421. 저작권은 Lippincott, Williams, & Wilkins (1977)에 있으며, 승인에 따라 옮김.

덟 가지 성격장애를 열거하고 그것을 (경험적이기보다는) 이론적 기반에서 원주를 따라 동일한 간격으로 배열했다. 이 원형에서 연극성은 편집성의 반대편에, 자기애성은 의존성의 반대편에, 그리고 분열성은 경조증의 반대편에 있다. 경조증이라는 용어는 DSM-II나 DSM-III에 포함되지 않았지만, Wiggins는 사교적-외향적(gregarious-extraverted) 성격 차원이 그 극단적인 형태에서 경조증적 성격장애를 가져온다고 믿었다.

앞서 말했듯이, 성격장애를 연구하는 것에 관련된 문제 중 한 가지

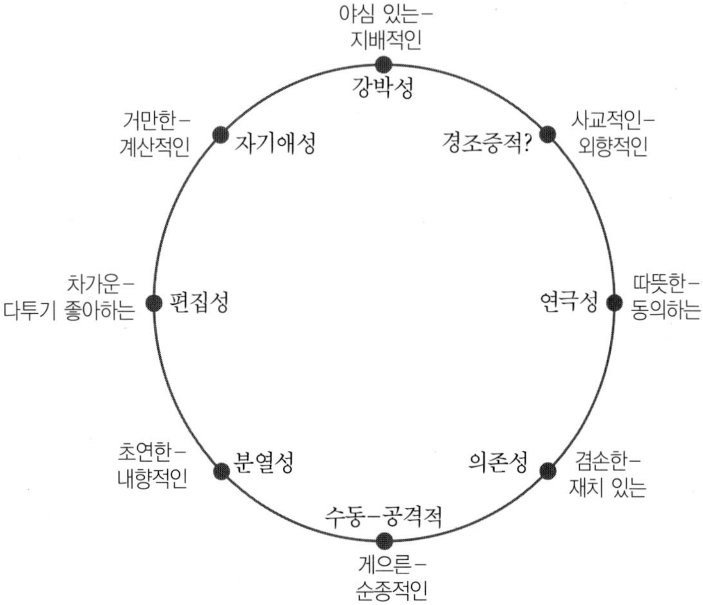

[그림 5–2] Wiggins(1982)의 대인관계 유형(원 바깥쪽)과 대응하는 진단(원 안쪽)

출처: "Structural Approaches to Classification," by R. K. Blashifield, in *Contemporary Directions in Psychopathology: Toward the* DSM-IV (p. 334), edited by T. Millon & G. L. Klerman, New York: Guilford Press. 저작권은 Guilford Press(1986)에 있으며, 승인에 따라 옮김.

는 DSM의 개정판에 따라 변화하는 용어다. 게다가 아동은 성인에 비해서 다소 다른 용어로 명명되어 왔다. 예를 들어, DSM-III에서 성인은 열한 가지 성격장애—편집성, 분열성, 분열형, 연극성, 자기애성, 반사회성, 경계선, 회피성, 의존성, 강박성 혹은 수동–공격적 성격장애—중 한 가지 이상의 어떤 것을 가질 수 있는 반면, 아동은 분열성, 회피성, 품행, 반항성 혹은 정체성 장애를 가진다고 한다.

나의 동료 중 한 명과 함께 수행한 한 연구는 청소년기 이전의 정신과 환자들에게서 진단을 위한 원형적 배열에 대한 최초의 근사치를 정하기 위해 사용될 수 있는 자료를 제공하고 있다(Pfeffer & Plutchik, 1989). 우리는 106명의 청소년기 이전 정신과 입원환자, 101명의 청소년기 이전 정신과 외래환자 그리고 101명의 청소년기 이전의 비환자에 대한 DSM-III-R 진단을 구하였는데, 품행장애와 같은 진단을 가진 아동에게 다른 진단도 또한 다양한 빈도로 내려진다는 것을 발견했다. 예를 들어, 품행장애를 가진 것으로 진단되었던 66명의 아동 중에서 51%는 경계선 성격장애도 가진 것으로 진단되었고, 39%는 특정 발달장애를 가진 것으로, 23%는 주의력 결핍장애를 가진 것으로, 그리고 21%는 기분부전 장애를 가진 것으로 진단되었다. 각 장애에 대하여 같은 방식의 중복 분석이 이루어졌다. 원형 구조에 대한 근사치는 [그림 5-3]에 나타나 있다. 이 모델은 서로 다른 진단의 유사성 척도에서 절대적이 아닌 상대적 위치를 나타내게 된다. 이러한 원형은 구별하기 쉬운 진단뿐만 아니라 어떤 진단이 서로 감별하기 가장 어려운지도 보여 준다.

원형 개념을 성격장애에 적용하기 위해 고안된 또 다른 연구에서 Plutchik과 Conte(1997)는 수정된 쌍비교(paired comparison) 과정을 사용했다. 우리는 16명의 숙련된 임상가들에게 11개의 DSM-III-R 2축 성격장애들의 유사성 혹은 차이점 정도를 평정하도록 요청했다. 우리는 이 목록에 세 가지 다른 범주, 즉 가학적, 자기-파괴적 그리고 기분부전적 성격장애를 추가했다. 〔이 마지막 장애는 많은 환사가 실제로 성격특질인 우울증적 인지와 행동의 만연한 패턴을 가진다는 견해의 표현을 간단히 보여 준다. Benjamin(1993)은 이 의견에 동의하였고, 그녀가 우울증적 성격장애라고 부른 새로운 범주의 특성을 기술했다.〕

임상가들이 유사성 및 차이점을 평가할 때 그들은 단일한 진단명(예, 연극성, 편집성 혹은 자기애성)을 제공받지 않았는데, 그것은 그

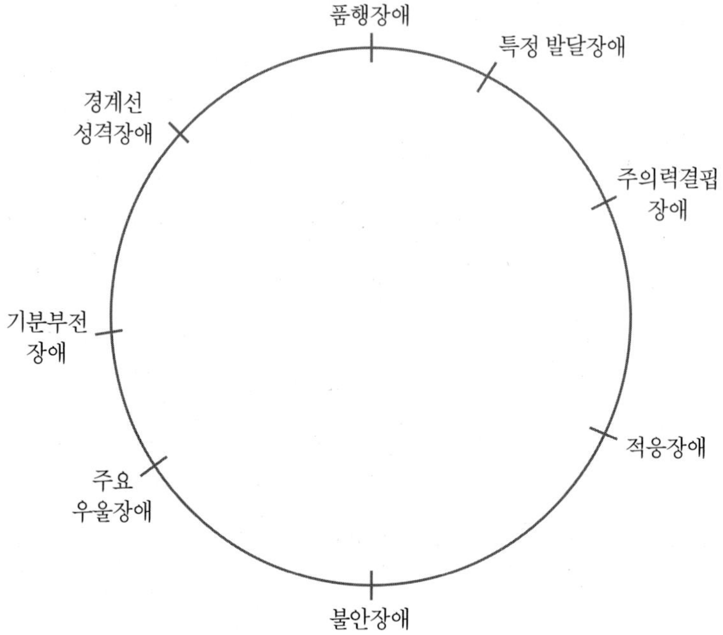

[그림 5-3] 혼동 행렬(confusion matrix)에 기초한 청소년기 이전의 정신과 장애에 대한 원형의 근사치

출처: "Co-Occurrence of Psychiatric Disorders in Child Psychiatric Patients and Nonpatients: A Circumplex Model," by C. R. Preffer & R. Plutchik, 1989, *Comprehensive Psychiatry, 30,* p. 280. 저작권은 W. B. Saunders Company(1989)에 있으며, 승인에 따라 옮김.

러한 명칭에 관련된 모호함 때문이었다. 대신 각 성격장애에 대하여 짧은 기술이 DSM-III-R에 있는 기준에 명백하게 기초하여 작성되었다. 별도의 임상가 집단이 그 기술의 적절성에 대하여 평정하였고, 기술의 타당성을 높이도록 약간의 수정이 이루어졌다. 평정자에게 작성된 성격장애 기술의 유사성을 비교하도록 요청하였으며, 척도는 +3(두 가지 기술이 의미상 동일함)에서 −3(두 가지 기술이 의미상 반대임)까지의 범위이고, 0은 두 가지 기술 사이에 상관이 없음을 가리켰다. 평정은 원에서의 각 배치(angular placement)로 변환되었고, 결과는 [그림 5-4]와 같다(변환 방법은 Conte & Plutchik, 1981에 상세히 기술되어 있음).

원형의 주위를 도는 진단의 위치는 DSM-III에서 제안되었던 전통적이지만 임의적인 군집(cluster)에 비교될 수 있을 것이다. 첫 번째 군집은 편집성, 분열성 그리고 분열형 진단을 포함하며, 종종 '특이'하거나 괴짜로 보이는 사람에게 적용된다. 두 번째 군집은 경계선, 자기애성, 연극성 그리고 반사회성 진단을 포함한다. 이러한 진단을 가진 사람은 극적이거나 변덕스러워 보이는 경우가 많다. 세 번째 군집은 의존성, 강박성, 회피성 그리고 수동-공격성 진단을 포함한다. 이 장애를 가진 사람은 불안해 보이는 경우가 많다. 간편하게 이들 군집은 괴짜, 변덕 그리고 불안 집단으로 일컬어져 왔다.

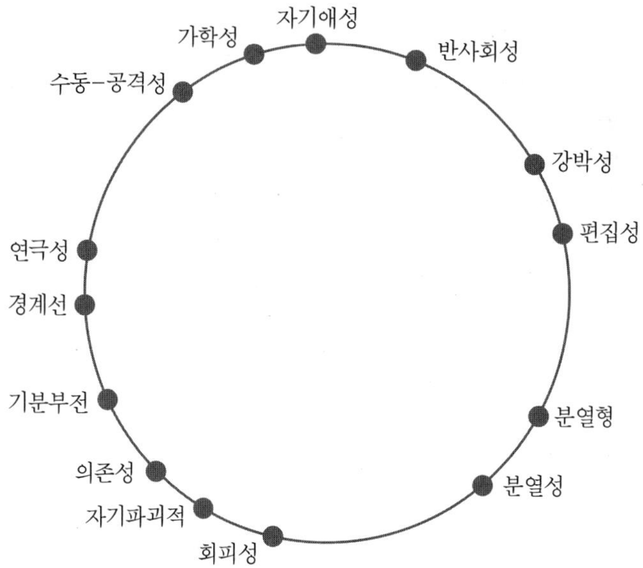

[그림 5-4] 성격장애의 원형 구조

[그림 5-4]를 살펴보면 강박성 역시 괴짜 군집의 일부이고 편집성 진단의 것과 유사한 특성을 가지지만, 편집성, 분열형 그리고 분열성은 연속적이고 분명하게 괴짜 군집을 형성한다는 것을 볼 수 있다. 두 번째 군집인 극적인 집단은 경험적으로 확인되지 않았다. 자기애성과 반사회성은 유사하게 보이며, 제안된 가학성 진단에 관련되어 있다. 수동-공격성 또한 이 집단의 일부인 것으로 보인다. 이 군집은 공격성의 측면이 중심이 되는 것으로 보이며 아마도 공격적 군집으로 명명될 것이다.

회피성, 의존성, 강박성 그리고 수동-공격성으로 구성되어 있다고 알려진 전통적인 불안 군집은 확인되지 않았다. 경험적 위치는 회피성과 의존성 진단이 서로 매우 비슷하고 자기파괴적 및 기분부전 장애와 비슷하다는 것을 제안할 수 있는데, 불안 군집에 대한 이 수정된 형태는 대신 불안-우울 군집으로 불려야 할 것이다.

연극성과 경계선 진단이 원형에서 서로 가까우며, 또한 기분부전 진단 근처에 있다는 것이 상당히 흥미롭다. 그것들은 아마도 불안-우울 군집에 적합할 것이다. 이 두 가지 진단에서 우울과 불안 두 가지 모두의 강한 특성이 존재하는 것은 이 배치를 지지한다.

[그림 5-4]에 나타난 이러한 발견은 성격장애의 중복 정도에 대한 척도를 제공하는 것으로 생각할 수 있을 것이다. 원형에서 멀리 떨어져 있는 진단은 구별이 거의 어렵지 않은 반면, 가까운 진단은 구별하기 어려울 가능성이 많다.

이 연구에서 사용된 쌍비교의 수정된 방법은 성격장애에 대한 경험적 원형을 밝혔다. 그것은 전통적인 군집을 어느 정도 보여 주고 있지만, 몇 가지 중요한 차이점을 가진다. 소위 변덕스러운 군집(erratic cluster)은 공격성을 다루는 문제와 분명히 관련되어 보인다. 비록 기분부전이 II축에 포함되지 않았지만, 불안한 군집(anxious cluster)은 자기파괴적 성격과 기분부전 성격을 포함한다. 이 군집을 불안-우울 군집(anxious-depressed cluster)이라고 부를 수 있을 것이다. 이와 같이 정서는 모든 성격장애에 관련되는 것으로 보인다.

이러한 발견은 모든 성격장애에 어느 정도의 공존장애가 존재한다는 것과 한 성격장애에서 다른 성격장애까지에 유사성의 측면에서 점진적인 변화가 있다는 것을 증명하도록 돕는다. 엄격히 말해서, 이는 군집들이 어느 정도 임의적이며, 임의적인 경계의 선택에 기초한다는 것을 의미한다. 원형의 개념은 모든 성격장애, 즉 현재 인정되는 것과 아마 미래에 임상적으로 명명될 것이 근접성의 정도에서 차이를 보이며 원 위에 배치되어 보여질 수 있다는 것을 의미한다.

〈표 5-3〉은 성격장애의 일부 임의적인 특성을 설명하는 데 도움이 된다. 이 표는 최근의 정신분석적 경향의 목록에서뿐만 아니라 서로 다른 DSM 개정판들에서 성격장애에 대하여 부여한 명칭들을 비교한다. 많은 진단명이 시간이 지남에 따라 변화해 왔고, 정의 자체 역시 수정되어 왔다. 용어의 추가와 삭제 그리고 재정의의 과정이 미래까지 계속되지 않을 것이라고 생각할 이유는 전혀 없다. 이 과정은 성격장애의 원형 구조와 의미의 불가피한 중복의 발생을 반영하는 것 같다. '경조증적' 장애뿐만 아니라 '우울증적' 혹은 '기분부전' 성격장애의 일부 형태는 성격장애 원형으로 편입될 가능성이 많다.

〈표 5-4〉는 성격장애에 적용되어 온 9개의 원형 모델에 대한 요약을 보여 준다. 각각의 경우에 다른 자료 수집의 방법과 다른 분석, 판단, 그리고 환자 표본이 사용되었다. 〈표 5-4〉는 원형을 둘러싸

〈표 5-3〉 성격장애에 대해 서로 다르게 제안된 목록

DSM-II (1967)	DSM-III (1980)	DSM-III-R (1987)	DSM-IV (1994)	정신-분석 (Akhtar, 1992)
편집성	편집성	편집성	편집성	편집성
분열성	분열성	분열성	분열성	분열성
수동-공격성	분열형	분열형	분열형	분열형
강박성 (compulsive)	강박성 (compulsive)	강박성 (obsessive-compulsive)	강박성 (obsessive-compulsive)	강박성 (obsessive)
히스테리성	연극성	연극성	연극성	히스테리성
순환성	자기애성	자기애성	자기애성	자기애성
사회병질적	반사회성	반사회성	반사회성	반사회성
폭발성	회피성	회피성	회피성	공포성
무력증	의존성	의존성	의존성	피학성
부적당한	경계선	경계선	경계선	경계선
	수동-공격성	수동-공격성		경조증적
		가학성		유아성
		자기파괴적		가장성

는 성격장애의 상대적인 순서를 열거하고 있다. 각 진단의 정확한 각 위치(angular location)에 대한 추정치는 실제 발표된 수치에 기초한 것이다.

방법의 차이에도 불구하고 많은 공통점을 볼 수 있다. 임의적 기준인 편집성에서 출발할 때, 거의 모든 연구가 자기애성 및 반사회성 진단이 원형에서 그에 가깝다는 것을 발견하였다. 즉, 의존성, 자기파괴적 그리고 회피성이 일반적으로 분열성 혹은 분열형 진단 근처에서 발견되는 반면, 경계선은 대개 목록의 중간 부분 어딘가에서 발견된다. 예를 들어, 자기애성은 45°의 평균 위치를 가지고, 연극성은 117°의 평균 위치를 가지며, 분열성은 295°의 평균 위치를 가진다. 연구들 간에 어느 정도 차이는 있지만, 각 진단이 위치하는 원

〈표 5-4〉 성격장애의 원형 각 위치 요약

Plutchik와 Platman(1977)	각(도)	Wiggins(1982)	각(도)
편집성	0	편집성	0
사회병질적	82	자기애성	45
순환성	130	강박성	90
연극성	156	경조증적	140
안정형	187	연극성	180
강박성	283	의존성	220
수동-공격성	320	수동-공격성	270
분열성	340	분열성	315
Plutchik과 Conte(1985)	**각(도)**	**Millon(1987)**	**각(도)**
편집성	0	편집성	0
반사회성	40	자기애성	27
자기애성	53	연극성	58
경계선	65	수동-공격성	81
연극성	115	경계선	103
안정형	180	자기파괴적	128
의존성	216	의존성	153
강박성	300	회피성	193
회피성	327	분열형	221
수동-공격성	330	분열성	245
분열형	333	강박성	275
분열성	335	공격성	305
반사회성	335		
Romney와 Bynner(1989)	**각(도)**	**Pincus와 Wiggins(1990)**	**각(도)**
편집성	0	편집성	0
자기애성	32	반사회성	22
강박성	90	자기애성	78
경조증적	147	연극성	106
연극성	180	의존성	236
의존성	203	회피성	274
수동-공격성	270	분열성	310
분열성	330		

Sim과 Romney(1990)	각(도)	Strack, Lorr 및 Campbell(1990)	각(도)
편집성	0	편집성	0
자기애성	12	자기애성	30
연극성	40	공격성	40
경조증적	54	연극성	60
강박성	112	반사회성	70
의존성	172	수동-공격성	104
경계선	185	경계선	150
분열형	202	자기파괴적	190
회피성	233	회피성	210
분열성	254	분열형	211
수동-공격성	281	분열성	232
반사회성	350	의존성	240
강박성	306		
Plutchik과 Conte(1994)	**각(도)**		
편집성	0		
강박성	20		
반사회성	60		
자기애성	85		
가학성	102		
수동-공격성	117		
연극성	160		
경계선	170		
기분부전적	192		
의존성	210		
자기파괴적	225		
회피성	240		
분열성	292		
분열형	312		

출처: "The Circumplex as a General Model of the Structure of Emotions and Personality," by R. Plutchik, in *Circumplex Models of Personality and Emotions,* edited by R. Plutchik & H. R. Conte, 1997, p. 36, Washington, DC: American Psychological Association. 저작권은 American Psychological Association(1997)에 있으며, 승인에 따라 옮김.

형의 구역에서 충분한 동의가 있어 보인다. 이 발견은 성격장애 진단의 원형 분석이 의의가 있음을 지지하며, 그러한 진단의 유사성 및 양극성 구조 모두를 보여 준다.

함 의

다음 목록은 성격장애의 원형에 관하여 이제까지 제시되었던 개념들의 일부를 요약한 것이다.

① 성격장애가 서로 유사성의 정도에서 다양하고 양극성 또한 보인다는 것에 대해서는 서로 다른 방법과 환자 모집단에 기초한 상당한 증거들이 현재 있다. 이러한 사실은 원형에 의하여 가장 잘 설명될 수 있다.

② 성격장애를 명명하고 정의하는 가장 적합한 방법뿐만 아니라 그 정확한 숫자는 여전히 논쟁거리다. 논쟁은 대체로 중복되는 범주의 요소를 어떻게 묶기로 결정하는가에 관계된다. 아마도 변화는 앞으로도 계속될 것이다.

③ 중복되는 범주의 존재는 대부분의 환자에게 몇 가지 성격장애 진단을 내리는 이유 중 하나다. 이것은 또한 성격장애 영역에서의 진단이 상대적으로 낮은 신뢰도를 갖는 원인이기도 하다.

④ 개인 내 갈등의 정도가 그의 성격 진단이 얼마나 다양한지 혹은 얼마나 반대되는지에 따른다는 것은 명백하다. 사실 이것은 갈등을 측정하는 간접적인 방법일 수 있다.

⑤ 정서가 성격장애와 밀접하게 관련된다는 것은 분명하다. 불안과 우울이 회피성, 의존성 그리고 기분부전 장애의 중심이 되는 반

면, 분노와 공격성은 반사회적 그리고 편집성 성격장애와 같은 장애의 중심이 된다. 그러므로 유사성의 원형 순서가 정서와 성격장애 진단 두 가지 모두에 적용된다는 것은 놀라운 일이 아니다. 이 두 영역 모두는 대인관계와 본질적으로 관련된다.

행동하려는 충동에 대한 원형

대부분의 정서이론은 정서반응의 복잡한 특성을 인정한다. 그러나 정서의 자율신경계 각성 측면에는 상당히 주의를 기울여 왔지만, 정서에 수반되는 행동하려는 충동의 문제에 대해서는 상대적으로 거의 주목하지 않았다. 바꾸어 말하면, 공포와 분노의 느낌이 종종 도피 혹은 투쟁의 행동과 관련되지만 그러한 느낌이 반드시 그러한 행동으로 나타나지는 않는다. 이것은 단순히 상황이 느낌의 작용이 실행되는 것을 막을 수 있기 때문일 수 있다. 문, 울타리, 밧줄 혹은 포식자의 존재가 도피 혹은 투쟁의 행동이 일어나는 것을 막을 수 있다. 그러나 달리려는 충동 혹은 공격하려는 충동은 여전히 존재할 수 있다. 그러한 충동의 결합이 대개 갈등이라고 부르는 것이다.

충동의 개념을 이론에 통합하려는 몇 안 되는 시도 중 하나는 50여 년 전에 Nina Bull에 의해서 이루어진 연구다. 그녀는 정서에 대한 태도이론(attitude theory)을 제안하였는데, 이것을 다음의 글(1952)에서 기술하였다.

> 정서는 자세 설정(postural set) 혹은 준비 운동 자세가 그 첫 단계인 일련의 근신경계(neuromuscular) 사건으로 생각된다. 이 준비

자세는 비자발적이면서 본능적이고, 개인에게 새로운 태도 결정을 제공하지만 행동의 완료 단계(consummatory stage)로는 즉각 들어가지 않는 미미하고 임시적인 동작이다(p. 217).

피최면 참여자를 활용한 두 개의 독창적인 연구에서 Bull과 동료들(Bull & Gidro-Frank, 1950; Pasquarelli & Bull, 1951)은 특정한 정서단어(예, 두려움, 분노, 혐오, 의기양양, 우울)를 제시하였을 때 보고되는 일관적인 신체 자세를 발견했다. 다른 피최면 참여자에게 그들의 신체를 이 정의된 자세로 '고정'하도록 요구하였을 때, 그들은 자세를 바꾸도록 허용되지 않고서는 최면술자가 제안하였을 때조차 그들의 정서적인 느낌을 변화시킬 수 없었다. 이 결과에 기초하여 Bull은 다음과 같은 두 가지 중요한 결론을 내렸다. ① 골격근 운동과 내장운동 모두 정서적인 느낌에 관련되고, ② 서로 다른 정서는 그것과 관련된 서로 다른 자세 혹은 행동하려는 충동을 갖는다.

정서와 관련된 행동충동은 몇 가지 방식으로 연구될 수 있다. 그러한 충동을 규명하는 한 가지 시험적인 시도가 Plutchik에 의해 기술되었다(1980b). 다음에 제시된 내용은 이 연구에 대한 요약이다.

142개의 정서단어 목록이 임의의 순서로 배열되어 15명의 평가자들에게 제시되었다. 평가자는 다음과 같은 지시를 받았다.

다음 페이지에는 정서의 목록이 있습니다. 한 가지에 대하여 생각할 때 우리는 보통 그것이 특정한 방식으로 행동하려는 충동을 포함한다고 인식할 수 있습니다. 예를 들어, 분노에 대하여 생각할 때 우리는 보통 누군가를 공격하거나 해치려는 압력을 인식합니다. 슬픔에 대하여 생각할 때 우리는 보통 울거나 누군가를 애도하려는 압력을 인식합니다.

목록을 읽고 각 정서에 어떤 압력, 혹은 행동하려는 충동이 포함되어 있는지에 대한 당신의 의견을 말해 주세요. 다음에 제시된 여덟 가지 충동의 목록에서 첫 번째 선택과 두 번째 선택을 해 주시기 바랍니다. 당신이 선택한 번호를 적당한 곳에 적어 주세요.

여덟 가지 행동하려는 충동은 다음과 같습니다.

① 공격하거나 해치려는
② 울거나 애도하려는
③ 포옹하거나 성관계하려는
④ 탐색하거나 찾으려는
⑤ 행동을 멈추려는
⑥ 거부하거나 없애려는
⑦ 환영하거나 함께하려는
⑧ 철회하거나 벗어나려는(p. 355)

〈표 5-5〉(p. 172 참조)는 각 정서에 대한 첫 번째 및 두 번째 선택의 상대적인 빈도에 기초한 평가의 요약을 보여 준다. 몇몇 경우에서 이 선택에 대한 거의 완전한 동의가 있었으나 어떤 경우에는 동의가 훨씬 적었다. 비록 많은 경우 세 번째 선택이 정서를 구별하는 데 도움이 되지만, 이 표는 각 정서 용어에 관한 첫 번째와 두 번째 선택만을 보여 준다. 굵은 글씨로 적힌 정서는 가장 분명한 주요 정서를 나타낸다.

〈표 5-5〉에서 정서단어는 직접적인 유사성 측정 방법을 기초로 얻어진 원형 순서로 나열되었다. 원에서 각 정서의 위치는 정서단어

와 평가자들이 규정한 행동하려는 충동 옆에 열거되었다.

표를 살펴보면, 원을 따라서 체계적인 진행을 보이는 정서 군집이 나타난다. 첫 번째 군집은 수용하는, 동의하는, 차분한 그리고 잘 돌봐 주는과 같은 일련의 단어로 구성되어 있고, 그 모두는 '환영하거나 함께하려는' 것을 주된 충동 요소로 한다. 이 모든 단어와 충동은 친화(affiliation) 혹은 결합 행동을 나타낸다. 대부분 경우에 두 번째 충동은 포옹하거나 성관계하려는 압력으로 구성된다. 다른 충동이 또한 있을 수 있다.

정서의 두 번째 집단은 일차적 충동으로 '철회하거나 벗어나려는' 압력을 가지며 겁 많은, 전전긍긍하는, 당혹한, 자의식이 강한 그리고 안달복달하는과 같은 단어를 포함한다. 두 번째 충동은 대부분의 경우에 '행동을 멈추려는' 압력이다. 서로 다른 정서들 간의 차이는 부분적으로는 일차적 및 이차적 충동의 상대적인 크기와 관련되며, 부분적으로는 울거나 거부하려는 압력과 같은 추가적인 충동의 존재와 관련된다.

정서의 세 번째 집단은 슬픈, 우울한, 불행한 그리고 절망적인과 같은 단어로 구성된다. 이 단어의 대부분은 일차적 충동으로 '울거나 애도하려는' 압력을, 그리고 이차적 충동으로 '철회하거나 벗어나려는' 압력을 가진다.

정서의 네 번째 집단인 대도 결정의 정서(orientation emotions)는 동요하는, 곤혹스러운, 혼란스러운 그리고 놀란과 같은 단어를 포함한다. 이 정서 대부분에서 일차적 충동은 '행동을 멈추려는' 것이고, 이차적 충동은 '탐색하거나 찾으려는' 것이다. 이 정서들 중 몇 가지에서 존재한다고 평가된 세 번째 충동은 '철회하거나 벗어나려는' 것이다.

정서의 다섯 번째 집단은 거부의 느낌을 주된 요소로 가지는 것들로 구성된다. 혐오하는, 분개한, 반감 있는 그리고 못마땅한과 같은 정서 모두는 '거부하거나 없애려는' 것을 일차적 충동으로 가지며, 모두가 철회 혹은 공격 중 하나를 이차적 충동으로 가진다.

정서의 여섯 번째 집단은 '공격하거나 해치려는' 압력을 일차적 충동으로 가지는 것들로 구성된다. 그러한 정서의 예는 격노한, 싸우기 좋아하는, 공격적인 그리고 비꼬는 등이다. 대부분의 경우에 이차적 충동은 '거부하거나 없애려는' 것이다.

정서의 일곱 번째 집단은 충동적인, 기대하는, 호기심이 강한 그리고 목표지향적인과 같은 단어를 포함한다. 대부분은 일차적 정서로서 '탐색하거나 찾으려는' 압력을 가진다. 대부분의 경우에 이차적 정서는 '환영하거나 함께하려는' 압력이다.

마지막으로 원을 완성하는 여덟 번째 주요 정서 군집은 대부분 사교성과 관련되며, 열망하는, 아주 기뻐하는, 행복한 그리고 협력적인과 같은 단어를 포함한다. 거의 모든 경우에 이차적인 충동은 '포옹하거나 성관계하려는' 압력이고, 많은 경우에 세 번째 충동 또한 존재한다. 이때 첫 번째와 마지막 집단이 동일한 충동 요소의 대부분을 포함한다는 것이 언급되어야 하겠다. 이것은 적어도 이 충동들에 의해 평가되었을 때 기쁨과 수용의 정서 및 그 파생정서 간에 뚜렷한 구분선이 없다는 것을 제안한다.

매우 흥미로운 점은 정서와 관련된 충동의 판단이 유사성에 대한 직접적인 평가와 매우 같은 방식으로 정서를 묶는 경향이 있다는 것이다. 결과는 정서가 행동하려는 충동을 매우 중요한 한 부분으로 포함하는 복잡한 일련의 사건이라는 개념을 지지한다. 그것은 또한 정서의 한 중요한 측면을 기술하는 또 다른 언어를 제공하는데, 그것은 상담 맥락에서 특히 가치가 있을 것으로 보이는 언어다. 내담자가 자신이 느끼는 정서를 항상 분명하고 주관적인 용어로 기술하지 못할 수도 있겠지만, 그들의 내적인 갈등에 혼재된 행동하려는 충동은 기술할 수 있을 가능성이 높다.

축의 문제

원형 모델을 고려할 때 때로 제기되는 문제는 원형의 근원인 기저의 차원과 관련된다. 많은 연구자에 의하여, 2차원 표면에는(원형의 경우에서처럼) 기본적이며 그 상호작용이 원형의 모든 용어를 설명하는 두 가지 독립된 축이 있다고 가정되어 왔다. 또 다른 연구자들은 성격에 대한 요인분석 연구를 사용하여 지배-복종, 사랑-미움, 정서적 안정-신경증, 외향-내향 혹은 보수적-급진적과 같은 축을 제안했다. 이러한 축의 규정은 다소 임의적이며 문항의 초기 선택과 표집 및 연구자의 가정과 선호에 달려 있다.

그러나 축의 문제를 고찰하기 위한 또 다른 방법이 있다. 어떤 원형 배열에서는 어떤 특정한 축의 쌍이 다른 쌍보다 더 기본적이라고 생각하는 것이 불필요하다. 축은 단순히 서로 상대적인 변인의 위치를 정할 수 있도록 하는 임의적인 기준점이다. 축은 제거되거나 무시될 수 있고, 변인들 간의 모든 관계는 여전히 변하지 않는다.

원형 구조의 중요한 특징은 그것이 이후 연구에서 체계적으로 채워질 수 있는 비어 있는 영역을 드러낼 것이라는 점이다. 이론에서 변인 추가(예, 특질, 진단)는 원래 변인의 상대적인 배열을 변화시켜서는 안 되며, 연구되는 분야의 더 완전한 지도를 그릴 수 있어야 한다. 원형 분석의 목적은 대인관계 영역의 모든 부분에 대하여 동등하게 표본을 만드는 것이다.

이것을 보여 주는 다른 방법은 어떤 참 혹은 거의 참인 원에서 모든 지점(혹은 요소)의 서로 상대적인 위치가 그것의 위치를 정하는데 사용된 좌표와 무관하게 불변한다는 것이다. 가정된 기저의 차원은 원형을 설명할 수 없는데, 이는 어떤 특정한 세트의 축은 임의적이며 어떤 다른 것보다 더 기본적이지 않기 때문이다. 상대적으로 고른 요소의 원에서, 축의 회전은 요소들 간의 관계를 변화시키지 않는다. 기술적인 관점에서 특정한 축을 다른 것보다 더 기본적인 것으로 구체화하는 것은 부적절하다.

원형 모델의 임상 실제에의 적용

다음의 세 가지 간략한 예는 원형 개념의 임상 실제에 대한 적용을 보여 준다.

1983년에 Kiesler는 그가 대인관계 원형(interpersonal circle)이라고 부른 것에 대해 기술하였는데, 이것은 대인관계 행동에 대한 원형이다. 이것은 지배적, 복종적, 적대적 그리고 우호적인 것과 같은 행동을 포함한다. 이 모델의 분파 중 하나가 상보성이론이다. 이 이론은 지배적인 행동이 우호적인 행동을 이끄는 경향이 있고, 적대적인 행동이 적대적인 행동을 이끄는 경향이 있다는 가설을 세운다.

이 개념의 계속적인 발달 중에 Kiesler, Schmidt 그리고 Wagner (1997)는 개인이 다른 사람에게 가지는 전형적인 자동적 정서반응과 상대적으로 전의식적인 정서반응 세트를 측정하기 위해 고안된 효과 메시지 척도(Impact Message Inventory)를 개발하는 데 상보성이론을 사용했다. 그러한 반응은 느낌, 행동경향 그리고 환상을 포함한다. 효과 메시지는 통제와 친화의 이슈에 관련된, 한 사람이 다른 사람에게 가지는 요구를 포함한다. 효과 메시지 척도의 요인 분석을 통해 그 척도가 원형 구조를 가진다는 것을 알 수 있다. 저자들은 효과 메시지가 정서에 의하여 가장 잘 이해된다고 결론을 내렸다.

Horowitz와 동료들(Horowitz, Rosenberg, Baer, Ureno, & Villasenor, 1988)은 상담을 시작하는 사람들의 많은 초기 면접 표본에 기초하여 대인관계 문제 척도(Inventory of Interpersonal Problems: IIP)를 개발했다. IIP는 127개의 문제 진술을 포함하며(예, "나는 다른 사람에게 '아니(no)' 라고 말하는 것이 힘들다."), 문항 간의 관계를 조사하기 위하여 요인 분석을 실시했다. 이 분석 결과는 본질적으로 대인관계의 서로 다른 측면에 관련된 문항들이 원형을 이룬다는 것을 보여 준다. Horowitz 등은 원형의 8개 영역을 (차례대로) 지배적인, 침해하는, 지나치게 돌보는, 다른 사람을 이용할 수 있는, 비주장적인, 사회적으로 회피하는, 냉담한 그리고 보복적인이라고 불렀고, 검사는 상담연구에서 광범위하게 사용되어 왔다.

이 연구의 후속으로 Horowitz, Dryer 그리고 Krasnoperova (1997)는 다음과 같은 네 가지 주요 가정을 담은 대인관계 행동 모델을 제안했다. ① 대인관계 행동은 적대적인 행동에서 우호적인 행동의 범위에 걸치는 친화(affiliation)와 복종하는 행동에서 지배적인 행동의 범위에 걸치는 지배(dominance)의 두 차원으로 기술될 수 있다. ② 대인관계 행동은 상보적 반응을 가져오며, 둘 간의 관계 또한 원형에 의해서 특징지어진다. ③ 비상보성은 두 사람 사이에 대인간 긴장을 가져온다. ④ 사람은 특정한 자극에 대하여 고립되고 개별적인 반응보다는 대인관계 연쇄(interpersonal sequence)를 완성하는 것을 배운다. 경험적인 증거가 이 가정 각각을 보여 주도록 제공된다.

저술 마지막 부분에서 저자들은 대인관계 목적의 특성을 살펴보았다. 그들은 대인관계 문제가 좌절된 대인관계 목적에 따른 함수임을 강조했다. 그들은 한 사람의 대인관계 문제를 이해하기 위하여 먼저 그 사람의 대인관계 목적과 소망을 평가하고 그다음 그 파트너의 행동이 그와 일치하는지 여부를 결정하는 것이 필요하다고 주장했다. IIP는 이 기능을 수행한다. 저자들은 그것의 구성, 발달 그리고 적용을 논의했고, 대인관계 행동 및 문제와 같이 대인관계 목적도 2차원 원형에 의해서 기술될 수 있다는 것을 보여 주는 증거를 제공했다.

세 번째 예는 Henry(1997)의 연구에서 인용된다. 그의 임상적 연구는 Benjamin(1993)의 사회적 행동의 구조적 분석(Structural Analysis of Social Behavior)에 기초하는데, 이것은 일종의 세 부분으로 이루어진 원형체계다. 첫 번째 원형은 다른 사람에 대한 대인관계 행위를 측정하고, 두 번째 원형은 다른 사람으로부터 받는 대인관계 행위를 측정하며, 그리고 세 번째 원형은 자기(self)에 대한 자기(self)의 행동을 측정한다.

Henry는 내담자의 대인관계 문제의 역동기술에서, 그리고 그다음 상담 결과의 측정에서 사회적 행동의 구조적 분석 모델을 사용하는 방법을 기술했다. 더 나아가, 그는 이 모델을 사용하여 Benjamin과 함께 그가 어떻게 이상 성격과 정상 성격을 구별하기 위한 질적인 정의를 제안하는 이상 성격의 이론적 모델을 만들 수 있었는지를 보여 주었다. 이것은 병리를 특정한 특질이 표현되는 정도의 문제로서 양적으로 보았던 이전의 정의와 대조를 이룬다. 이 원형 모델에 대한 그 이상의 사용이 기술된다. 이것은 기저의 이론을 검증하고 현재의 대인관계 소망, 두려움 그리고 힘의 전략(power tactics)을 평가하는 새로운 도구의 개발을 포함한다. 이 모든 도구가 같은 측정 기준에서 자료를 산출하는 것은 다양한 임상적 정보의 통합을 촉진하고 문제, 상담 그리고 결과 자료를 일치하게 한다. Henry는 원형이 인지, 행동 그리고 정신역동이론만큼 다양한 정신병리와 상담이론의 통합을 위한 기초를 제공하는 방법을 보여 줌으로써 결론을 내렸다.

이 예들은 정서, 성격 그리고 성격장애의 원형 모델이 연구를 자극하고, 평가 도구의 개발을 인도하며, 상담 문제를 설명하는 것을 돕는 것이 가진 잠재력을 시사한다.

〈표 5-5〉 원형에 배열된 정서의 대표본(large sample)과 관련된 행동하려는 충동

각도(도)	정 서	첫 번째 선택	두 번째 선택
0	**수용하는**	**환영하거나 함께하려는**	**포옹하거나 성관계하려는**
5	동의하는	환영하거나 함께하려는	포옹하거나 성관계하려는
12	평온한	환영하거나 함께하려는	포옹하거나 성관계하려는
26	쾌활한	환영하거나 함께하려는	포옹하거나 성관계하려는
32	잘 받아들이는	환영하거나 함께하려는	포옹하거나 성관계하려는
37	차분한	환영하거나 함께하려는	포옹하거나 성관계하려는
40	인내심 있는	환영하거나 함께하려는	포옹하거나 성관계하려는
43	잘 돌봐 주는	환영하거나 함께하려는	포옹하거나 성관계하려는
52	**자애로운**	**포옹하거나 성관계하려는**	**환영하거나 함께하려는**
58	고분고분한	환영하거나 함께하려는	행동을 멈추려는
65	겁 많은	철회하거나 벗어나려는	행동을 멈추려는
67	겁내는	철회하거나 벗어나려는	울거나 애도하려는
68	전전긍긍하는	철회하거나 벗어나려는	행동을 멈추려는
70	**두려워하는**	**철회하거나 벗어나려는**	**행동을 멈추려는**
72	수줍어하는	철회하거나 벗어나려는	행동을 멈추려는
73	순종하는	환영하거나 함께하려는	행동을 멈추려는
75	부끄러워하는	철회하거나 벗어나려는	행동을 멈추려는
75	당혹한	철회하거나 벗어나려는	행동을 멈추려는
76	겁먹은	철회하거나 벗어나려는	행동을 멈추려는
77	우수에 젖은	탐색하거나 찾으려는	환영하거나 함께하려는
78	**신중한**	**탐색하거나 찾으려는**	**철회하거나 벗어나려는**
78	불안한	탐색하거나 찾으려는	철회하거나 벗어나려는
80	무력한	울거나 애도하려는	철회하거나 벗어나려는
83	염려하는	탐색하거나 찾으려는	철회하거나 벗어나려는
83	자의식이 강한	철회하거나 벗어나려는	행동을 멈추려는
83	수치스러워하는	철회하거나 벗어나려는	거부하거나 없애려는
84	굴욕을 느끼는	철회하거나 벗어나려는	거부하거나 없애려는
85	버림받은	울거나 애도하려는	철회하거나 벗어나려는
86	안달복달하는	철회하거나 벗어나려는	행동을 멈추려는
88	쓸쓸한	울거나 애도하려는	철회하거나 벗어나려는

각도(도)	정 서	첫 번째 선택	두 번째 선택
90	냉담한	철회하거나 벗어나려는	행동을 멈추려는
91	온순한	철회하거나 벗어나려는	행동을 멈추려는
102	죄책감 느끼는	철회하거나 벗어나려는	울거나 애도하려는
108	**슬픈**	**울거나 애도하려는**	**철회하거나 벗어나려는**
113	비탄에 잠긴	울거나 애도하려는	철회하거나 벗어나려는
120	공허한	울거나 애도하려는	행동을 멈추려는
123	후회하는	울거나 애도하려는	철회하거나 벗어나려는
125	**절망한**	**울거나 애도하려는**	**행동을 멈추려는**
125	우울한	울거나 애도하려는	철회하거나 벗어나려는
126	걱정하는	탐색하거나 찾으려는	철회하거나 벗어나려는
127	무관심한	거부하거나 없애려는	철회하거나 벗어나려는
127	고뇌하는	울거나 애도하려는	철회하거나 벗어나려는
129	불행한	울거나 애도하려는	철회하거나 벗어나려는
133	침울한	울거나 애도하려는	철회하거나 벗어나려는
133	절망적인	울거나 애도하려는	철회하거나 벗어나려는
133	경계하는	탐색하거나 찾으려는	행동을 멈추려는
134	주저하는	행동을 멈추려는	탐색하거나 찾으려는
134	우유부단한	행동을 멈추려는	철회하거나 벗어나려는
136	거부당한	울거나 애도하려는	철회하거나 벗어나려는
136	따분한	행동을 멈추려는	거부하거나 없애려는
137	실망한	울거나 애도하려는	철회하거나 벗어나려는
137	동요하는	행동을 멈추려는	탐색하거나 찾으려는
138	낙심한	행동을 멈추려는	철회하거나 벗어나려는
138	곤혹스러운	탐색하거나 찾으려는	행동을 멈추려는
139	확신 없는	탐색하거나 찾으려는	행동을 멈추려는
140	어리둥절한	탐색하거나 찾으려는	철회하거나 벗어나려는
141	혼란스러운	행동을 멈추려는	탐색하거나 찾으려는
142	**당황한**	**탐색하거나 찾으려는**	**행동을 멈추려는**
145	양가적인	행동을 멈추려는	탐색하거나 찾으려는
147	**놀란**	**행동을 멈추려는**	**탐색하거나 찾으려는**
148	깜짝 놀란	행동을 멈추려는	탐색하거나 찾으려는

각도(도)	정 서	첫 번째 선택	두 번째 선택
152	대경실색한	행동을 멈추려는	탐색하거나 찾으려는
157	외경심에 휩싸인	행동을 멈추려는	탐색하거나 찾으려는
160	시기하는	공격하거나 해치려는	거부하거나 없애려는
161	**혐오하는**	**거부하거나 없애려는**	**철회하거나 벗어나려는**
166	냉담한	거부하거나 없애려는	철회하거나 벗어나려는
170	수용하지 않는	거부하거나 없애려는	철회하거나 벗어나려는
175	화난	거부하거나 없애려는	공격하거나 해치려는
176	거슬리는	거부하거나 없애려는	공격하거나 해치려는
177	**분개한**	**거부하거나 없애려는**	**공격하거나 해치려는**
181	반감 있는	거부하거나 없애려는	철회하거나 벗어나려는
182	못마땅한	거부하거나 없애려는	철회하거나 벗어나려는
183	수상쩍은	탐색하거나 찾으려는	거부하거나 없애려는
183	불만스러운	거부하거나 없애려는	철회하거나 벗어나려는
184	심술궂은	거부하거나 없애려는	공격하거나 해치려는
185	시샘하는	공격하거나 해치려는	거부하거나 없애려는
185	편협한	거부하거나 없애려는	거부하거나 없애려는
185	의심 많은	철회하거나 벗어나려는	거부하거나 없애려는
186	앙심을 품은	공격하거나 해치려는	거부하거나 없애려는
186	가혹한	공격하거나 해치려는	거부하거나 없애려는
188	적의 있는	거부하거나 없애려는	공격하거나 해치려는
190	완고한	거부하거나 없애려는	행동을 멈추려는
192	비협조적인	거부하거나 없애려는	행동을 멈추려는
192	얕잡아 보는	공격하거나 해치려는	거부하거나 없애려는
193	싫어하는	공격하거나 해치려는	거부하거나 없애려는
194	비판적인	거부하거나 없애려는	공격하거나 해치려는
201	성난	거부하거나 없애려는	공격하거나 해치려는
202	신경질이 난	거부하거나 없애려는	공격하거나 해치려는
212	**분노하는**	**공격하거나 해치려는**	**거부하거나 없애려는**
220	적대하는	공격하거나 해치려는	거부하거나 없애려는
221	격노한	공격하거나 해치려는	거부하거나 없애려는
222	적의 있는	공격하거나 해치려는	거부하거나 없애려는

각도(도)	정 서	첫 번째 선택	두 번째 선택
225	격분한	공격하거나 해치려는	거부하거나 없애려는
227	경멸하는	거부하거나 없애려는	철회하거나 벗어나려는
227	애정 없는	거부하거나 없애려는	철회하거나 벗어나려는
230	싸우기 좋아하는	공격하거나 해치려는	거부하거나 없애려는
230	참을성 없는	탐색하거나 찾으려는	공격하거나 해치려는
230	지르퉁한	거부하거나 없애려는	철회하거나 벗어나려는
231	도전적인	공격하거나 해치려는	거부하거나 없애려는
232	공격적인	공격하거나 해치려는	거부하거나 없애려는
235	비꼬는	공격하거나 해치려는	거부하거나 없애려는
237	**반항하는**	**공격하거나 해치려는**	**거부하거나 없애려는**
240	화가 치민	거부하거나 없애려는	행동을 멈추려는
243	복종하지 않는	거부하거나 없애려는	철회하거나 벗어나려는
244	요구가 많은	공격하거나 해치려는	환영하거나 함께하려는
248	소유욕이 강한	포옹하거나 성관계하려는	환영하거나 함께하려는
249	탐욕스러운	공격하거나 해치려는	거부하거나 없애려는
250	궁금해하는	탐색하거나 찾으려는	환영하거나 함께하려는
255	**충동적인**	**탐색하거나 찾으려는**	**환영하거나 함께하려는**
257	예상하고 하는	환영하거나 함께하려는	탐색하거나 찾으려는
257	자랑하는	환영하거나 함께하려는	거부하거나 없애려는
257	기대하는	환영하거나 함께하려는	탐색하거나 찾으려는
260	대담한	탐색하거나 찾으려는	환영하거나 함께하려는
261	호기심이 강한	탐색하거나 찾으려는	환영하거나 함께하려는
261	무모한	공격하거나 해치려는	거부하거나 없애려는
262	자부심이 있는	환영하거나 함께하려는	포옹하거나 성관계하려는
268	탐구적인	탐색하거나 찾으려는	환영하거나 함께하려는
270	목표지향적인	탐색하거나 찾으려는	환영하거나 함께하려는
271	**모험을 좋아하는**	**탐색하거나 찾으려는**	**환영하거나 함께하려는**
286	환희에 찬	포옹하거나 성관계하려는	환영하거나 함께하려는
297	**사교적인**	**환영하거나 함께하려는**	**포옹하거나 성관계하려는**
298	희망을 품은	환영하거나 함께하려는	탐색하거나 찾으려는
307	매우 기뻐하는	환영하거나 함께하려는	포옹하거나 성관계하려는

각도(도)	정 서	첫 번째 선택	두 번째 선택
311	의기양양한	포옹하거나 성관계하려는	환영하거나 함께하려는
311	열망하는	환영하거나 함께하려는	포옹하거나 성관계하려는
314	흥미를 가진	탐색하거나 찾으려는	환영하거나 함께하려는
315	열렬한	환영하거나 함께하려는	포옹하거나 성관계하려는
319	아주 기뻐하는	환영하거나 함께하려는	포옹하거나 성관계하려는
321	즐기는	환영하거나 함께하려는	포옹하거나 성관계하려는
322	주의 깊은	탐색하거나 찾으려는	환영하거나 함께하려는
323	**기쁜**	**포옹하거나 성관계하려는**	**환영하거나 함께하려는**
324	행복한	환영하거나 함께하려는	포옹하거나 성관계하려는
326	자제하는	행동을 멈추려는	환영하거나 함께하려는
327	만족한	환영하거나 함께하려는	포옹하거나 성관계하려는
328	만족스러운	환영하거나 함께하려는	포옹하거나 성관계하려는
329	준비가 된	환영하거나 함께하려는	포옹하거나 성관계하려는
331	동정심 있는	환영하거나 함께하려는	포옹하거나 성관계하려는
338	만족하는	환영하거나 함께하려는	포옹하거나 성관계하려는
341	협력적인	환영하거나 함께하려는	포옹하거나 성관계하려는
345	잘 믿는	환영하거나 함께하려는	포옹하거나 성관계하려는
351	견뎌 내는	환영하거나 함께하려는	포옹하거나 성관계하려는

출처: *Emotion: A Psychoevolutionary Synthesis* (pp. 356-358), by R. Plutchik, 1980, New York: Harper & Row. 저작권은 Harper & Row(1980)에 있으며, 승인에 따라 옮김.

CHAPTER 06

정서와 기만, 자아방어, 대처양식

자기기만과 자기소외는 많은 환자에게 고통을 주는 본질이다.

— Paul L. Wachtel

내담자의 문제와 삶의 양식을 통찰하는 한 가지 중요한 방법은 대인관계에서 그들이 사용하는 방어의 종류를 규명하는 것이다. 그러나 방어의 개념이 혼란스럽고 논의의 여지가 있기 때문에 어려울 수도 있다.

이 장에서 나는 인간의 삶에서 방어의 특성과 역할을 검토함으로써 그리고 방어를 성격 및 정서와 관련 짓는 이론적 모델을 제안함으로써 이 쟁점을 명백히 하도록 시도한다. 모델에 대한 지식은 상담자들로 하여금 내담자의 정서적인 집착(preoccupation)을 인식하고 드러낼 수 있도록 할 것이다. 나는 또한 의식 수준과 적응적 가치와 관련하여 방어와 대처양식을 구별하고자 한다.

CHAPTER 06

정서와 기만, 자아방어, 대처양식

5장은 성격장애와 정서 간의 관계에 초점을 두었다. 여기서는 정신진화론에서 유래된 다른 일련의 가설을 살펴보고자 한다. 이 가설은 기만의 편재하는 특성과 상담에서 그것의 표현과 관련된다. 나는 또한 자아방어의 개념을 상세히 살펴보고, 자아방어가 정서 표현을 조절하는 기능을 한다는 것과 특정한 자아방어는 특정한 정서를 조절하는 작용을 한다는 것을 제안한다. 나는 자아방어와 대처양식 간의 구별, 그리고 상담에 대한 함의를 분석하며 이 장을 끝맺을 것이다.

기 만

우리는 모두 보통의 사회적 상호작용이 완전히 솔직하지는 않다는 것을 알고 있다. 우리는 다른 사람에게 우리가 말하는 것을 검열하고 우리 느낌 중에 많은 것을 감춘다. 누군가 우리가 어떻게 느끼는지를 물을 때 우리가 현재 경험하는 모든 아픔, 고통, 문제 그리고 정서에 관하여 모두 보고하지는 않을 것이다. 즉, 대부분의 경우에 우리는 단순히 사회적으로 기대되는 반응을 제공한다. 사실 그러한 반응은 기만이지만, 넓은 범위의 사회적 상호작용에서 수용될 수 있으며 일반적으로 상호작용을 순조롭게 하도록 돕거나 난처함을 피하기 위한 기만이다. 대부분의 상담자들은 특히 상담 초기 단계에서 내담자들로부터 그러한 표현 억제를 본다.

상담에서 훨씬 더 중요한 것은 내담자의 자기기만이다. 상담자들은 의무와 책임, '해야 한다(oughts and shoulds)'라고 하는 사회적으로 바람직한 방식(respectable code)이 자기기만을 감출 수 있다는 것을 인식한다. "내담자가 자신이 어떻게 느끼는지에 대한 평가를 자발적으로 제공하였을 때조차도 그것은 그의 느낌을 적절하게 만들고자 하는 소망으로 가득 차 있어서 그 보고는 신뢰하기 어렵다." (Weisman, 1965, p. 226) 정신분석가들은 대부분의 사람들이 자신의 정동 상태에 대한 불완전한 관찰자이며(Spezzano, 1993), 다른 사람들의 지각 또한 정확하지 않다고 믿는다. 얼굴표정은 반드시 내적인 정서 상태를 나타내는 정보가 아니라 대개 다른 사람들의 정서 상태와 행동에 영향을 주기 위한 것이다. 예를 들어, 성인이 서로 인사할 때 미소를 보이는 경우가 많지만 그것이 반드시 즐거움이나 행복의 느낌을 반영하지는 않는다. 미소는 대체로 말하는 사람에게 듣고 있다는 것, 말하는 것을 이해한다는 것, 혹은 말하는 것에 동의한다는 것을 표현하는 방법이다. 미소는 어떠한 정서 상태도 표현하지 않으면서 말하는 사람과 듣는 사람 간의 관계를 유지하는 작용을 한다.

이와 유사하게, 우는 얼굴은 도움받기를 필요로 하거나 바란다는 신호다. 위협하는 얼굴은 싸울 준비가 되었거나 싸울 능력이 있다는 것을 가르킨다. 대부분의 상황에서 사람들은 다른 사람에게 영향을 주어 자신이 원하는 것을 얻도록 시도하기 위해 얼굴표정을 사용한다. 이것을 기만이라 부를 수 있겠지만, 일종의 나쁜 짓을 의미하지는 않는다. 보호의 형태로서 기만은 동·식물계 전체에서 널리 발견된다. 카무플라주 무늬는 나비 날개의 눈꼴 무늬처럼 기만의 형태다. 인간의 얼굴표현처럼 이것은 생존과 관련된 적응이다.

기만과 진화심리학

정신병리와 상담을 이해하는 데 시사점이 있는 진화론적 사고의 한 측면은 기만의 역할과 관련된다. 집단 간 공격성의 한 가지 결과는 개인의 능력을 극적으로 표현하고 과장하도록 작용하는 위협 특징의 발달이다. 이 특징은 하등동물에서 머리털, 목털 혹은 갈기, 그리고 인간에서 수염과 눈썹 같은 얼굴의 모발 패턴을 포함한다. 물기가 공격성의 일부인 종에서(영장류의 경우에서처럼) 치아를 보이는 것은 종종 적을 위협하기 위하여 사용된다. 이러한 많은 종에서 턱 근육이 얼굴의 목털 혹은 턱수염으로 과장된다. 이 표현과 위협의 패턴은 기만을 통한 이익을 얻기 위하여 동물들에 의해 사용된다.

기만의 다른 예는 성적 성숙기에 정상적으로 증가하고 나이가 들면서 더 강해지는 경향이 있는 사람들이 가진 냄새와 관련된다. 인간을 포함한 대부분의 포유동물은 갈등의 시기 동안 강한 냄새를 발산한다. 이 정상적인 패턴에도 불구하고 인간은 얼굴이나 겨드랑이, 다리를 면도함으로써, 그리고 탈취하고 피부를 화장함으로써 사춘기 이전 청소년을 되도록 많이 모방한다. 이러한 행동에서 예상되는 목적은 낯선 이들로 이루어진 복잡한 사회 속에서 갈등을 감소시키는 것이다. 이것은 사회가 결코 완전히 솔직한 조직이 될 수 없다는 것을 말한다.

기만의 또 다른 측면은 조직화된 집단 내에서 나타난다. 진화론적 관점에서 볼 때, 성적인 경쟁 상황에서 자원이 없는 개인은 자원, 지위 그리고 힘을 가진 누군가를 흉내 내야만 한다. 자신의 개인적인 이익을 위한 노력에서 경쟁자가 생각하는 것 이상의 힘을 가졌음을 암시하는 것뿐만 아니라 그러한 이익의 일부를 비밀로 하는 것에는 이점이 있다. 두 사람이 배우자나 영역을 위해 경쟁할 때, 자기표출적인 행동이 성공을 촉진하기 위한 책략으로 사용된다.

Alexander(1987)에 의해 광범위하게 발달된 이 관점의 놀라운 함의는 타인에 대한 기만이 자기에 대한 기만과 관련되는 경향이 있다는 것이다. 기만은 사람으로 하여금 자신이 보여지길 바라는 대로 타인이 자신을 보게 하는 것을 가능하게 하고, 이로 인해 개인의 이익이 더 잘 채워질 수 있다. 자기기만은 반드시 병리적 특질이 아니라는 것을 강조하는 것이 중요하다. 자기기만은 타인을 기만하기 위한 방법으로 발달되어 왔을 수 있다. 스스로를 '관대한' 사람으로 잘못 묘사하는 사람은 이 자기-이미지(self-image)를 타인에게서 이익을 얻는 데 사용하고 있을 수 있다. 스스로를 사회적으로 바람직한 방식으로 나타내고 자기-이미지를 믿는 능력은 인기 및 번식 성공 모두와 관련하여 강력한 강화적 가치를 갖는다.

그러나 Alexander는 의식적인 기만이 무의식적인 기만보다 사회적으로 더 수용되기 어렵기 때문에 무의식적인 기만을 의식적으로 만드는 것이 항상 우리에게 도움이 되는 것은 아닐 것이라고 언급했다. 다른 사람들에게 무의식적인 기만자로 지각된 사람은 용서될 수 있을 것이다. 그러나 의식적인 기만자로 지각된 사람은 거짓말쟁이와 사기꾼으로 생각될 것이다. 더구나 만약 기만이 자연 선택(natural selection)에서 파생된 결과라면, 타인을 더 잘 속이고 타인에게서 기만을 더 잘 지각하는 개인에게는 지속적인 선택이 있을 것이 틀림없다.

진화론적 생물학의 함의에 관하여 Alexander(1987)가 도달한 결론 중 몇 가지는 다음과 같다. ① 진화(자연 선택)는 사람들이 무수한 세대에 걸쳐 존재해 왔던 세상에서 살 수 있도록 준비시킨다. 그러나 사람들은 자신의 진화적인 배경이 자신에게 준비시키는 것과 다르게 살 수 있다. ② 진화론적 지식은 단지 현재 상황의 근본적인 원인과 특정한 환경에서 평균적으로 기대되는 행동이 무엇이 될 수 있는지에 대한 정보를 제공할 수 있다. ③ 인간은 "친척에게 호의를 베풀고, 보답하는 사람에게 투자하며, 잠재적으로 보답할 사람에게 자신의 호의를 표현하는 진화된 경향을 가진다."(p. 194) 경쟁, 두려움 그리고 공격성의 진화적 기초뿐만 아니라 이타주의, 동정, 충성 및 협력에 대한 진화적 기초가 있다.

상담 쟁점으로서의 기만

모든 사람은 비밀이 있다. Yalom(1995)에 따르면, 가장 보편적인 두 가지 비밀은 부적절감 혹은 무능력한 느낌, 그리고 가까운 누군가에 대한 돌봄 혹은 사랑의 결여와 관련된다. 이러한 비밀이 드러나지 않는 것은 기만의 한 형태다. 그러나 많은 기만은 의식적이지 않다. 예를 들어, 두 배우자에 의한 결혼의 기술은 전혀 다르고, 또한 이해관계가 있는 친구의 것과도 다르다. 그러한 차이는 고의적인 것일 수도 있고, 혹은 수치심이나 창피함을 회피하기 위한 무의식적인 노력일 수도 있다. 상담 맥락에서 상담자의 존경과 존중을 원하는 내담자는 그/그녀가 약하다고 믿는 것을 노출하는 데 어려움을 가진다.

부정확한 자기기술에는 많은 이유가 있다. 첫째, 경험과 언어 사이에는 장벽이 있다. 산만하고 혼돈된 정서 경험을 일관되고 조직화된 이야기로 바꾸기 위한 시도는 경험을 왜곡시킨다. 둘째, 무엇을 개방할지에 대해서 종종 무의식적이기도 한 선택의 과정이 항상 있다. 그리고 무엇인가는 항상 제외된다. 셋째, 정서 경험은 언어화하기에는 너무 고통스러울 수 있지만 비언어적인 형태, 즉 얼굴표정, 자세, 어조, 피부색에서의 변화로 부분적으로 표현될 수 있다. 삶의 더없는 복잡성은 정확한 의사소통을 매우 어렵게 한다.

기만—나는 이 용어를 경멸적인 의미에서 사용하고 있지 않다—은 삶의 정상적인 부분이며, 상담에서 절대 필요한 경험이다. Sigmund Freud는 이것을 오래전에 알았다. 그는 기만을 자아방어의 한 측면으로 기술하고, 방어가 치료와 삶에서 어떻게 기능하는지에 대한 이론을 발달시켰다(Freud, 1915/1957). Freud의 이론이 지난 100년 동안 비판받아 왔음에도 불구하고 자아방어에 대한 그의 개념은 수용되어 교과서, 상담 실제 그리고 일상생활에 통합되어 왔다. 다음 부분에서 나는 자아방어 개념의 기원을 상세히 살펴보고 이 개념을 정서 및 상담 실제에 관련시키고자 한다.

자아방어

자아방어에 대한 전통적인 정신분석적 관점

Freud는 불안이 마음의 경제(economy of the mind)에서 독특한 위치를 차지한다고 가정했다. 그는 불안이 억압과 증상 형성 양자의 원인이라고 믿었다. 또한 불안은 약하거나 미성숙한 자아에서 방어적인 기능을 촉발시킨다고 믿었다(Freud, 1926/1959). "방어기제는 본능적 추동의 요구를 '충족' 시키기 위하여 그것을 현실 조건에 조화시키는 자아의 과제를 해결하기 위한, 원시적이고 부적절한 시도로 구성된 소수의 경직된 레퍼토리에의 고착이다." (Sjoback, 1973, p. 115)

유아가 직면하는 첫 번째 위험 상황은 무력함(helplessness)이다. Freud(1915/1957)는 이 정신발달의 매우 초기 단계 동안 방어과정이 나타나며, 그것은 세 가지, 즉 ① 정신 내용의 차단이나 억제, ② 정신 내용의 왜곡, 혹은 ③ 상반되는 내용을 활용한 정신 내용의 스크리닝과 차폐(covering) 중 하나 이상의 기능을 갖는다고 가정했다.

이러한 방어 개념은 신경증에 관한 Freud 이론의 핵심이다. 방어는 반드시 자기기만을 가져온다. Freud(1937/1957)는 이러한 생각을 다음과 같이 이야기했다.

> 억압은 기본적으로 도피하려는 시도다……. 그러나 우리는 스스로에게서 달아날 수 없다. 도피는 내적인 위험에 맞서 전혀 도움이 되지 않는다. 그리고 그러한 이유에서 자아의 방어기제는 내적인 지각을 왜곡하도록, 그리고 원초아(id)의 불완전하고 왜곡된 그림밖에

제공하지 못하도록 운명 지어진다(p. 237).

함축적으로, 신경증에 대한 Freud 이론은 본질에 있어 방어과정의 작동에서 기인하는 자기기만과 자기은폐의 영향에 관한 이론이다.

상담자는 방어과정을 어떻게 인식하는가? 방어는 정의상 간접적인 증거에서 단지 추론만 될 수 있는 이론적인 구인인데, 그것을 추론하는 데 사용되는 증거의 특성은 무엇인가? 방어는 외적인 행동과 의사소통의 내용에서 추론된다. 이러한 행동과 의사소통은 다음과 같은 일정한 특징을 갖는다.

① 행동이 경직되었다.
② 그것에 대한 통제감이 거의 없다.
③ 방어 관련 행동이 차단될 때 불안이 발생한다.
④ 언어적 의사소통과 얼굴표정이나 자세 간에 불일치가 존재한다.

이것은 복잡한 준거다. 이러한 추론을 하기 위해서는 많은 관찰이 필요하며, 이론과 관찰의 통합에 기초한 복잡한 추론과정과 관련되기 때문에 불완전하다.

자아방어와 관련된 질문

자아방어에 관한 논의에서는 다음과 같은 세 가지 질문이 자주 제기되는데, 여기서 차례대로 논의하고자 한다.

■ 얼마나 많은 자아방어가 존재하는가

1936년에 Anna Freud는 9개의 방어, 즉 퇴행, 억압, 반동 형성, 격리(isolation), 취소(undoing), 투사, 내사(introjection), 자기를 적대시하기(turning against the self) 그리고 반전(reversal)을 열거했다. 10년 후에(A. Freud, 1936/1946) 그녀는 주지화와 동일시를 추가했다. Sigmund Freud는 이후의 여러 저술에서 부인, 전치, 합리화 그리고 비현실화(derealization)를 이 목록에 추가했다. 여러 차례에 걸쳐 상담자들은 많은 다른 개념을 방어로 제안해 왔다. 즉, 보상, 공상(fantasy), 이상화(idealization), 대치(substitution), 신체화, 행동화, 승화, 마술적 사고, 금욕(asceticism), 회피, 부정(negation) 그리고 분열(splitting) 등이다(Bibring, Dwyer, Huntington, & Valenstein, 1961; Kaplan & Sadock, 1989; Moore & Fine, 1990; Sjoback, 1973). Bond, Gardner, Christian 그리고 Sigal(1983)은 억제, 허위 이타주의(pseudoaltruism), 가장행동(as-if behavior) 그리고 매달리기(clining)를 포함하는 24개의 방어를 기술했다. Perry(1990)는 친화(affiliation), 예기(anticipation), 자기-관찰(self-observation) 그리고 건강 염려(hypochondriasis)를 포함한 28개의 방어를 열거하고 정의했다. 『정신장애 진단 및 통계 편람(*DSM-III-R*)』(APA, 1987)은 자폐적 공상, 평가절하, 해리, 수동-공격, 그리고 억제의 방어를 추가했다. 이러한 다양성을 고려할 때 Shafer(1954)가 선견지명이 있다는 것이 드러났다. "어떤 '정확한' 혹은 '완전한' 방어의 목록이 있는 것이 아니라, 단지 임상적 관찰과 연구 결과를 정리하는 것에서 서로 다른 포괄성, 내적인 이론적 일관성 그리고 유용성을 가진 목록들이 있다." (p. 161) 이와 관련하여 Sperling(1958)도 인용할 만한 가치가 있다.

> 많은 정신분석가가 너무 많으면서도 잘못 정의된 의미로, 그리고 종종 방어기제에 대한 Freud의 개념에서 여러 방식으로 벗어난 것으로 보이는 의미로 '방어기제(mechanism of defense)'라는 용어를 사용하여, '방어'라고 명명되어 왔던 모든 것을 열거하는 것은…… Freud 및 그의 동료 중 더 탁월한 이론가들에 의해 형성된 방어과정 이론의 본질에 대한 심각한 가치 저하를 가져올 것이다.

이 쟁점은 다음 부분에서 다른 맥락으로 검토된다.

■ 원시성 수준에 관하여 방어의 순서를 정할 수 있는가

자아방어의 원시성 정도에 대한 질문이 수년 동안 많은 정신분석가의 주의를 끌었지만, Sigmund Freud는 억압 이외의 방어기제에 관한 글을 많이 쓰지 않았다. 더구나 Anna Freud(1936/1946)는 "정신과정의 연대기적 배열은 분석이론에서 여전히 가장 불명료한 분야 중 하나다."(p. 56)라고 말했다. 영국 정신분석가인 Edward Glover (1949)는 "실제적으로 발달 초기 국면의 모든 재구성이 추측의 성질을 띠며, 관찰자의 편견 및 선입견에 의해 강하게 영향을 받는다." (p. 27)라며 동의했다.

이러한 주의에도 불구하고 자아방어 출현의 연대기적 배열에 관한 여러 제안이 이루어져 왔다. Fenichel(1946)은 부인, 투사, 내사, 억압, 반동 형성, 취소, 격리 그리고 퇴행의 순서를 제안했다(더 원시적인 것에서 덜 원시적인 것으로). 투사가 원시적이라는 English와 Finch(1964)의 진술과 부인이 원시적이라는 Arieti(1974)의 주장이 이 제안과 일관된다. 퇴행이 원시적인 방어라는 Ewalt와 Farnsworth (1963)의 주장은 이 연대 배열과 불일치한다.

성숙도 수준에 관하여 자아방어의 순서를 정하려는 가장 상세한 시도는 G. E. Vaillant(1971, 1976)에 의해 이루어졌다. 그에 따르면, 가장 원시적인('자기애적인') 방어는 부인, 투사 그리고 왜곡이다. 성격장애에 전형적인 '미성숙한' 방어는 공상, 건강 염려, 행동화 그리고 수동-공격행동을 포함한다. '신경증적' 방어는 주지화, 억압, 전치, 반동 형성 그리고 해리를 포함한다. 이 이론적 위계의 상단에는 승화, 억제, 이타주의, 예기 그리고 유머의 '성숙한' 방어가 있다. Vaillant가 다른 정신분석가들의 목록에 없는 특정 개념을 방어인 것으로 보고(특히 소위 성숙한 방어들) 동시에 억압과 합리화 방어에 주의를 두지 않았다는 것은 주목할 가치가 있다.

Perry(1990)는 방어에 대한 다른 분류체계를 제안했다. 그는 방어의 일곱 가지 종류를 제안했다. 그것은 ① 행동형 방어(예, 수동-공격), ② 경계선형 방어(예, 분열), ③ 부인형 방어(예, 부인), ④ 자기애형 방어(예, 전능), ⑤ 그 외 신경증형 방어(예, 억압), ⑥ 강박형 방어(예, 취소) 그리고 ⑦ 성숙형 방어(예, 승화)다. 이러한 방어 유형 중 일부를 기술하기 위해서 성격장애 용어들이 사용된 것에 주목할 가치가 있으며, 이후에 이 중요한 점을 다시 살펴볼 것이다.

성숙 수준에 관하여 방어를 분류한 Vaillant의 시도에 더하여 성숙의 개념과 무관한 몇 가지 다른 분류가 제안되었다. 예를 들어, Verwoerdt(1972)는 방어기제의 세 가지 부류가 위협을 다루며 병리생리학적 반응의 발달에 영향을 미친다고 제안했다. 첫 번째 방어 유형은 위협으로부터 물러나는 형태다. 그것은 억압을 포함하며 건강 염려, 의존성 그리고 자기중심성으로 드러난다. 두 번째 방어 유형은 위협을 자각하지 않으려는 시도다. 이것은 부인, 억제, 합리화, 투사 그리고 내사를 포함한다. 위협을 다루는 세 번째 방어 유형은 그 위협을 극복하는 것이다. Verwoerdt에 따르면, 이것은 주지화, 격리, 역공포 반응(counterphobic reaction), 강박적 양식 그리고 승화에 의해 이루어진다. 이 모델 또한 이들 방어 책략의 다양한 결합을 고려한다.

Ihilevich와 Gleser(1991)는 또 하나의 분류체계를 제안했다. 그들은 모든 방어가 다섯 가지 일반적인 방어양식에 의해 분류될 수 있다고 제안했다. 첫 번째 종류는 대상을 적대시하는 것(turning against an object)이다. 그것은 위협의 근원이라고 여기는 것에 대한 공격으로 내적인 갈등이나 위협을 다루는 것을 가리킨다. 투사는 왜곡된 증거를 기초로 하여 타인에게 부정적인 의도를 귀인하는 것으로 위협을 다루는 양식이다. 법칙화(principalization)는 위협을 다루기 위해 상투성(platitude)과 합리화를 관련시키는 방어양식이다. 자기를 적대시하기(turning against self)는 자기에 대한 불만으로 위협을 다루며, 반전(reversal)은 위협을 최소화시키거나 자각하지 않도록 차단함으로써 위협을 다룬다. 각 양식은 서로 다른 방식으로 불안을 감소시키는 것으로 생각된다.

■ 방어는 적응적인가

대부분의 상담자는 '정상'이 이상적인 허구이며 신경증과 정상은 단지 정도의 문제라고 가정한다. 이것은 방어과정이 모든 사람에게서 어느 정도 발생한다는 것을 의미한다. 그러나 방어가 모든 사람에게서 어느 정도 용인될 수 있다는 것이 방어가 바람직하다거나 유용하다는 것을 의미하지는 않는다. Sigmund Freud(1916/1963)는 억압은 항상 병리를 유발하는 과정이며, '우리 정신건강의 파수꾼'으로 간주될 수는 없다고 결론 내렸다. 몇 년 후에 그는 "분석 작업은 내담자가 그의 초기 발달에 속했던 억압(가장 넓은 의미에서 그 단어를 사용)을 포기하고 그것을 정신적으로 성숙한 조건에 부합하는 종류의 반응으로 대체하도록 유도하는 것을 목적으로 한다." (1937/1964, p. 257)라고 썼다.

유사하게 Fenichel(1946)은 방어가 정신 기능에 역효과를 가지며 정신건강을 증진시키지 않는다고 주장했다. Loewenstein(1967)은 방어를 경직되고, 부적절하고, 정형화되어 있으며, 현실 법칙과 모순되는 대리 만족을 지향하는 것으로 기술했다. Freud(1937/1964)는 다음과 같이 결론 내렸다.

> 방어기제는 위험을 가까이 하지 않으려는 목적에 기여한다……. 그리고 발달 중에 자아가 방어기제 없이 견딜 수 있을지는 의심스럽다. 그러나 방어기제 자체가 위험이 될 수 있다는 것 또한 확실하다……. 발달하는 어려운 기간 동안 자아를 보조한 이후에 이들 기제는 버려지지 않는다. 이것은 사람들을 어린아이처럼 만든다……. 그래서…… 외적 세계로부터의 훨씬 더 광범위한 소외와 자아의 영구적인 약화를 초래함으로써, 방어기제는 신경증의 발발을 가능하게 하고 촉진한다(p. 237).

이와 같이 전통적 정신분석학자들은 자아방어를 정신 기능에서 불리하고 바람직하지 않은 방식으로 판단하였던 것이 분명하다. 그들은 방어가 불안과 다른 고통스러운 정동 등에 의해 일어나는 붕괴(disruption)로부터 어리고 미성숙한 자아를 보호하는 그들의 과제를 완료했을 때 폐기되어야 한다고 믿었다. 그다음 그것은 정서를 조절하고 조정하는 비방어적인 수단으로 대체되어야 한다.

더 최근에 몇몇 상담자들은 유아적인, 경직된 그리고 정형화되어 있는 것으로서의 전통적인 방어 개념을 확장하려고 시도하였고, '좋은(good)', 융통성 있는 그리고 적응적인 몇 가지 자아방어를 제안했다. 이것은 Vaillant(1971, 1975, 1976)에 의해 설명되었는데, 그는 앞서 기술하였던 가장 '원시적인' 것부터 '미성숙한' 방어, '신경증적인' 방어 그리고 마지막으로 좋은 적응 혹은 '성숙'을 나타내는 방어에까지 걸친 자아방어의 네 가지 분류를 제안했다. 성숙한 방어는 승화, 이타주의 그리고 유머를 포함한다. 성숙한 방어의 개념은 전통적인 분석가들의 생각과 불일치한다.

Hann(1977)은 이 쟁점에 대하여 생각하는 대안적인 방법을 제안했다. 그녀는 자아과정이 적어도 두 가지의 넓은 범주로 나누어질 것이라고 제안했다. 그것은 ① 방어과정과 ② 대처과정이다. 방어는 경직성, 지금 현실의 왜곡, 과거로부터의 압박, 미분화된 사고, 마술적 사고 그리고 속임수에 의한 만족으로 특징지어진다. 그에 반해서 대처과정은 융통성 있고, 선택에 개방적이며, 미래뿐만 아니라 현실지향적이며, 그리고 소망과 정동 간의 현실적인 타협에 초점을 둔다. 방어는 부정(negation)의 형태이며(논리, 인과관계, 자기평가, 지금 현실에 대한), 반면에 대처양식은 삶의 일반적인 문제에 대한 문제해결 방식이다.

자아방어와 대처양식 간의 몇 가지 차이점을 보여 주기 위하여 Haan(1977)은 다양한 연구 결과를 간단하게 기술했다. 예를 들어, 방어는 IQ 및 사회경제적 지위와 부적인 상관관계이며, 정신병리적 기능, 낮은 자아 강도, 극단적인 정치적 태도, 약물 부작용 및 문제성 음주와 정적인 상관관계인 것으로 나타났다. 이와 반대로, 대처양식은 IQ, 사회경제적 지위, 비병리적인 기능의 평가치, 도덕 발달과 정적인 상관을 가진다고 보고되어 왔다. 부적인 상관은 대처양식과 약물 부작용, 비만 및 문제성 음주 간에 발견되었다. 이러한 발견은 대처양식이 방어와 비교하여 현실 문제들에 대하여 다른 관계를 가진다는 것을 제안하며, 그러한 이분법의 가치를 지지한다. 다른 연구들은 방어성 측정치가 불안 및 질투와 정적인 상관관계임을 보여 주었다(Lougeay, 1986; Plutchik, Kellerman, & Conte, 1979).

이러한 관찰을 고려할 때 방어가 적응적인지에 대한 질문에 어떤 결론을 내릴 수 있는가? 여기에서 제안되는 관점은 방어가 제한적인 적응적 가치를 지닌다는 것이다. 그것은 시초에 아동이 위협, 불안 그리고 갈등을 다루기 위해 사용하는 비교적 원시적이고 무의식적인 방법이다. 성인이 사용하였을 때 이 방법은 불안을 다루는 무의식적이고, 대부분 융통성 없는 방법을 나타낸다. 자아방어는 대처양식과 대비되어야만 하는데, 대처양식은 문제를 해결하기 위하여 성인이 의식적으로 사용하는 방법이다. 이러한 관점에서 Vaillant가 성숙한 방어라고 부르는 것은 적응적인 성인의 대처양식이다. 그것은 갈등, 불안, 분노 그리고 다른 정서를 다루는 의식적이고, 융통성 있으며, 종종 창조적인 방법이다.

방어의 의미와 관련하여 방어 및 이와 관련된 개념을 살펴보면서, 방어가 많은 중요한 임상적 쟁점과 관련된다는 것이 명백해졌다. 다음 부분은 방어의 속성 중 몇 가지를 더욱 상세히 기술하며, 그로부터 방어의 일반 이론에 대한 개요가 드러날 것이다.

자아방어의 일반적 특징

자아방어에 관한 문헌들을 주의 깊게 읽어 보면 많은 방어 간에 상당한 의미 중복이 있다는 결론에 이른다. 예를 들어, English와 Finch(1964)는 여러 방어기제를 구별하는 것이 항상 쉬운 것은 아니라는 것과 두 가지를 구별하여 범위를 정하는 명확한 경계가 없다는 것을 지적했다. 그들은 반동 형성과 취소, 혹은 부인과 투사와 같은 몇 가지 방어가 서로 밀접하게 관련된다는 것에 주목했다. Noyes와 Kolb(1963)는 투사가 여러 측면에서 일종의 동일시라고 보았다. Arieti(1974)는 격리와 분열이 같은 개념의 두 가지 이름이라고 이야기했다. Bellak, Hurvich 그리고 Gediman(1973)은 정신분석학 문헌들이 내면화, 동일시, 내사 그리고 함입(incorporation)의 용어를 혼용하며 모순되게 일관성 없이 사용한다고 주장했다. Vaillant (1971)는 주지화라는 용어가 격리, 합리화, 의식(ritual), 취소 그리고 마술적 사고의 개념을 포함한다고 했다.

Freud는 동일시와 내사를 구별하지 않고 때로 그것들을 동의어로 사용했다(White, 1963). 억압과 격리는 때로 같은 개념을 가리키는 데 사용되어 왔고, 억압이 부인과 항상 명확하게 구별되지는 않았다(Fenichel, 1946). 격리와 부인은 모두 의식에서 생각을 일부 배제하는 결과를 가져온다. 격리가 생각을 정동에서 분리하는 경향이 있다는 점에서 그것은 분열과 같다. 취소는 반동 형성과 관련된 것으로 기술되어 왔다(Fenichel, 1946). 유머와 재치(wit)는 일종의 부인으로 기술되어 왔다(Sjoback, 1973).

문헌들은 많은 방어의 의미에서 나타나는 유사성을 보여 주는 것에 더하여, 자아방어에 관하여 양극성 개념을 암시한다. 예를 들어, Arieti(1974)는 반동 형성이 수용할 수 없는 추동 파생물을 상반된 것(opposite)으로 대체하는 것이라고 생각했다. Chapman(1967) 그리고 English와 Finch(1964)는 둘 다 내사와 함입이 투사와 상반된 것이라고 생각했다. 동일시가 투사와 상반된 것으로 간주될 수 있는 것과 같이 행동화는 억압과 상반된 것으로 보일 수 있다.

그러므로 문헌들은 방어와 관련하여 적어도 두 가지 개념을 포함한다. 하나는 방어가 서로 중첩되고 유사성의 정도에서 차이가 있다는 것이다. 다른 하나는 일부 방어가 양극에서 반대의 것으로 보일 수 있다는 것이다. 유사한 관점에서 유사성과 양극성의 개념은 원형의 방법에 의해 도식적으로 표현될 수 있다. 이러한 관찰은 이론에 대한 중요한 함의를 가진다.

자아방어이론에 대하여

서로 다른 자아방어 각각의 정의는 주제를 가진 것으로 보인다. 예를 들어, 전치는 일반적으로 분노의 '실제' 대상보다 덜 위험한 사람을 향한 분노 표출로 정의된다. 투사는 자신이 수용할 수 없거나 위험한 특질 혹은 느낌을 다른 사람이 가진 것으로 믿기 때문에 그를 적대적으로 거부하는 것과 관련된다. 보상은 실제의 혹은 가상의 상실 혹은 결함에 대한 대체물을 발견하기 위한 시도를 가리킨다.

이 각각의 예가 의미하는 것은 방어가 특정한 정서에 불안이 더해진 것과 관련된 복잡하고 혼합된 정서 상태에 대한 반응이라는 것이다. 그러므로 예를 들어, 전치는 분노가 불안과 혼합되어 분노의 표현을 넘어선 것과 관련된다. 투사는 자기에 대한 혐오(혹은 거부)가 불안과 혼합되어 자기혐오를 넘어선 것과 관련된다. 보상은 상실에 대한 슬픔 그리고 불안으로 상실한 대상을 되찾을 수 있는지의 여부를 넘어선 것과 관련된다. 부인은 잠재적으로 위험하거나 불쾌한 대상에 대한 자신의 지각을 무비판적으로 수용하거나 위조하는 것이 불안과 혼합되어 그 가능한 결과를 넘어선 것과 관련된다. 반동 형성은 호색적인 경험에 대한 소망이 불안과 혼합되어 그러한 느낌의 표현을 넘어선 것과 관련된다. 퇴행은 위험한 사건에서 도움에 대한 소망이 불안과 혼합되어 도움에 대한 요구를 넘어선 것과 관련된다. 이 모든 사건은 무의식적이다. 이 관찰은 정서가 자아방어와 밀접하게 관련된다는 것을 제안한다.

■ 정서의 파생물로서의 방어

정신진화론적 관점에서 정서는 개인 삶의 역경을 다루기 위해 발달되어 온 복잡한 정신생물학적 과정이다. 정서는 다음과 같은 두 가지 목적을 가진다. ① 한 사람에게서 다른 사람에게로 의도를 전달한다. ② 장기적인 생존 가능성을 증대시키는 행동을 지원한다. 근본적으로 정서는 기본적인 적응과정으로, 모든 유기체에서 확인된다.

대부분의 사람들은 정서를 느낌의 상태와 관련하여 생각하는 경향이 있지만, 느낌은 정서에 관한 일반론의 기초가 되기에는 너무 개인에게 특유하고 모호하며 신뢰하기 어렵다. 예를 들어, 정서에 관한 언어적 보고가 다른 사람을 속이기 위한 고의적인 시도일 수 있거나 단순히 관습적인 반응일 수 있다는 것은 잘 알려져 있다. 어떤 경우에는 억압이나 부인 때문에, 비록 정서가 존재한다는 것을 암시하는 다른 유형의 증거가 있음에도 불구하고 사람들은 정서를 보고하지 않는다. 정서는 또한 언어적 보고를 얻을 수 없는 동물에게서도 발생하는 것으로 여겨진다. 이러한 관찰이 정서적 느낌에 대한 사람들의 보고가 반드시 부정확하거나 의미 없다는 것을 뜻하지는 않는다. 그것은 단지 주관적인 보고가 정서의 '황금 기준(gold standard)' 혹은 궁극적인 규정자(definer)가 아니라는 것을 의미한다. 그것은 모든 형태의 평가처럼 오류가 나오기 쉽다.

■ 자아방어이론

정신진화론은 자아방어로 기술되어 왔던 많은 용어가 사실은 동의어이거나 소수의 '기본적' 방어를 반영하면서 밀접하게 관련된 것으로 주장한다. 이 이론은 여덟 가지 기본적 방어, 즉 억압, 전치, 반동 형성, 보상, 부인, 투사, 주지화 그리고 퇴행을 가정하고 있다. 이 용어들은 발표된 논문들에서 의미가 중복되어 있고, Plutchik 등(1979)에서 설명된 요인분석 작업을 바탕으로 선택되었다. 자아방어 개념과 관련된 복잡성의 원인 중 한 가지는 정서가 자주 혼합된다는 것과 기본적 방어 또한 때로는 특수한 용어의 사용을 정당화할 만큼 충분히 미묘한 방식으로 결합된다는 것이다. 각 자아방어는 이전에 기술되었던 것처럼 불안과 충돌하는 특정 정서 상태를 개인이 다루는 것을 돕기 위해서 유아기 혹은 아동기에 발달되었다고 가정된다.

현재 이론의 관점에서 모든 자아방어는 기본적인 근본 구조를 갖는다. 각 방어는 ① 관련된 성격특질, ② 사회적 욕구, ③ 특징적 방법, 그리고 ④ 목적 혹은 기능이 있다. 이 개념은 〈표 6-1〉에 상세히 제시되어 있는데, 이 표는 Kellerman(1979)이 기술한 것을 부분적으로 정교화한 것이다.

이 가설의 몇 가지 예를 생각해 볼 수 있겠다. 전치를 많이 사용하는 사람은 공격적, 도발적, 비판적 혹은 냉소적인 경향이 있다. 그들의 욕구는 적대감을 안전하게 돌릴 수 있는 희생양을 발견하는 것이다. 사용되는 방법은 좌절의 근원에 대한 대리물을 공격하는 것이며, 전치의 기능은 보복에 대한 두려움 없이 분노를 표현하는 것이다.

또 다른 예로, 부인을 자주 사용하는 사람은 영향을 잘 받고, 잘 믿

〈표 6-1〉 자아방어 근본 구조

자아방어	관련 특질	사회적 욕구	방 법	기 능
억압	겁 많은, 수동적인, 무기력한, 순종하는	사회적 관계로부터 회피하거나 철회하려는 욕구	고통스러운 사건을 잊기	수동성을 유지하고 결정과 불안을 회피
전치	공격적인, 도발적인, 냉소적인	적대감을 받을 희생양을 발견하려는 욕구	좌절의 근원에 대한 상징이나 대리물을 공격	보복에 대한 두려움 없이 분노 표현
반동형성	이타적인, 금욕적인, 양심적인, 도덕적인	좋은(혹은 옳은) 행동을 보이려는 욕구	관심을 그 반대의 것에 돌리기	나쁜, 특히 성적인 행동에 대한 관심을 숨김
보상	자랑하는, 공상가, 결함을 걱정하는	인정받고, 감탄받고, 갈채를 받으려는 욕구	자기의 긍정적인 측면을 과장	지각된 약점을 개선하거나 상실을 되돌림
부인	무비판적인, 잘 믿는, 영향을 잘 받는, 잘 속는, 낭만적인	사회적 관계에서 갈등을 회피하려는 욕구	위협이나 문제를 해가 없는 것으로 해석하기	좋아하거나 사랑받는다는 느낌을 유지
투사	비판적인, 흠 잡는, 비난하는	타인에게서 결함을 확인하려는 욕구	비난 혹은 혹평	열등감, 수치심, 혹은 개인적 결함의 느낌을 감소
주지화	강박적인, 거만한, 소유욕이 강한	모든 사회적 관계를 통제하려는 욕구	모든 행동에 대한 논리적 변명을 발견	갑작스럽거나 수용할 수 없는 충동의 표현을 방지
퇴행	충동적인, 침착하지 못한, 과소통제된	모든 충동을 행동화하려는 욕구	충동적이고 미성숙한 행동을 표현	충동적인 행동의 수용을 획득

출처: Plutchick, R. (1995). A theory of ego defenses (p. 28). In H. R. Conte & R. Plutchik (Eds.), *Ego Defenses: Theory and Measurement*. New York: Wiley.

으며, 잘 속을 가능성이 있다. 그들의 욕구는 사회적 관계에서 다른 사람과의 갈등을 회피하는 것이다. 그들이 사용하는 방법은 억압을 사용하는 사람과는 대조적으로 사회적 문제를 무해하거나, 사소한 혹은 심지어 바람직한 것으로 해석하는 것이다. 이 무의식적 전략의 기능은 좋아하거나 사랑받는다는 느낌을 유지하는 것이다. 이 기술에서 보면 부인과 억압이 어떤 유사점을 갖는다는 것이 분명하다. 두 가지 모두 사회적 관계에서 고통이나 갈등을 회피하려는 욕구를 포함한다. 두 가지의 차이점은 사용되는 방법과 행동의 궁극적인 목적이다. 서로 다른 자아방어 간에 다양한 중복 정도가 있다는 사실은 이처럼 많은 중복되는 명칭이 오랫동안 제안되어 왔던 이유와 모든 방어 사이에 내재적인 유사성 구조가 존재하는 이유를 설명해 준다. 내가 기술하는 이론은 이 내재적인 구조가 사실 원형이라고 가정한다.

■ 자아방어의 원형 구조

만약 정서의 파생물로서 방어에 대한 이론이 옳다면, 정서의 원형 구조는 자아방어 간의 관계에 어느 정도 반영되어야만 한다. 16개 자아방어의 상대적인 유사성을 다룬 연구(Plutchik, Kellerman, & Conte, 1979)가 수행되었고, 그 결과는 이 장에서 기술되는 최종적인 8개 방어를 결정하는 것을 도왔다.

[그림 6-1]은 16개의 자아방어 개념에 유사성 측정을 이용한 결과를 보여 준다. 숙련된 정신과 의사에게 이 개념들을 유사성 정도에 관하여 쌍 비교하도록 요청하였다. 상세한 방법은 Plutchik 등(1979)에 의해 설명되었다. 분석 결과는 모든 방어의 근접한 정도와 양극성을 보여 주면서 대략적인 원형을 나타낸다. 그래서 예를 들어, 주지화, 합리화 그리고 격리가 의미에서 상대적으로 유사한 것

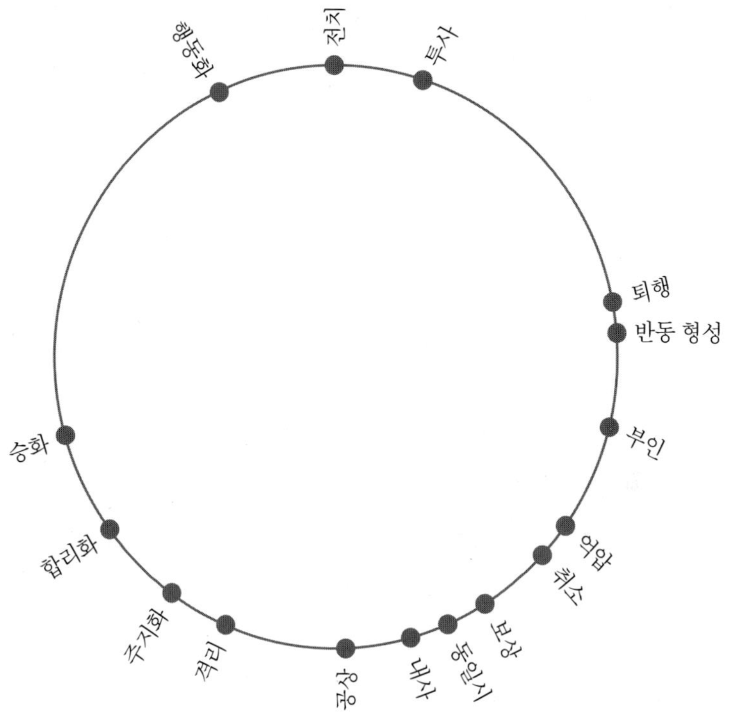

[그림 6-1] 직접 비교 방법에 의한 16개 자아방어의 유사성 측정

출처: "A Theory of Ego Defenses" (p. 30) by R. Plutchik, in *Ego Defenses: Theory, and Measurement,* edited by H. R. Conte & R. Plutchik 1995, New York: John Wiley & Sons. 저작권은 John Wiley & Sons(1995)에 있으며, 승인에 따라 옮김.

처럼, 부인, 억압 그리고 취소가 의미에서 상대적으로 유사한 것으로 간주된다. 투사, 전치 그리고 행동화 군집(cluster) 또한 서로 가까운 것으로 발견되었다. 이렇게 자아가 스스로를 방어하는 유사한 방법들을 보여 준다.

양극성 또한 [그림 6-1]에서 볼 수 있다. 전치의 자아방어는 공상과 내사 방어의 반대편에 있고, 승화는 억압과 반동 형성의 반대편에, 그리고 행동화는 억압의 반대편에 있다. 이 관계는 임상적으로 이해되는 것이다.

대처양식

이론은 자아방어와 대처양식을 구별한다. 앞서 기술하였듯이, 자아방어는 무의식적이고 경직되었으며, 미성숙한 자아에 대해 제한된 적응적 가치를 가진다. 이와 대조적으로 대처양식은 문제를 해결하는 의식적인 방법이고, 융통성 있으며, 일반적으로 적응적이다. 각 방어에 대하여 상응하는 의식적 대처양식이 가정되었다. 예를 들어, 억압에 대하여 의식적인 회피가 있고, 전치에 대하여 의식적인 대체(substitution)가 있으며, 부인에 대하여 의식적인 최소화(minimization)가 있다. 〈예시 6-1〉은 여덟 가지 기본적 방어와 상응하는 대처양식의 간단한 정의를 보여 주고 있다.

이 방어들은 모든 전통적인 것을 포괄한다. 대처양식을 기술하기 위해 사용된 용어는 각 대처 방법의 핵심 측면을 강조하기 위하여 만들어졌다. 각 경우에 방어는 어떤 위협이나 갈등 혹은 위험을 숨기거나 회피하거나 조절하기 위해서 고안된 무의식적 과정을 가리킨다. 대처양식은 문제 해결 방법을 가리킨다. 이 문제 해결 방법들은 방어에 개념적으로 관련되기는 하지만 그와 기능이 같은 것은 아니다. 즉, 그것은 각각이 매우 다양한 문제에 적용될 수 있는 의식적인 전략이다.

여덟 가지 기본 대처양식은 기본정서에 관련되고 삶의 문제에 대한 적용 가능성을 가진다. 그것은 다음과 같다.

예시 6-1 여덟 가지 기본적 방어와 대처양식

1. **방어: 억압, 격리, 내사**—고통스러운 갈등이나 위협을 회피하기 위하여 생각이나 관련된 정서를 의식에서 제외

   대처: 회피—문제를 발생시켰다고 믿는 사람이나 상황을 회피함으로써, 혹은 '사고-중지(thought-stopping)' 나 문제로부터 벗어나 주의를 돌림으로써 문제를 해결하려는 시도

2. **방어: 부인**—인정하기 고통스러운 특정한 사건, 경험 혹은 느낌에 대한 자각 결여

   대처: 최소화—그 문제가 다른 사람들이 생각하는 것만큼 중요하지 않다고 가정함으로써 문제를 해결하려는 시도

3. **방어: 전치**—원래 그 정서를 발생시킨 것보다 자신에게 덜 위험하다고 지각되는 대상이나 동물 혹은 사람에게 갇혀 있는 정서로 주로 분노를 방출

   대처: 대체—무관한 즐거운 활동을 함으로써 문제를 해결하려는 시도. 예를 들어, 명상, 운동 혹은 음주를 이용하여 긴장 관련 문제를 감소시킴

4. **방어: 퇴행, 행동화**—스트레스에 의해 행동이나 만족이 더 초기 혹은 더 미성숙한 패턴으로 후퇴

   대처: 도움 추구—다른 사람에게 문제를 해결하는 것을 돕도록 지원을 요청

5. **방어: 보상, 동일시, 공상**—다른 영역에서의 실제적 혹은 가상의 결함을 상쇄하기 위하여 한 영역에서의 강점을 발달

   대처: 단점 개선—당신 자신 혹은 당신이 처한 상황에 존재하는 약점이나 제한을 개선시킴으로써 문제를 해결

6. **방어: 주지화, 승화, 취소, 합리화**—상황에 대한 합리적인 해석에 지나치게 의존함으로써 정서와 충동을 무의식적으로 통제

대처: 매핑(mapping)—행동이나 의사결정을 하기 전에 문제에 대해 가능한 한 많은 정보를 획득

7. **방어: 투사**—정서적으로 수용할 수 없는 생각, 특질 혹은 소망에 대한 무의식적인 거부와 다른 사람에로의 귀인
   대처: 비난—문제가 있는 것에 대하여 다른 사람이나 '체제'를 비난

8. **방어: 반동 형성**—반대되는 태도와 행동을 발달시키거나 과장함으로써 수용할 수 없는 소망, 특히 성적이거나 공격적인 것의 표현을 방지
   대처: 반전(reversal)—느끼는 것의 반대되는 것을 행함으로써 문제를 해결. 예를 들어, 분노를 느낄 때에도 미소 짓기

매 핑

사람들이 문제를 다루는 한 가지 방법은 자신의 선천적인 호기심과 사고력을 사용함으로써 문제에 대한 더 많은 정보를 구하는 것이다. 만약 의사를 찾아가서 두통, 발진 및 미열을 설명한다면, 의사는 아마 기분과 증상에 관한 더 많은 정보를 요청하고, 혈액 검사를 하고, X-레이를 찍고, 다른 평가들을 할 것이다. 어떤 의미에서 의사는 영역의 지도를 만듦으로써, 즉 상황에 관하여 가능한 한 많이 알게 됨으로써 병에 대한 그들의 이해를 확장시킨다. 그러고 나서야 의사는 문제를 진단하기 위하여 지식에 의한 판단을 하고 최선의 해결에 이르기 위해 활동을 시작할 수 있다.

같은 의미에서 사람들은 문제를 다루기 위한 행동을 하기 전에 문제에 대한 가능한 한 많은 정보를 필요로 한다. 만약 어머니가 아들의 방에서 약간의 마리화나를 발견한다면, 매핑(mapping)은 그녀가

① 그것이 정말 마리화나인지, ② 그것이 정말로 아들의 것인지, 그리고 ③ 그가 실제로 그것을 사용하고 있는지의 여부를 알아내는 것을 포함할 것이다. 그러한 정보를 얻은 후에서야 그녀는 적절하게 행동할 수 있을 것이다. 매핑은 그것에 대하여 더 많은 정보를 얻음으로써 문제에 대처하려고 하는 것을 의미한다.

회 피

문제를 다루는 한 가지 방법은 문제를 발생시킨 상황을 회피(avoiding)하는 것이다. 사람들은 매일 이렇게 한다. 만약 어떤 사람과 사이좋게 지내기 어렵다면 그 사람과의 접촉을 회피하려고 시도할 것이다. 만약 비행기 안에서 매우 불편하다면 그들은 비행기를 회피하려고 결심할 것이다. 추운 날씨를 싫어하는 사람들은 더 따뜻한 지방으로 이사한다. 만약 상사와 잘 지낼 수 없다면 그들은 다른 부서로의 이동 혹은 퇴사를 요청할 수 있다. 이혼하는 사람은 결혼생활에서 더 이상의 갈등을 회피하기로 결심한 것이다. 어떤 형태의 회피는 다른 것보다 분명히 더 극단적이지만, 모든 사람이 때로는 회피를 대처양식으로 사용한다. 요약하면, 회피는 문제를 유발하는 경향이 있는 상황에서 자신이 벗어남으로써 문제에 대처하는 방식이다.

도움 추구

사람들은 도움을 요청함으로써 문제를 해결할 수 있다. 때로 도움추구(help seeking)는 비공식적으로 이루어진다. 예를 들어, 사람들은 다양한 삶의 문제에 대한 의견이나 조언을 구하려고 친구에게 전화를 한다. 친척들이 교대로 아픈 사람을 도울 수 있다. 이웃끼리는 종종 심부름과 부탁을 들어준다. 이것은 모두 사람이 도움을 추구하는 방법이다.

때로 어려운 삶의 문제는 전문가의 도움을 필요로 할 수 있다. 예를 들어, 병원에 가기, 차를 서비스 센터에 맡기기, 상담자 혹은 성직자에게 자문하기, '상담 칼럼'에 글 보내기, 금융상담원 만나기, 혹은 지원 단체(support group)에 가입하기는 모두 사람들이 도움을 추구하는 방법이다.

최소화

많은 상황은 모호한 의미를 가지며, 사람에 따라 같은 상황을 다르게 혹은 심지어 반대의 방식으로 해석할 수 있다. 즉, 컵의 반이 차 있거나(낙관적인 관점) 혹은 반이 비어 있는 것으로(비관적인 관점) 볼 수 있다. 객관적인 사실은 같지만 개인이 느끼는 정서는 그들이 그 사실을 어떻게 해석하는지에 달려 있다. 최소화(minimizing)는 자기 삶에서 사건의 중요성이나 심각성을 최소화할 수 있다는, 그리고 이 대처 방법을 의식적인 전략으로 선택할 수 있다는 개념을 가리킨다.

대형 공기업의 중간관리자를 대상으로 한 연구에서 문제를 최소화하는 경향을 가진 관리자는 직무 스트레스를 더 적게 경험하였고, 그럼에도 유능한 관리자로 평가되었다(Bunker, 1982). 최소화가 부인과 동일한 것이 아니라 실제로 문제를 다루는 유용한 대처양식이라는 것을 강조하는 것이 중요하다.

반 전

반전(reversing)은 개인이 느끼는 것과 반대로 행하는 대처양식을 가리킨다. 이러한 행동은 위선을 나타내는 것이 아니라, 자주 볼 수 있고 사회적으로 효과적으로 문제를 다루는 방식이다. 누군가가 기분이 어떤지를 물어보는 경우에 일반적으로 그는 현재 아픔과 고통의 목록을 예상하지는 않는다.

여러 면에서 대부분의 수용 가능한 사회적 행동은 그들이 느끼는 것과 반대의 방식으로 행동하는 사람에게 좌우된다. 예의 바름, 재치, 정중함 그리고 외교적 수완 모두는 그들이 느끼는 것과 다르게 행동하는 사람들에게 관련된다. 정치인은 인터뷰할 때 일반적으로 친절하고 정중해 보이며, 그들에게 하는 몇몇 질문에 자신들이 느낄 것 같은 분노와 짜증을 억제하는 경향이 있다. 유사하게 많은 사람이 체중을 감소시키는 고된 훈련 프로그램을 시작하거나 행글라이딩, 스카이다이빙 혹은 등산과 같은 위험한 운동에 참여하거나 기술을 개발한다. 그들은 불안이나 권태 혹은 불안정감에도 불구하고 이것을 한다. 즉, 그들은 단호하거나 안정되거나 혹은 용감한 것처럼 행동한다(즉, 그들이 느끼는 것과 반대로). 불쾌하거나 고통스러운 삶의 문제를 다루는 간호사나 외과의사는 문제를 효과적으로 해결하기 위하여 일반적으로 그들이 느끼는 것과 반대의 행동을 한다.

반전은 거의 모든 사람이 다소라도 사용하는 중요한 대처양식이다. 반전 없이 성공적인 관계를 맺기란 거의 불가능하다. 사실 많은 가족 갈등은 사람들이 집에 있을 때는 그들이 느끼는 대로 정확하게 행동하기 때문에 발생한다.

비 난

어떤 사람은 다른 사람들을 비난함으로써 문제에 대처한다. 이 방법은 특정한 조건에서 적어도 얼마간은 잘 작용한다. 비난(blaming)은 이를 행하는 사람을 기분 좋게 해 주는데, 그 이유는 그/그녀가 그 문제에 대한 책임을 지지 않기 때문이다. 만약 비난하는 사람이 권위를 가진 자리에 있다면, 그/그녀는 그것을 대가를 치르지 않고 끝낼 수 있을 것이다. 예를 들어, 만약 회사의 장부에서 잘못이 발견된다면 관리자는 하급자가 실수하였다고 말함으로써 스스로를 모든 책임에서 면제되도록 할 수 있다.

사람이나 상황에 책임을 지우는 것은 좀 더 기분 좋게 느끼도록 돕지만 그것이 문제를 해결해 주지는 않는다. 비난의 한 가지 문제는 비난받는 사람을 기분 나쁘게 하고 비난받은 사람이 적의를 발달시키기 쉽다는 것이다. 적의는 다시 보복(revenge)하려는 소망을 일으키는 경향이 있고, 이로써 비난–적의–보복의 악순환이 시작된다. 그러므로 타인을 비난하는 것은 단기적으로는 사람이 문제에 대처하도록 돕지만 장기적으로는 몇 가지 바람직하지 않은 결과를 갖는다.

대 체

삶은 때로 직접적인 해결책이 없는 문제를 만들어 낸다. 대체(substituting)는 간접적인 대처 방법에 관련된다. 예를 들어, 재미없는 직업을 가졌지만 여러 가지 이유로 그것을 그만둘 수 없는 사람은 일하지 않는 시간 동안 취미, 여행 혹은 운동과 같은 즐거운 것을 하려고 노력할 수 있다. 아이를 가질 수 없는 부부는 종종 그들 가정에 자녀를 입양한다. 때로 사람들은 무신경한 상사를 향해 느끼는 분노의 대체 형태로 알코올이나 약물에 의지한다. 이 모든 접근의 공통점은 문제에 대한 간접적인 대체 해결을 의미한다는 것이다.

단점 개선

때로 문제는 자신의 약점에 의해 생긴다. 문제가 있을 때 많은 사람은 다른 사람들이 얼마나 일을 잘못 다루고 있는지를 보는 경향이 있다. 그러나 스스로를 더 면밀히 보고 문제에 대한 자신의 기여를 고려하는 것도 가능하다. 예를 들어, 어떤 사람이 승진에서 탈락했고 다른 누군가가 승진했다고 가정해 보자. 분명히 이로부터 생길 수 있는 실망, 당혹 그리고 분개를 다루기 위해 많은 대처양식이 필요할 것이다. 중요하면서 가능한 한 가지 방법은 자신의 단점을 개선하는 것이다. 개인은 승진에 필요하다고 자신이 알고 있는 자질(예, 리더십, 정식 교육, 말하기 능력, 자진하여 외근이나 야근하기)에 관하여 스스로를 평가하고 그것 중 일부를 변화 혹은 수정하기로 결심할 수 있다.

단점 개선(improving shortcomings)은 또한 상황을 변화시키는 것도 포함한다. 예를 들어, 학교에서 성적이 나쁜 아동은 가정교사를 부르거나, 학급이나 교사를 바꾸거나, 혹은 특수학교로의 전학이 필요할 수 있다. 그 아동은 운동, 안경 혹은 특수 훈련에 의해 개선될 수 있는 발견되지 않은 학습 혹은 신체적 문제를 가지고 있었을 수도 있다.

단점은 개인의 성격이나 태도에 존재할 수도 있다. 배우자와의 논쟁은 인내심 혹은 다른 사람의 개성에 대한 수용의 부족을 반영하는 것일지도 모른다. 수용에 대한 확장된 감각을 발달시키는 것이 불화를 극복하는 데 효과가 있을 수 있다. 이와 같이 문제에 대처하는 한 가지 중요한 방법이 상황에서나 스스로에게서 단점을 확인하고 그것을 감소시키기 위한 조치를 취하는 것이라는 사실은 분명하다.

함 의

자아방어는 좀 더 일반적인 정서이론의 한 측면으로 기술되어 왔다. 모든 유기체는 환경적인 역경을 다룰 수 있도록 유전적으로 결정된 특정한 생물행동학적 기제를 가지고 태어난다. 제한된 수의 그러한 기제가 있고, 그것은 포식자 회피, 먹이 발견, 먹이 섭취, 폐기물과 독소 배출, 그리고 성 행동을 통한 유전적 생존 확보와 같은 생존 관련 활동에 관계된다.

인간에게서 특히 성장과 발달의 초기 단계 동안 유아와 어린 아동은 상대적으로 무력하고 위험을 처리할 수 있는 방법도 매우 적다. 이러한 반응은 도움 요청하기(조난 신호), 위험 무시하기 그리고 위험이 심각하지 않다고 믿기를 포함한다. 그것은 우리가 성인에게서 확인하는 자아방어의 원형이다. 앞서 언급했듯이, 방어는 불안을 유발하는 상황을 다루기 위해서 아동과 성인 모두가 사용하는 상대적으로 제한적이고 경직되며 무의식적이고 원시적인 방법이다. 그것은 정신진화론적 정서이론에서 주장한 여덟 가지 기본정서에 관련될 뿐 아니라 성격특질의 군집(cluster) 및 성격장애의 진단에도 관련된다. 자아가 강해지고 성숙해질수록 위험과 어려움은 상대적으로 더 의식적인 방식으로 다루어야 할 문제로 여겨진다. 이 의식적이고 융통성이 있는 문제 해결 방법을 대처양식이라고 부른다. 대처양식은 방어와 어느 정도 유사점을 갖지만 그것과 구별해 주는 발현성(emergent property)을 가진다.

대처양식의 한 가지 흥미로운 특징은 그것이 의식적인 통제하에 있다는 것이다. 사람들은 대처양식에 대해서 들었거나 읽었을 것이고, 현재 문제를 해결하기 위해서 이런저런 대처양식을 사용하기로 결심할 것이다. 자아방어는 정서적 투여(emotional investment)가 훨씬 더 강하며, 그래서 변경하기가 더 어렵다.

자아방어에 관하여 제기된 모델은 그것이 소수의 '기본적' 방어에 주의를 집중한다는 것에서 가치 있다. 28개나 되는 중복되고 모호하게 정의된 방어를 기억하고 탐색하는 대신 상담자는 핵심적인 것을 철저히 이해하려고 할 수 있다. 일단 방어가 규명되면, 다음에는 각 방어와 관련되는 경향이 있는 특정한 성격특질의 존재를 추론하는 것이 가능하다. 또한 특정한 성격장애의 존재를 추론할 수 있는 가능성도 매우 흥미롭다. 관계 사슬은 양쪽 모두에 유용하며, 특질과 진단에 관한 인식은 특정한 방어의 존재 가능성을 의미한다. 결국 방어의 인식은 사람에게 갈등되거나 다루기 힘든 종류의 정동에 대한 통찰을 제공할 수 있다.

정서, 특질, 성격장애 그리고 자아방어 간의 관계에 대한 이해는 정신진화론에서 파생된 가설 범위를 철저히 규명하지 않는다. 다음 장에서는 상담의 구체적인 수행을 위한 이론에서의 몇 가지 중요한 함의를 살펴보고, 상담자들이 정서를 이해하고 밝히는 데 사용할 수 있는 전략을 고려하고자 한다.

CHAPTER 07

정서를 드러내기 위한 상담자의 전략

상담과정에서 정서의 역할에 대한 관심이 증가하고 있음에도 불구하고 현재 그 변화과정에서 정서의 중요성을 타당하게 측정하는 도구는 부족하다.

— S. Wiser & M.Goldfried

상담자는 부적응이 정서장애를 반영한다는 이유 때문에 항상 정서를 다루어 왔다. 상담의 많은 목적 가운데 하나는 정서를 드러내고 개인에게서 그 중요성을 인정하는 것이다. 이것은 인지행동주의적, 정신역동적 그리고 합리적 정서를 포함하는 모든 형태의 상담에 적용된다. 하지만 이러한 공통의 목표에도 불구하고, 모든 상담자가 내담자의 정서를 이해하고 탐색하는 데 도움을 주는 많은 유용한 방법을 충분히 인식하고 있는 것은 아니다.

이 장에서는 학파에 상관없이 정서를 드러내기 위해 사용할 수 있는 전략을 기술하고자 한다. 여기에는 내담자의 정서를 일으키는 자극과 동일 대상에 대한 상반된 양가감정을 찾는 일을 정확하게 규명하는 작업들이 포함된다. 또한 단어로 표현이 되지 않을 때 은유를 사용하는 것이나 내담자의 성격특질(personality traits)의 기능적 중요성을 찾는 것과 같은 덜 구체적인 방법도 포함한다. 이러한 방법은 대부분 정신진화론에서 유래되었으므로 자신의 이론적 접근과 맞지 않더라도 이들 방법을 사용할 수 있다. 여러 임상가들의 저서에서 제시된 몇 가지 부가적인 방법도 설명되어 있다.

CHAPTER **07**

정서를 드러내기 위한 상담자의 전략

6장에서는 상담에서뿐만 아니라 일반적인 사회적 상호관계에서 정서의 중요성에 대해서도 검토해 보았다. 또한 정서에 대한 몇 가지 이론과 상담에 사용되는 정서의 함의에 관하여 서술했다. 이 장에서는 상담자가 정서를 드러내기 위해 사용할 수 있는 방법과, 정서를 변화시키고 정서가 드러날 때 정서를 이해하기 위해 사용할 수 있는 다양한 방법과 기술을 제시하고자 한다. 그중 몇 가지는 상담자에게 잘 알려져 있지만, 나머지는 그렇지 않다. 모든 것이 정신진화론에서 유래되었거나 그 이론과 일치한다. 각각의 경우마다 전략을 기술하고 간단한 상담의 예를 덧붙였다.

정신진화론에 근거한 열여섯 가지 방법

정서 유발 자극 확인하기

자기기만이나 부정, 억압 같은 자아방어적 태도는 개인에게서 정서를 불러일으키는 자극의 인식을 방해하여 삶의 다른 부분에도 영향을 준다. 그러므로 상담에서 첫 번째 임무는 정서와 그에 따른 결과를 유발시키는 자극을 구체적으로 확인하는 것이다.

> 한 내담자가 자신의 과체중에 대해 심각하게 고민하고 있었다. 그녀는 이미 위절제 수술을 받았으나, 만족할 만큼 성공적이지는 않았다. 상담자는 그녀가 음식을 먹게 된 이유들, 즉 권태를 피하기 위해, 사교를 위해, 배고픔을 줄이기 위해, 불안을 달래기 위해, 화를 참기 위해, 힘든 일에 대한 보상으로, 과거의 즐거웠던 시간에 대한 회상 등을 상세히 살펴보았다. 그녀는 식욕을 유발시키는 가장 일반적인 원인이 누군가에 대한 자신의 분노였음을 점차적으로 깨닫게 되었다. 그녀가 분노에 적절하게 대처하는 법을 배우기 시작하면서, 그 기간 동안 그녀의 식욕은 감소되었고, 몸무게도 상당히 줄어들어 안정되었다.

불쾌한 정서를 유발시키는 자극 재정의하기

모든 정서이론은 자극 그 자체는 정서반응의 중대한 결정 요소가 아니라는 사실을 인정한다. 정서를 결정하는 것은 자극과 일어난 일에 대해 우리가 내리는 해석(평가나 인식)이다. 사람들은 다른 사람이 말하는 것에 대해 자동적으로 감정적이 되지는 않는다. 사람들이 화를 내기 전에는 다른 사람의 말을 먼저 모욕이나 위협으로 해석해야 하고, 자부심이나 즐거움을 경험하기 전에는 다른 사람의 말을 칭찬으로 받아들여야 한다. 이것은 삶에서 스트레스를 불러일으키는 사건들, 즉 불쾌한 정서를 유발하는 사건들을 다루는 한 가지 방법이 자극이나 상황을 의식적으로 재정의(즉, 재개념화)하거나 새로운 맥락으로 이를 이해하는 것임을 의미한다.

한 여자가 알코올중독인 남편의 학대 때문에 화가 나고 분노하여 우울해하고 있었다. 그녀가 남편을 '잔인하다'라기보다는 '마음이 아픈 사람'이라고 여기기 시작하면서, 그녀는 화가 덜 나고 덜 슬펐으며 더 동정적이게 되었다(자극에 대한 재해석의 다른 예는, 다루기 힘든 어린이에 대해서는 '그저 그 시기를 겪고 있는 것'으로, 함께하기 힘든 노부모님에 대해서는 '생각이 없는' 또는 '이기적인' 사람으로 여기기보다는 '노쇠하여 스스로를 돌볼 수 없는' 사람으로 여기는 것이다.).

54세의 한 여자가 우울증 때문에 치료를 받으러 왔다. 그녀는 오랫동안 지속된 어머니와의 고통스럽고 힘들었던 경험을 이야기했고, 자신의 어머니를 '나를 낳아준 여자'로 자주 언급했다. 그녀는 불행한 어린 시절의 기억에 강하게 사로잡혀 있었다. 그녀는 어머니를 악마로 보았고, 자신의 자녀들에게는 외할머니가 돌아가셨다고 말했다. 그럼에도 불구하고 그녀는 어머니가 자신을 사랑했기를 간절히 바랐다. 그녀가 어머니를 악마가 아닌 정서적으로 아픈 사람으로 여기는 것을 배우게 되자, 그녀의 증상은 완화되었다. 그녀는 하나님이 자신의 어머니에게 어머니로서의 능력을 주시지 않았다는 것을 깨닫게 되었다. 그것은 또한 그녀가 세 명의 자녀를 성공적으로 잘 길러냈고 그 아이들이 자신의 역할을 잘 해내고 있다는 점과 관련하여 그녀 자신의 자존감에 초점을 맞추는 데 도움을 주었다.

갈등의 정서적 요소 확인하기

정신진화론에서는 모든 정서는 여덟 가지 기본정서 중 하나이거나 혼합된 상태라고 제안한다. 더 나아가 기본정서는 순수한 형태로 나타나는 경우가 거의 없고, 설령 나타난다고 하더라도 그것은 아주 일시적일 뿐이라고 가정한다. 그러므로 대부분의 정서는 혼합된 정서이거나 정서의 혼합물이다. 이에 덧붙여 정서의 혼합은 항상 몇 가지 단계의 갈등을 만들어 낸다는 새로운 가정도 제시한다. 갈등의 본질을 이해하기 위해서 우리는 정서적 요소들을 확인해야 한다.

> 한 내담자가 남편과 이별하고 자신만의 아파트를 얻은 것에 대하여 죄의식을 느낀다고 말했다. 죄의식은 두려움과 기쁨의 혼합물이라는 이전의 연구 결과를 바탕으로, 그녀의 죄의식에 이러한 요소가 있는지 탐색해 보는 것이 가능하다. 그녀는 혼자서 어떤 일을 해낼 수 없다(즉, 계속되는 의존)는 두려움과 그것을 해낼 수 있다는 생각(즉, 독립적으로 된다)을 하면서 느끼는 기쁨과의 갈등 속에 있었다. 그녀는 가족을 해체시킨다는 사실에 대해서는 두려움을, 가족을 다시 만든다는 것에 대해서는 즐거움을 느꼈다. 그녀는 남편이 떠나지 못하게 방해하고 막을 것이라는 두려움과, 그에게 "싫어요."라고 대답하는 생각을 하면서 느끼는 기쁨 사이에서 갈등을 겪고 있었다. 이러한 구성요소들을 각각 검토함으로써, 그녀가 각각의 상대적인 중요성을 평가하고 어떤 합리적인 결정을 내릴 수 있도록 했다.

행동하려는 충동 탐색하기

정서는 감정적 상태와 행동하려는 충동 모두를 포함하는 일련의 복잡한 사건이라는 개념으로 정의되지만, 그렇다고 해서 각 사건 구성요소의 특징이나 접근 방식이 동등하다는 것은 아니다. Davitz의 연구(1970)에 따르면, 정서의 느낌은 종종 막연하고 혼란스럽고 애매하며, 같은 정서라도 많은 다른 용어와 표현으로 나타낸다. 예를 들어, 대학생이 우울증을 나타내는 표현으로는 '공허한, 고갈된, 텅 빈, 충전이 덜된, 힘든, 피곤한, 졸린, 동기 없는, 희망 없는, 하찮은, 무능한, 자기연민에 빠지는, 가엾은, 질식할 것 같은' 등이 있다. 이와 반대로 어떤 주어진 정서 속에서 행동하려는 충동은 취할 수 있는 적절한 행동이 별로 없기 때문에 좀 더 분명하다. 이는 정서의 주관적인 느낌 상태(즉, 느낌에 주어지는 표현들)가 대개 행동하려는 충동보다 더 모호하고 애매하다는 것을 뜻한다.

> 한 내담자가 자살한 남동생에 대하여 이야기했다. "그것에 대해 어떻게 느꼈나요?"라는 질문에 대한 그녀의 대답은 잘 모르겠다는 것이었다. 그러나 무엇을 하고 싶었는지를 물었을 때, 그녀는 즉시 "나는 울고 싶었어요. 그렇지만 동생이 어머니에게 한 짓 때문에 내가 정말로 동생을 죽이고 싶었기 때문에 울 수가 없었어요."라고 대답했다.

양가감정 살펴보기

사람이 경험하는 대부분의 정서가 혼합된 것이라는 사실은 행동화에 대한 충동이 매우 다양하다는 것을 암시한다. 이것은 삶이 상반된 느낌으로 가득 차 있다는 것을 의미한다. 한 내담자가 정서 상태를 묘사할 때, 상담자는 사건의 한 부분만이 이야기되고 있다고 가정해야 한다. 아무도 무엇이 진실인지 확신하지 못한다. 양가감정은 어떤 사람이 자기가 하고 싶지 않은 어떤 일을 했다고 보고할 때 더욱 뚜렷하다. 그러므로 항상 양가감정을 살펴봐야 한다.

> 한 젊은 남자가 아버지가 심장마비로 갑자기 돌아가신 후에 아버지의 사업을 물려받았다. 그는 사업에 대해 아무것도 몰랐고, 전문직업인이 되기 위해서 훈련을 받고 있었다. 결정에 대한 두려움이 커지면서 그는 점차 공장장에게 의지하기 시작했다. 그러자 공장장은 그를 어린아이처럼 취급하였고, 그 젊은이는 공장장을 미워하기 시작했다. 상담을 하면서 점차 공장장의 확실한 기술과 단호함에 대해 존경심이 드러났다. 일단 양가감정을 인식하고 직면하게 되자, 젊은이의 공장장에 대한 갈등은 줄어들었다.

대안에 대한 내담자의 주저함과 두려움 탐색하기

내담자는 종종 자신이 하고 싶어 하는 일이지만 그 일을 하는 것을 주저하며 할 수 없다고 말한다(예, 근사한 식당에서 혼사 밥 먹기, 하루 동안 나체촌 방문하기, 낙하산으로 강하하는 법 배우기). 역으로, 내담자는 자신이 정말로 하고 싶지 않은 일을 하고 있다고 말하기도 한다(예, 좋아하지 않는 사람 방문하기, 자신이 이용당하도록 내버려 두기, 그들이 필요로 하거나 원하지 않는 무언가를 사기). 그러한 상황을 자세히 관찰해 보면, 몇 가지 종류의 두려움, 즉 거절, 굴욕, 비난,

바보처럼 보이는 것 등에 대한 두려움이 항상 존재한다는 것을 알 수 있다. 두려움은 행동에 대한 커다란 억제제다. 내담자가 어떤 한 주제를 고집하거나, 대안적 사고나 행동을 탐색하는 것을 꺼려할 때는 그가 무엇을 두려워하는지를 살펴봐야 한다.

> 한 노부인이 최근에 새로운 집으로 이사했다. 몇 주 후, 그녀는 아들에게 전화를 해서 자기 집에 와서 가구를 좀 옮겨 달라고 부탁했다. 아들은 지금은 바쁘니 다음에 그녀를 돕겠다고 대답했다. 그녀는 전화를 끊은 뒤 잠시 후, 목구멍이 고통스럽게 조여 오는 통증을 느꼈고 울기 시작했다. 상담에서 그녀는 이 사건에 몰두해 있었고 계속해서 그 사건을 반추했다. 상담자는 이 사건과 관련지어 그녀가 가지고 있는 두려움이 무엇인가에 초점을 맞추었고, 아들에 대한 비판적 느낌이 거절이라는 두려움에 의해 억제되었다는 것이 분명해졌다. 상담에서는 이러한 두려움의 근원과 본질을 탐색하였다.

내담자가 느낌에 부여하는 고유한 의미 탐색하기

우리는 모든 사람이 독특하다는 것을 당연하게 여긴다. 사람들은 저마다 능력이 다르고, 교육 경험이 다르다. 우리가 분명하게 받아들이지 않는 것은 우리가 일반적으로 사용하는 바로 그 단어들이 각 사람마다 다른 함축과 의미를 가진다는 것이다. 사람들이 자신만의 느낌과 정서를 설명하는 용어는 고유한 의미를 가지는데, 우리는 이 의미를 탐색해야 한다. 이것은 화난, 실망한, 스트레스 받는 등의 단어에서 특히 분명하게 나타난다.

어떤 내담자가 자신은 '아프다' 고 표현했다. '아프다' 의 반대말이 무엇이냐고 질문을 받았을 때, 그는 '자유로운' 이라고(뜻이 더 분명한 '건강한' 이라는 단어가 아닌) 말했다. 그의 병은 불행한 결혼으로부터 자유로울 수 없음에서 온 것으로 판명되었다.

한 내담자가 잔뜩 화가 나서 집단상담에 왔다. 그녀는 집단의 누군가가 그녀를 고집쟁이라고 말했다는 사실을 일주일 동안 마음속에 품고 있었다. 그녀는 '고집스럽다' 는 것을 '착하고 친절하다' 의 반대말인 '나쁘고 비열하다' 는 의미로 여겼기 때문이다.

폭넓은 정서를 경험하고 표현하는 내담자의 능력 탐색하기

정서적 부적응이라는 용어가 의미하는 한 가지는, 개인에게서 일종의 정서적인 왜곡이 있다는 것이다. 즉, 강하거나 다루기 힘든 한두 가지 정서가 개인의 핵심에 존재한다. 예를 들어, 우울증은 슬픈 느낌이 지배적인 테마이고 다른 사람과 관계할 때 주로 나타나는 것이다. 적대적인 사람은 많은 상황 속에서 분노를 주된 정서로 사용한다.

정신진화론은 모든 정서가 개인을 위한 생존 가치를 가진다는 것을 보여 준다. 기쁨은 유전자의 전파와 관련된 즐거운 만남의 표현이다. 두려움은 개인이 위협이나 갈등을 피할 수 있도록 형성된다는 점에서 기쁨만큼 적응적이다. 분노가 개인의 욕구 만족을 방해하는 것에 대처하기 위해 형성된다는 점에서 분노 또한 적응적이다. 각각의 기본정서마다 이런 식의 보편적인 설명이 가능하다. 즉, 각각의 정서는 적응적이고 생존 욕구를 만족시킨다. 이러한 점에서 주로 한 가지 정서만을 경험한 것으로 보여지는 사람은 부적응적이라 할 수 있는 반면, 적절한 상황에서 모든 정서를 느끼고 표현할 수 있는 능력은 성공적인 적응이라고 할 수 있다.

> 한 내담자가 자기는 도움을 청함으로써 대부분의 문제에 대처한다고 말했다. 이러한 대처양식은 자신이 보잘것없고, 무력하고, 빈곤하며, 슬프다고 느끼고 있음을 표현하는 것이다. 그의 정서적 성향을 평가하고 정동 상태의 불균형을 탐색한 결과, 그는 자신의 감정의 폭이 제한되어 있다는 것을 깨닫게 되었다. 시간이 경과함에 따라 그가 정동 상태를 표현하는 폭이 점차로 확장되고 있으며 나아지고 있다는 평가 결과가 나왔다.

환경의 영향 감소와 과거로부터의 분리

무언가가 잘못되었을 때 대부분의 사람들은 변명이나 희생양을 찾으려는 강한 충동을 가진다. 사람들은 자신의 불행, 우울, 불안, 분노 등의 이유를 지루한 일, 요구가 지나친 상사, 부정한 배우자와 연관 지어 설명하려고 한다. 때때로 사람들은 자신의 이웃, 부모, 형제자매를 비난하기도 한다.

이러한 태도는 자신의 삶을 조정하는 데 어느 정도 실패했다는 느낌을 표현하는 것이다. 또한 사건들이 우리의 정서를 직접적으로 결정한다는 신념의 표현이기도 하다. 하지만 사실 우리의 정서를 결정하는 것은 사건에 대한 우리의 해석이다. 삶에서 일어나는 사건에 대한 인지적 평가는 우리가 느끼는 것을 결정하며, 우리의 정서세계는 어느 정도 우리의 인지에 의해서 형성된다.

우리의 과거도 마찬가지다. 모든 사람의 과거는 복잡하고, 애매하며, 정확하게 정의하는 것이 불가능하다. 우리의 인식이 정서세계를 결정한다고 인식하는 것은 우리의 인식 또한 우리 자신의 과거에 대한 개념을 결정한다는 것을 의미한다. 만족스럽지 못한 직업에 대한 개념이 그저 스트레스가 적거나 지루한 것으로 재해석될 수 있는 것과 마찬가지로 소위 '나쁜' 과거는 좀 더 유연한 방식으로 재해석될 수 있다. 이러한 변화는 앞 장에서 언급되었던 다양한 대처양식의 사용에 의해 일어날 수 있다.

> 집단상담의 한 집단원은 70세였다. 그녀는 무신경하고, 내향적이고, 가끔 요구가 많으며, 과거에 알코올중독자였던 사람과 결혼한 상태였다. 몇 년 동안 집단상담에서 대처양식을 적극적으로 작업한 후, 그녀는 문제를 다르게 다루기 위해서 자신의 대처양식을 변화시켰다. 그녀는 자신이 변화시킬 수 없는 것도 받아들이기 시작했다. 그녀는 화를 덜 내게 되었고, 자신의 불행한 어린 시절에 대하여 반복해서 생각하는 것을 그만두었다. 그리고 자신을 즐겁게 하는 것(여행 같은)들을 더 많이 하기 시작했다. 그녀는 이전보다 더 많이 최소화, 억제 그리고 치환의 대처양식을 사용했다. 그리고 자신이 삶을 책임지고 있다는 것을 느끼기 시작했고, 과거나 주변 환경에 지배당하지 않게 되었다. 그 결과, 그녀는 대부분의 삶에서 전보다 더 행복하다고 말했다.

정서는 구체적임을 인식하기

상담에 오는 내담자들은 난처함, 부정(denial) 혹은 감정 표현을 방해하는 다른 억압에 의해, 그들의 삶에서 정서를 야기하는 중요한 사건들에 대하여 이야기하는 것을 회피한다. 내담자는 종종 어떤 주제의 주변만을 이야기하면서 중요한 상황에서의 구체적인 내용은 회피한다. 그러한 상황에서 상담자들은 내담자가 가능한 한 명확하게 구체적인 것들을 탐색할 수 있도록 격려해야 한다.

> 40세의 한 남자가 10년 전에 한 이혼에 대해 이야기했다. 그는 좋은 인간관계, 좋은 직업, 탁월한 업무성과에 대하여 이야기했다. 그는 결혼생활이 실패한 이유에 대해 이야기하는 것을 어려워했고, 다른 화제로 이야기를 돌렸다. 구체적으로 이야기하도록 권하자, 그는 사업이 침체된 것에 대해 창피함을 느꼈고, 사업을 다시 일으키기 위해 더 많은 노력을 하는 과정에서 지쳐 버렸으며, 결국 음주와 약물 같은 도피행동을 하게 되었다는 사실을 밝혔다. 오만함에 뒤이은 수치심은 그를 공황 상태와 편집증적인 사고에 빠지게 했다. 내부의 혼란을 완전히 자각하지 못한 채 그는 마침내 신경쇠약에 걸렸고, 그로부터 자신의 모든 의무에서 결국 벗어나게 되었다.

단어로 표현하지 못할 때 은유 사용하기

정서는 생리적 변화, 근육 긴장, 행동의 준비, 사건의 무의식적인 해석 그리고 느낌의 인식을 억압하는 방어 등과 같은 많은 비언어적 사건들을 포함하는 일련의 복합적인 결과물이다. 종종 주관적인 느낌조차도 쉽게 구분할 수 없고, 자신의 느낌을 설명하기에 적합한 단어를 찾는 것도 혼란스러울 수 있다. 예를 들어, 대부분의 사람들은 두려움과 불안, 질투와 시기, 그리고 죄의식과 수치를 구분하는 데 어려움을 겪는다. 상담자가 어떤 정서가 존재하는지, 혹은 무엇이 정서를 유발하는지에 대한 모호함을 인식한다면, 정서와 그 원인을 유도해 내기 위하여 은유(metaphors)를 사용하는 것이 때때로 가능하다.

> 우울증 때문에 상담에 온 한 젊은 여성은 자신이 왜 우울한지 설명할 수 없었다. 미술치료사는 그녀에게 유성 파스텔과 큰 종이를 주고 그녀가 원하는 색깔로 선을 그으라고만 말했다. 잠시 후 선은 더 길어지고, 더 굵어지고, 더 어두워졌다. 내담자는 소원하게 느껴 왔던 자신의 아버지에 대한 분노를 말로 표현하기 시작했다. 그림을 은유로 사용함으로써 그녀의 정서를 표현할 수 있는 단어를 찾을 수 있도록 도왔다.

희망 불러일으키기

상담을 찾는 사람들의 대부분은 인생의 문제와 관련된 절망감, 좌절감, 해결할 수 없을 것 같은 갈등 등을 가지고 있다. 상담이 모든 문제나 갈등을 해결할 수는 없으나, 미래에 대한 희망감을 줄 수는 있다. 희망감은 치료를 지속하는 데, 그리고 그 사람의 마음을 혼란스럽게 만드는 사건을 다루기 시작할 때의 동기를 개발하는 데 매우 중요하다.

> 상습적인 우울증으로 약물치료 중인 52세의 남자가 성적 학대, 약물중독, 알코올중독, 포르노 중독 그리고 늘어나는 부채에 관한 자신의 과거를 이야기했다. 탐색 작업을 계속해 가자 그의 인생에서 행복했던 몇몇 시간이 나타났다. 그것은 그가 집에서 자신의 동생과 같은

방을 사용했을 때, 고등학교 시절 육상부에서 꽤 뛰어난 운동선수로 활약했을 때, 대학 시절 뮤지컬을 했을 때였다. 이러한 긍정적인 경험과 그의 부채를 줄이기 위한 몇 가지 현실적인 목표 설정에 초점을 맞추면서 그의 희망감은 매우 증가되었다.

바람직한 정서와 바람직하지 않은 정서 사이의 균형 잡기

정서는 복잡한 방법으로 서로 상호작용한다. 예를 들어, 두 가지 다른 종류의 상실은 각각의 슬픔을 만들어 내고, 이는 결국 우울증이라는 강렬한 느낌을 만들어 낸다. 반대로, 슬픔 뒤에 행복한 정서를 경험하게 되면, 몇 가지 혼합된 정서를 만들어 내면서 슬픔을 중화시켜 불쾌감을 덜 느끼게 된다.

20대 후반의 한 여자가 많은 문제, 즉 당뇨병, 난소 출혈, 담낭기능장애, 생리 전 증후군 등의 치료를 위해 병원을 찾아왔다. 또한 그녀는 우울하고 친구도 없었다. 그녀의 배경과 삶의 행로를 살펴본 결과, 그녀의 전문대학 생활은 성공적이었고, 그녀가 글쓰기를 좋아한다는 것을 알게 되었다. 상담자는 그녀에게 짧은 이야기를 써 보라는 과제를 주었다. 비교적 짧은 시간에 그녀는 포트폴리오를 만들어 나갔고, 그녀는 그것을 '숙녀 고양이의 기억들'이라고 불렀다. 글쓰기가 만들어 낸 즐거움은 우울증의 느낌을 감소시켰다.

다양한 스트레스의 압박감 완화하기

정서는 삶에서 일어나는 사건들에 대한 반응이며 몇 가지 방법으로 그 사건들을 다루려는 시도다. 예를 들어, 우울증이나 자살을 생각하는 것은 모두 내담자 스스로 어떤 종류의 도움이 필요한지 충분히 깨닫지 못하는 상황에서, 도움에 대한 강한 요청일 수 있다. 힘들고 다루기 어려운 다양한 사건이 동시에 개인에게 일어날 때 압박감이 너무나 커져서 우울증이 생기고 자살이라는 방법으로 그 상황을 벗어나려는 충동이 생긴다. 상담자는 그러한 상황을 비상사태로 간주하고, 내담자가 압박감을 줄일 수 있는 방법을 찾는 데 도움이 되도록 노력해야 한다.

> 28세의 한 여성이 병원에 왔다. 그녀는 몹시 우울했고 자살충동이 있었다. 그녀는 낮은 목소리로 이혼, 단기간의 단주모임 경험, 병원비와 신용카드 고지서, 낮에 비서로 일하는 것, 일주일에 몇 번 가는 야간학교, 세 살짜리 아들 돌보는 문제 그리고 현재의 남자친구에게서 받는 위협의 느낌을 천천히 이야기했다. 그녀는 '압도당하고' 있고, '피곤하며', 악몽을 꾸고, 자살을 생각하고 있는 상태라고 자신을 표현했다. 상담자는 그녀의 일, 학교생활 그리고 음악적 재능과 관련된 몇 가지 능력을 확인시키며 격려했다. 그러한 인식을 통해 그녀는 희망감이 커졌고, 어머니로부터 빚을 갚을 돈을 빌릴 수 있는 용기를 가지게 되었다. 그녀는 돈을 벌기 위해 한 학기 동안 학교를 휴학했다. 상담을 통해 그녀는 사신의 느낌을 좀 더 효과적으로 전달할 수 있는 방법을 배우기 시작했다. 그녀의 우울증과 자살충동은 줄어들기 시작했고, 그녀는 다른 문제들에 좀 더 직면할 수 있었다.

핵심갈등으로부터 정서 확인하기

단기 혹은 장기 역동적 상담의 어느 맥락에서 보더라도, 핵심갈등을 확인하고 다룰 필요가 있다. 그러한 갈등은 보통 상반되는 동기(즉, 독립과 의존에 대한 충동)와 상반되는 소망(즉, 다른 사람을 통제하려는 소망과 통제당하고자 하는 소망)을 포함한다.

> 20대 후반의 한 여자는 중서부 작은 마을의 한 교회에서 자랐다. 그 마을은 결혼할 시기가 되었다고 어른들이 결정할 때까지 남녀가 분리되어 생활하였다. 그녀는 미래의 남편을 겨우 두 번 만난 후에 결혼을 했다. 결혼생활은 불행했고, 결국 그녀는 남편과 헤어졌다. 그러나 그녀의 부모, 친구, 형제자매, 교회의 어른들은 다시 남편에게 되돌아가야 한다고 그녀에게 압력을 가했다. 오랫동안 그녀는 핵심갈등, 즉 독립하고 싶은 소망과 다른 사람에게 의존하고 싶은 소망 때문에 행동이 억눌려 있었다. 상담 후 그녀는 반항심이나 사교성과 관련된 독립에 대한 소망이, 복종이나 슬픔과 같은 의존하려는 느낌보다 더 강하다는 사실을 인식했다. 그녀는 결국 결혼생활을 끝내기로 결정하고 새로운 교회를 찾았으며, 부모의 통제를 벗어나서 새로운 관계를 시작했다. 그녀는 자신의 삶에 대한 책임을 다하도록 노력할 것을 결심했다. 핵심갈등에 대한 인식을 통해 그녀 자신의 정서에 대해 보다 깊이 이해하게 되었다.

내담자의 성격특질의 기능적 중요성 찾기

앞 장에서 언급했듯이, 정서와 성격특질 모두는 개인에게 기능적 중요성을 가진다. 예를 들어, 사랑은 좋은 관계를 유지하도록 돕는 반면, 죄의식은 사람이 약속을 이행하도록 하는 가능성을 증가시킨다. 정서적인 징후는 위협, 우월, 복종 그리고 놀이와 같은 인생의 중요한 사건들과 연관되어 있다. 공격적인 사람은 다른 사람을 위협하는 경향이 있고, 이로써 자신이 원하는 것을 얻는 능력을 증진시킨다. 또한 공격성은 무력감을 감소시킨다. 공격적인 사람은 흔히 한 집단 내에서 우월 계급의 중심에 있다. 그러한 위계는 집단 구성원 사이의 관계를 안정화시키고 그로부터 집단의 응집성을 유지하는 기능을 한다.

한 내담자가 자신의 좋은 성격을 묘사해 보라는 요청을 받았다. 그녀는 자신이 다정하고, 예의 바르고, 지적이고, 재간이 있고, 친절하며, 자신의 문제에 대해 웃을 수 있다고 했다. 만족하지 못하는 성격을 묘사하라고 요청하자, 그녀는 성급하고, 고집 세고, 자신 없고, 낭비벽이 있으며, 의견 차이를 피하려는 경향이 있다고 했다. 상담자는 이러한 특성 중 하나를 선택하여, 어떻게 그녀가 고집스러운 성향을 발전시켜 왔는지, 그리고 그것은 현재 그녀에게 어떤 가치를 지니는지를 물었다. 이 질문에 대답하면서 그녀는 아버지의 '귀염둥이' 였던 남동생에 대한 분노를 찾아냈다. 고집을 피우는 것은 그녀가 원하는 것을 얻을 수 있는 유일한 방법이었다. 지금 그 고집은 다른 사람에 의해 자신이 통제당하고 있다는 느낌을 피하기 위해 그녀가 사용하는 방법이었다.

Vaillant의 정서를 표출시키기 위한 개입

앞 부분에서 언급된 치료 전략은 정서를 다루는 데 유용하지만, 모든 가능성을 다 사용하지는 않는다. L. M. Vaillant(1994)는 정서적 반응을 경험하는 데 도움이 되는 개입을 설명하였는데, 그 내용은 다음과 같다.

환자와 느낌 나누기

"당신이 말했듯이, 그것은 내게도 슬픔을 불러일으키네요. 그러나 내가 느끼는 슬픔은 아마도 당신이 느끼는 것에 비하면 작은 부분일 거예요." (p. 200)

갈등을 둔감화하기

"당신은 당신이 (어떤 사람)과 함께하는 (그 상황을) 이야기하며 느끼는 즐거움(또는 슬픔이나 화, 부드러움)에서 지금 벗어나 있어요. 그것을 느낄 수 있나요?" (p. 201)

정서를 언어로 표현하기

"당신은 두 손으로 주먹을 쥐었어요. 당신이 무엇을 느끼고 있는 것 같으세요?" (p. 202)

현재의 느낌을 확인하기 위해 과거의 느낌 사용하기

"그래서 당신은 지금 전혀 화가 나지 않나요? 당신은 살아오면서 지금까지 정말 누군가에게 몹시 화가 났을 때가 한 번도 없었나요?" (p. 204)

내담자의 정서에 대한 생리적 경험 탐색하기

내담자: 목이 조여 와요.
상담자: 당신이 목을 조이지 않는다면 무슨 일이 생길까요?
내담자: 울고 싶어요…….(p. 205)

환상과 유도된 이미지를 통한 정동 평가하기

"그런 슬픔과 함께 나타나는 어떤 생각이나 이미지가 있나요? 마음속에 떠오르는 것이 있다면 무엇이라도 말해 보세요. ……그가 지금 여기에 있다면 그에게 무엇을 말하고 싶은가요?" (p. 206)

상반된 감정의 통합

"당신은 지금 화난 느낌에 대해 한층 더 편안해 보입니다. 그러나 분노는 멀리 두고, 그 관계에서 기억해야 할 더 긍정적인 점들은 없나요? 당신 남편에게서 가장 감동적이었던 점은 무엇이었나요?" (p. 209)

Vaillant의 결론

Vaillant(1994)는 다음과 같은 충고로 결론을 내렸다.

> 느낌을 표출하는 어떤 과정에서든, 느낌을 상상 속에서만 보유하고 행동화되지는 않도록 주의를 기울여야 한다. 상상 속에서 정서를 경험하다보면 점차적으로 느낌에 따라 행동하지 않고 느낌을 나타내는 능력이 형성된다. 이것은 환자에게 정서적 경험을 다룰 수 있는 새로운 방법을 가르친다(p. 214).

다른 전략

또 다른 상담자들은 정서를 드러내기 위하여 다음과 같은 전략을 제안했다. 예를 들어, Karasu(1992)는 상담자들의 지침으로 "정서 먼저, 내용은 그 후에"(p. 53)를 추천한다.

> 내담자: 내 반응은 너무 강하게 나타나고 있어요. 아마 내가 나쁜 사람에게 반응하고 있는 것 같아요. 그러나 이게 내가 느끼는 거예요.
>
> 상담자: 반응이 너무 강하게, 나쁜 사람에게 나타난다고요? [상담자는 정서와 대상을 연결시킨다.](p. 53)

Yalom(1995)은 상담자들은 상담과정에서 몇 가지 결정적인 사건을 탐색해야 한다고 제안했다. 이것은 상담에 특별히 도움이 되는 특정 사건을 의미한다. 그가 찾아낸 가장 중요한 결정적 사건은 다음과 같다.

- 내담자가 강한 부정적 혹은 긍정적 정서를 표현한다.
- 분노나 사랑 또는 다른 강한 정서를 표현한 후에 어떤 큰 불행도 발생하지 않는다.

Greenberg와 Paivio(1997)는 정서가 상황에 대한 우리 자신의 반응에 관한 정보를 우리에게 제공한다고 주장했다. 정서는 우리 자신이 스스로에게 주는 메시지다. 예를 들어, 어떤 사람이 판매원에게 설득당하는 느낌이 들고 실제로 원하지 않는 물건을 사려고 한다면, 이것은 상담에서 탐색될 필요가 있는 중요한 부분임을 나타낸다. Greenberg와 Paivio는 또한 정서를 설명하고 극대화시킬 수 있는 언어를 찾기 위해, 필요하다면 역할극(특히 '빈 의자' 기법의 형식)이 가치 있다고 믿었다.

결 론

내담자가 상담을 찾는 주된 이유는 정서적 부적응이기 때문에, 상담자는 내담자의 정서를 이해하고 파악할 필요가 있다는 것을 알고 있다. 내담자의 정서를 알면, 중요한 삶의 문제, 핵심갈등 그리고 그가 겪는 중요한 스트레스를 알게 된다. 내담자의 관점에서 보면, 자신의 정서를 인식함으로써 통찰력이 생기고, 긴장이 풀어지며, 목표를 세울 수 있게 된다. 상담 계획에서 정서의 중요함에도 불구하고,

상담자가 내담자의 감정을 드러내고 해석하는 데 명쾌하게 도움을 줄 수 있는 저서가 거의 없다. 나는 이 장을 통해 이러한 목적을 달성할 수 있고 어떤 학파의 상담자라도 사용할 수 있는 여러 기법을 소개했다.

CHAPTER 08

상담과 실존적 문제

임상적 패러다임은 항상 직관적으로 나타나고 그 임상적 유용함에 의해 이론화 되고 타당화된다.

— Irvin D. Yalom

진화적인 관점에서 볼 때, 유기체가 생존하고 번식하기 위해서는 다양하고 보편적인 실존적 문제를 다루어야만 한다. 그중 첫 번째 문제는 위계의 문제로, 사람이 사회생활의 수직적 차원에 적응하는 것을 말한다. 두 번째 문제는 영역의 문제로, 이것은 환경과 신체의 어떤 부분이 자신의 핵심에 속하는지 학습하는 것을 의미한다. 경계나 통제의 문제와 관련된 임상적 문제는 영역 갈등과 연관되어 있다. 세 번째 보편적인 실존적 문제는 정체성의 문제로, 임상적 관점에서 우리 자신이 누구인지에 대한 질문을 다루고 있다. 정체성의 위기는 특히 청소년과 중년의 위기를 겪는 사람의 상담 현장에서 흔히 나타난다. 네 번째 문제인 일시성은 죽음의 보편성과 이와 관련된 불안에 대처할 필요성과 연관된다.

CHAPTER 08

상담과 실존적 문제

모든 사람은 자신의 생존과 연관된 특정한 기본 문제들을 다루어야만 한다. 사람들은 위계나 순위가 매겨진 세상 속에서 자신의 위치를 찾아야 하고, 자신이 가진 지위에 대한 위협을 다루어야만 한다. 또한 자신이 속한 환경적 부분을 둘러싼 영역 갈등을 조절해야만 한다. 그리고 안전하다고 느끼는 집단 내 구성원들을 식별해서 그 구성원들과 상호작용할 수 있어야 하고, 어떻게든 개인의 제한된 수명과도 타협해야만 한다. 이 네 가지 관심 영역은 모두 어떤 식으로든 포괄적 적합성의 문제와 자신의 유전자를 다음 세대로 보존하고 번식시키려는 가능성의 문제와 연관되어 있다는 면에서 기본적이다. 나는 이 쟁점들을 위계, 영역, 정체성 그리고 일시성의 문제라 부른다(Plutchik, 1980a).

이 실존적 문제들에 대한 이해는 상담 실제와 관련되어 있다. 일반적인 원리는 이것이다. 실존적 위기에 대한 지식은 내면에 깔려 있는 관련된 정서들을 드러낸다.

위 계

위계의 개념은 사회생활의 수직적 차원을 나타낸다. 이는 하등동물과 인간 모두에게서 거의 보편적으로 지배 위계로서 나타난다. 일반적으로, 상위 위계를 주로 나타내는 것은 음식, 주거, 안락 그리고 성관계 등에의 첫 번째 접근성이다. 이들은 개인과 유전자 모두의 생존에 필요한 자원들이다.

사회생활의 수직 구조는 사람들 간의 연령관계에서, 다른 성별 간의 비대칭적인 권력관계에서, 경제 및 군대 조직에서 그리고 사회계층에서 보여진다. 일반적으로 말해서, 위계적 조직은 어떤 사람은 다른 사람들보다 더 많이 알고 있고, 어떤 사람은 다른 사람들보다 좀 더 강하고 유능하며, 모든 사람은 정서적인 기질이 다르다는 사실을 반영한다. 모든 사람은 이 현실을 직면해야만 하고, 원하든 원치 않든, 그리고 이 사실을 인지하고 있든 그렇지 않든 간에 이를 받아들여야만 한다.

위계적인 문제에 대처하는 개인의 시도가 경쟁, 지위의 갈등 그리고 권력 투쟁을 암시한다는 것은 아주 중요하다. 서열의 상위에 속한 사람들은 지배적이고 자신감에 차 있으며 자기주장이 강한 경향을 보이는 반면, 서열의 하위에 속한 사람들은 복종적이고 불안을 느낀다(Bukrski, Plutchik, & Kellerman, 1978). 우울은 특정 서열 내에서 감지되는 하향 이동성과 부분적으로 관련된 것으로 보인다(Plutchik & Landau, 1973).

Haley(1980)는 가족치료 맥락에서 서열의 관계를 이해하는 것에 대한 중요성을 입증해 왔다. 그는 가족을 포함한 모든 조직에서 어떤 구성원이 다른 구성원들보다 더 많은 권력, 권위 그리고 지위를 가지게 되는 형태의 서열이 존재한다고 설명했다. 청소년과의 상담 경험을 통해 그는 정신병리란 대개 가족 구조가 제대로 기능하지 못한 결과이고, 이는 상담자의 임무가 가족 구조가 변화하는 것을 돕는 것이며 자녀가 아니라 부모에게 책임이 있음을 시사했다.

상담 실제에서 위계의 문제는 매우 적극적으로 지배를 추구하는 것, 또는 정반대로 순종적 역할의 수용으로 표현된다. 인생에서 출세를 위해 분투하는 것은 전형적으로 분노와 두려움의 정서와 관련되어 있다.

영 역

모든 종에서 각각의 유기체는 환경과 자신의 어떤 측면이 자신에게 '속해 있는지'를 배워야만 한다. 즉, 영역에 대한 인식을 발달시키는 것이다. 진화적인 관점에서 영역은 생존에 필요한 잠재적인 양육의 공간이나 지역, 혹은 공격이나 약탈로부터 안전한 지역을 의미한다. 영역은 외적으로는 냄새를 표시하거나 나무에 흠집을 내는 것 혹은 경계선으로 한정되고, 내적으로는 공격이 시작되기 이전에 한 유기체가 다른 유기체의 접근을 허락하는 거리로 특징지어질 수 있다. 보통 군집(crowding)이 영역의 위기를 발생시킨다.

영역의 문제에 대처하는 개인의 시도는 소유욕, 시기심 그리고 질투심과 관련되어 있다. (타인을 포함하여) 환경의 어떤 측면을 소유한 사람은 자신이 통제하고 있다고 느낀다. 대조적으로, 자신의 영역을 침범당한 사람은(또는 자신의 소유를 빼앗긴 사람은) 절망감을 느끼고 통제하지 못한다고 느낀다. 통제의 문제와 집착은 상담을 시작한 내담자들에게서 흔히 볼 수 있다.

정체성

가장 간단한 용어로, 정체성은 우리가 누구인가 또는 우리가 속한 하나 혹은 여러 개의 집단이 무엇인지에 관한 기본적인 질문을 의미한다. 정체성의 문제는 모든 유기체에게 기본적인 실존적 위기다. 고립된 개인은 번식하지도, 오래 생존하지도 못하기 때문이다.

하등생물체에서 유전자 암호화 메커니즘은 한 개체가 같은 종의 다른 개체를 인식하는 것을 가능하게 했다. 그러나 인간의 경우 개인이 정체성에 대해 정의를 내릴 때 사용할 수 있는 다양한 범주들 때문에 집단 구성원의 지위가 아주 복잡하다. 집단 구성원 지위의 가장 중요한 범주는 의심할 여지없이 성, 인종, 연령, 종교, 직업 그리고 지리적 위치다. 이들은 종종 다른 범주와 갈등을 일으키는데, 이는 정체성 위기의 원인 중 하나다. 청소년은 특히 성적 정체성 위기를 겪는 경향이 있는 반면, 성인은 종교적 또는 직업적 정체성 위기에 직면할 가능성이 높다. Hogan(1983)은 지위와 평판의 생존적 가치를 강조해 왔다. 이 개념들은 기본적으로 위계와 정체성에 대한 개념의 동의어다.

어떤 정서들은 정체성의 인식과 가깝게 연결되어 있다. 우리 집단의 일원이자 우리의 정체성을 공유하는 사람에 대해 우리는 소속감과 수용감을 느낀다. 우리는 언어, 관습, 풍습, 농담, 놀이를 공유하고, 포옹, 키스 그리고 어떤 특정 조건하에서는 성적 행동까지도 허락한다. 정체성의 결여와 관련된 정서는 거부 또는 혐오다. 이방인에 대한 편견은 보편적인 것이며, 이 편견은 우리 집단의 구성원이 아닌 사람과 관련된 생존에 대한 위험 의식을 보여 준다. 누군가를 거절하는 것에 대해 편안하게 느끼기 위하여 우리는 종종 우리 집단에서 그 사람을 분리하려는 노력을 한다(예, 어떤 사람을 혹평하여 인간성을 상실시키기). 수용과 호의, 그리고 거절과 혐오는 정체성을 위한 노력과 관련된 정서적 양극 지점이다.

일시성

일시성은 우리의 수명이 제한적임을 의미한다. 우리는 유아기, 아동기, 청소년기에 사회생활에 관한 기본적 기술을 배우면서 삶의 일부를 보내게 된다. 진화적 관점에서, 기술 획득의 목적은 개인이 가능한 한 오랫동안 생존하여 성공적으로 자손을 번식시킬 수 있는 성인이 되기 위함이다.

죽음이란 살아 있는 사람에게 피할 수 없는 상실과 이별을 만들어낸다. 상실의 문제에는 사회적 해결책이 필요하다. 왜냐하면 개인은 자신이 속한 사회 집단 내의 다른 구성원들로부터 받는 도움 없이는 오랫동안 잘 생존할 수 없기 때문이다. 진화를 하는 동안, 상실이나 이별의 문제에 대한 몇 가지 해결책도 발달해 왔다. 한 가지 해결책은 고통의 신호를 발달시키는 것으로, 이는 도움을 요청하는 것과 동일한 기능을 수행한다. 상실의 문제에 대한 두 번째 진화적 해결책은 사회 집단의 다른 구성원들에게 동정적인, 혹은 보살피는 반응을 발달시키는 것이다. 이타주의(altruism)는 보살피는 반응의 극단적 형태라고 주장할 수도 있다.

인간에게 있어, 존재의 제한된 수명 문제는 죽음과 상실을 다루는 일련의 사회 조직의 진화에 영향을 미쳐 왔다. 이는 애도 의식, 탄생, 죽음, 재결합의 신화들, 사후 세계를 위한 준비 그리고 종교의 특정한 측면을 포함한다.

정서는 이 상실과 이별에 대한 기본적인 경험을 통합하는 부분이다. 슬픔은 도움을 요청하는 것으로, 상실한 사람 또는 그 대리인과 개인을 다시 통합하려고 시도하는 기능을 한다. 만일 도움과 보살핌을 요구하는 신호가 부분적으로만 작용한다면, 이는 끈질기고 장기적이며 고통스러운 우울증을 형성할 수도 있다. 만일 도움을 위한 요청이 실제로 작용하여 도움이 생긴다면, 이는 재결합 또는 소유의 경험으로부터 나오는 기쁨의 정서를 만들어 낸다. 상담 실제에서 우울은 흔히 볼 수 있다. 그러나 상실에 대한 정상적인 반응인 비탄(grief)과 여러 가지 정서가 혼합되어 만성적으로 나타나는 우울(depression)을 구분하는 것이 가능하다. Viederman과 Perry(1980)는 비탄을 상실이나 질병에 대한 일시적인 반응으로 기술하였고, 이것은 자존감이 낮아지거나 자신이 사랑받을 수 없을 것이라는 느낌을 수반하지는 않는다고 했다. 우울은 자기가치감과 자존감의 감소와 관련되며, 대개 비합리적인 죄책감, 무력감 그리고 무망감을 수반한다.

실존적 문제에 대한 Yalom의 개념

Yalom(1995)은 상담에서 치유 요인들 중 하나는 실존적 문제에 직면하는 것이라고 주장했다. 그가 말하는 실존적이라는 것은 죽음에 대한 두려움, 상실과 고립, 무의미함의 문제 그리고 우리가 얼마나 많은 자유를 갖고 있는지와 그것으로 우리가 무엇을 할 수 있는지의 문제를 의미한다. 이 문제들에 대하여 상세히 기술하고 있는 그의 흥미로운 논문에서, Yalom(1980)은 이 보편적인 실존적 문제에 대한 여러 가지 임상적 함의를 서술했다. 이를 설명하기 위하여, 나는 죽음에 대한 일반적인 두려움을 논한 그의 논문을 검토했다(이 생각은 일시성의 위기에 대한 나의 개념과 비슷하다.).

Yalom은 불안이 정신병리의 기본적인 연료라고 믿었고, 이 실존적 두려움을 받아들이기를 거부하는 다양한 방어가 정신병리와 성격 형성의 근원이라고 생각했다.

죽음에 대한 불안은 여러 가지 방법으로 다루어진다. 제일 먼저 사용되면서 가장 흔한 방법은 부인(denial)이다. 죽음에 대한 불안에 대처하는 두 번째 방법은 자신의 특별함에 대하여 비합리적인 신념을 발달시키는 것이다. 이 신념을 가진 사람은 자신이 상해를 입거나 죽음을 맞이하지 않을 것이라고 강하게 확신한다. 그들은 또한 삶에 대해 무모한 접근 방식을 발달시킬 수도 있다. 그들은 앞뒤를 가리지 않는 행동이나 강박적인 영웅적 행위로 죽음을 조롱한다. 그들은 자신이 영원할 것이라고 믿는다. 죽음에 대한 불안을 다루는 세 번째 방법은 궁극적인 구원자에 대한 믿음을 갖는 것이다. 궁극적인 구원자는 (처음에는) 부모이며, 그다음은 (삶이 전개됨에 따라) 신이다.

아동기에 겪는 부모의 사망, 심각한 아동학대, 질병이나 사고 혹은 전쟁에 의한 죽음에 대한 외상적 경험 등 여러 사건 때문에 죽음에 대한 불안을 다루는 이 방법들이 잘 작동하지 않을 때는 정신병리적 증상의 가능성이 증가한다. 이런 증상의 한 가지 예로 건강염려증적 집착의 발달을 들 수 있다. 이런 걱정을 가진 사람은 자신의 신체 건강에 대하여 지속적으로 걱정한다. 어떤 환자의 경우는 이와 관련된 증후군으로 자신의 세상을 통제하려 하고 예측할 수 없는 것에 대해 준비하려는 강박적인 걱정을 보여 준다. 더러움, 세균 그리고 질병을 두려워하는 강박적인 환자는 기본적으로 자신이 소멸될 것에 대한 두려움으로 고통받는다. Yalom(1995)에 따르면, 중년기에 다다른 많은 사람이 건강과 외모에 대하여 건강염려증적 걱정을 갖게 되고, 몇몇은 자신의 젊음을 증명하기 위해 난잡한 성관계를 맺는다.

죽음에 대한 불안을 간접적으로 보여 주는 다른 예로는, 죽음의 사신이 습격하기 전까지 되도록 많은 일을 해치울 필요가 있는 것처럼 보이는 일중독인 사람과, 자신의 특별함은 과장하고 타인의 특별함은 축소시키려는 인식이나 신념을 가진 자기애적 성향의 사람을 들 수 있다. 만일 개인이 권력과 통제에 대한 욕구 충족에서 성공적이었다면, 그는 특별감을 가질 수 있다. 훌륭한 리더를 향한 과도한 의존적 애착은 궁극적인 구원자에 대한 신념의 표현일 수도 있다.

죽음에 대한 불안 문제의 또 다른 측면은 다음과 같다. Dickens의 『크리스마스 캐럴(*A Christmas Carol*)』에서 스쿠루지가 그랬던 것처럼, 죽음이 다가옴을 인식하는 것은 관점의 변화를 가져올 수 있다. 이러한 변화는 불안 상태를 넘어선 초월을 나타낸다.

그러나 우리는 죽음에 대한 불안에 대처하는 것을 배우기 위해 반드시 우리 스스로를 위험으로 몰아넣을 필요는 없다. Yalom(1980)은 '탈동일시(disidentification)'의 과정이 치료적으로 유용하다고 주장했다. 이 과정은 내담자에게 그가 누구인지를 확인하기 위해 질문하는 것을 기초로 한다. 답변에는 보통 역할과 신분에 관련된 용어(예, 여성, 백인, 대학 졸업생, 미국인, 야심만만한, 여자 사업가)가 사용된다. 그다음, 내담자에게 탈동일시를 통해 이 다양한 역할을 떨쳐 버리는 것을 상상하도록 요청한다. 대부분의 역할이 떨어져 나갔을 때 핵심자기는 여전히 존재한다. 이 아이디어는 수도자의 다양한 전통 양식과 일치하고 개인의 삶에서의 우선순위에 대해 구조적인 재평가를 확립하는 한 방법이다.

암환자들과의 작업을 바탕으로, Yalom은 죽음과 이를 둘러싼 불안에 대하여 계속 논의하는 것은 많은 경우 일종의 '둔감화'로 이끈다고 결론 내렸다. 따뜻한 보살핌 속에서 약화된 강도로 예측되는 두려움에 노출되는 것은 불안을 점차 감소시킨다. 끝으로, 죽음에 대한 불안의 각 요소와 그 파생물들, 즉 고통에 대한 두려움, 사후세계에 대한 걱정, 미지의 것에 대한 두려움, 자신의 신체에 대한 두려움, 외로움 그리고 실패에 대한 슬픔 등을 상세하게 살펴보는 것은 불안을 어느 정도 조절하도록 만들어 준다. Yalom이 열거한 보편적인 치유 요소들은 희망이 서서히 생겨나는 것을 포함하여 문제의 보편성, 비참함 그리고 받아들일 수 없는 충격을 인식하는 것과 정동을 표현하고 표출하는 것, 그리고 공감과 자기주장성을 발달시키는 것 등이다.

변화의 전략: 다섯 가지 기본 질문

상담은 특정 상담활동을 의미하는 다섯 가지 기본 질문 중 하나 또는 그 이상을 암시적으로 혹은 명시적으로 다룬다(Plutchik, 1990).

1. 나는 누구인가

"나는 누구인가?"의 질문은 평가에 대한 필요성을 내포한다. 전통적인 병원 정신의학에서의 평가는 진단을 내리고, 정신 상태를 알아보며, 가족 배경, 의료 기록, 현재 갈등들을 확인하는 것을 의미한다. 정신분석의 외래환자 진료에서의 평가는 성격 유형, 자아 기능, 자아방어 그리고 아동기에 있었을 고착에 대한 일련의 판단을 의미할 가능성이 좀 더 높다.

평가의 다른 중요한 영역은 개인의 사회적 지지, 대인관계의 갈등, 자기통제감, 위험을 무릅쓰려는 의지, 기술이나 능력들 그리고 사랑하는 사람과의 애착관계를 포함한다. 평가의 외현적인 목표와는 무관하게 모든 평가는 기본적으로, 개인이 얼마나 자신의 생존과 포괄적인 적응도의 관점에서 현재 잘 활동하고 있는지를 판단하는 방법이다. 개인은 자신뿐만 아니라 타인을 속이려는 강한 경향성을 갖고 있기 때문에 평가는 중요하다.

2. 어떻게 내가 되었는가

"어떻게 내가 되었는가?"의 질문은 경험의 재구성화를 의미한다. 즉, 개인의 현재 생활양식에 영향을 미쳤을 초기 경험, 외상적 경험, 동일시 그리고 환상 등을 인식하는 것을 의미한다. 정신분석이론을 지향하는 상담자는 특히 과거에 상당히 초점을 맞출 가능성이 높다. 만일 내담자가 특정 문제의 원인이 될 법한 과거 경험을 발견할 수 있고, 그로부터 전이된 현재 상황과의 관계가 확인된다면 문제는 사라질 것이다.

그러나 보다 최근 문제의 근원이 되는 환경적 사건들은 제한되고 동일시되어 부정확할 가능성이 많다. 앞서 언급한 진화론적 연구에서 보면, 개인의 성격 형성과 삶의 문제에 영향을 미치는 많은 종류의 유전적 잠재성이 존재한다는 것은 확실하다. 이것이 사실인 이상, 경험의 재구성화는 완성될 수 없다. 인간처럼 복합적이고 개방적인 개체는 아동기 사건과 성인기 행동 사이의 매우 제한적인 인과관계의 재구성화만이 가능하다.

3. 내가 나인 것에서 벗어나게 되면 어떤 보상을 받는가

"내가 나인 것에서 벗어나게 되면 어떤 보상을 받는가?"의 질문은 기능적인 분석을 내포하고, 두 번째 질문과 관계가 있다. 개인은 자신의 특성을 강화해 주는 현재의 경험과 사건들에 의해서 시간이 경과하더라도 그 특성을 유지한다는 것을 보여 주는 많은 연구가 있다. 예를 들어, 어떤 사람은 다른 사람들을 위협하여 자신의 방식을 성공시키는 결과를 얻기 때문에 공격적이다. 어떤 사람은 토라지는 것이 자신이 원하는 것을 얻게 해 주기 때문에 토라진다. 또한 광장공포증을 겪는 사람은 배우자나 부모로부터 밀접한 보호를 계속 받기 위해 의도했을 수도 있다.

4. 나는 무엇이 되기를 (또는 어떻게 변화하기를) 원하는가

"나는 무엇이 되기를 원하는가?"의 질문은 목표 설정을 내포한다. 어딘가에 도달하기 위하여 우리는 어디로 가고 싶은지를 알 필요가 있다. 인간의 특별한 능력 중 하나는 아직 일어나지 않은 미래와 사건에 관하여 상상하는 것이다. 이 과정은 자기수정 기관(self-correcting instrument)의 목표를 설정하는 것과 같다. 목표가 분명하면 이를 성취하기 위해 적합한 장치가 '작동'한다. 여기서 한 가지 문제는 개인의 목표가 종종 명확하지 않고, 자기기만 때문에, 또는 타인으로부터 바람직한 목표로 인정받고 싶은 욕구 때문에 분별력을 잃는다는 것이다. 또 다른 문제는 사람들이 상충하는 여러 개의 목표를 갖는다는 것이다. 예를 들어, 기혼여성이 자유롭고 제약이 없는 삶을 소망한다면 좋은 어머니와 헌신적인 아내가 되고자 하는 자신의 소망과 갈등이 일어날 수 있다. 따라서 상담은 내담자의 목표를 어느 정도 상세하게 탐색해야만 한다.

5. 내가 어떻게 이 목표에 도달할까

"내가 어떻게 이 목표에 도달할까?"의 질문은 기술 획득 및 능력과 관계가 있다. 만일 자신이 어디에 가고 싶어 하는지를 알고 있다면 당신은 자신을 그곳에 데려다 줄 수 있는 기술을 가지고 있는가? 최근 몇 년간, 사회적 기술 훈련이 치료적 변화를 일으키는 데 아주 효과적이라는 주장을 하는 논문이 상당수 출간되었다(Liberman, Mueser, & Wallace, 1986). 사회적 기술 훈련은 대화를 하는 것, 친구를 만드는 것, 사람을 평가하는 것, 연애하는 것, 성관계를 맺는 것, 타협하는 것 그리고 양육하는 것과 같은 기본적인 기술들과 관련되어 있다. 광범위한 진화심리론적 관점에서 볼 때, 이런 기술의 발달은 대부분의 삶의 목표를 성취하고 포괄적인 적응력(예, 개인의 유전자가 다음 세대에게 나타날 가능성)을 높이는 데 필수적이다.

임상적 의의

가장 관심을 두는 기본적인 질문에 의해 다양한 상담학파가 부분적으로 구별된다는 것은 분명하다. 거의 모든 상담자가 어떤 단계의 평가로 상담을 시작한다. 그들은 때때로 형식적인 검사를 사용하기도 하고, 상세한 면담을 자주 사용하기도 한다. 학파는 그들이 가장 중요하게 생각하는 질문에 의해 구별된다. 대개 개인의 문제, 어려움, 삶의 스트레스 그리고 힘들었던 과거의 경험이 면담의 중심 내용이 된다. 일반적으로 개인의 기술, 재능, 사회적 지지 그리고 소질에는 주의를 덜 기울인다.

많은 사람이 문제가 있는 가정에서 수많은 삶의 문제를 겪으면서 자라지만, 능력 있고 성숙한 성인이 된다. 이는 아마도 문제를 상쇄시켜 주는 많은 힘이 존재했다는 것을 의미한다. 이 아이디어는 자살연구의 영역에서 가장 많이 탐색되어 왔는데, 현재는 자살의 위험요인이 보호요인과 상호작용하여 그 결과에 영향을 미치는 벡터량(vectoial sum)을 형성하는 것으로 알려져 있다. 자살에 대한 나의 연구에서는 62개가 넘는 자살 위험요인과 17개 이상의 보호요인을 확인했다(Plutchik, 2000).

나는 이들을 두 단계 상쇄력 모델로 설명하려고 시도해 왔다. 상쇄력 모델은 어떤 변수들은 타인에 대한 폭력을 불러일으키는 반면, 또 다른 변수들의 조합은 왜 자살 시도를 초래하는지 그 이유를 설명하는 데 도움을 준다(Plutchik & Van Praag, 1990). 개인이 상담을 찾도록 이끄는 전체의 맥락은 자살 시도의 사례에서 본 것만큼 복잡하다. 그러므로 역기능과 관련된 위험요인과 보호요인을 연구과정에서 탐색해야 하는 것은 명백하다. "모든 인간은 곤경에 처해 있다. 그러나 어떤 사람들은 이에 대처할 수 없다. 정신병리는 스트레스의 존재 여부뿐만 아니라 개인의 방어기제와 어디에나 존재하는 스트레스 사이의 상호작용에도 좌우된다." (Yalom, 1980, p. 13)

과거 경험의 재구성화에 대한 질문은 분명히 정신역동적 임상가에게는 지대한 관심사지만 인지행동치료자에게는 상대적으로 덜 중요한 관심사다. "과거가…… 상담적 탐색에서 가장 보상이 되는 영역은 아니다. 언젠가 현재가 될 미래는 실존적 상담의 일차적 시제(tense)다." (Yalom, 1980, p. 11) 여기에서는 인과관계의 문제가 관심사다. 성폭력과 같은 아동기의 외상적 사건은 때때로 적절한 기능에 대한 추후의 문제에서 가장 주요한 원인이 되는 것으로 보인다. 이는 이러한 과거 경험을 가진 많은 사람이 생산적이고 만족스러운 성인의 삶을 살았다는 사실에 비추어 볼 때 사실일 수도 있고 사실이 아닐 수도 있다. 많은 내담자는 청소년기나 그 후 삶에서 자신의 문제를 발달시키는 것으로 보인다. 어떤 임상가들은 문제 및 역기능적 행동은 내담자가 대인관계로부터 얻는 현재의 보상에 의해 유지된다고 믿는다.

이것은 사람이 특정한 일련의 행동이나 특성에서 벗어남으로써 얻는 이득에 관한 세 번째 질문과 관련된다. 이 문제가 깊게 탐색되지는 않더라도, 모든 상담학파와 관련되어 있어야 한다. 앞 장에서 언급하였듯이, 사회적 불안과 수동적인 행동은 개인이 어떤 결정을 내리지 못하게 할 수도 있고 가족이나 다른 집단 안에서 힘의 관계를 고정시킬 수도 있다. 한 내담자는 그의 수동성을 다른 사람과 경쟁하는 것에 대한 스트레스를 피하려는 한 방법으로 설명했다. 개인의 모든 대인관계에서의 특성에 대하여 비슷한 분석이 이루어질 수 있을 것이다.

일반적인 상담 목적은 내담자가 정말로 자신의 삶에서 원하는 것이 무엇인지 발견하도록 돕는 것이다. 그러나 내담자가 상충하는 목표를 갖고 있고 가끔은 자신이 무엇을 원하는지 알지 못하고 있거나 미래를 향한 자신의 목표를 명확하게 말로 표현할 수 없을 수도 있기 때문에 이는 종종 어렵다. 목표 정하기는 상담에서 중요한 과정이다. 왜냐하면 명확한 목표는 역경을 마주했을 때조차도 개인이 이를 완수하도록 동기화시킬 수 있기 때문이다. Horney(1948)는 행동에 미치는 영향으로서 미래 목표의 중요한 역할을 주장해 왔다. 사람은 목적과 이상에 의해 동기화되고, 단순히 과거의 사건에 의해 형성되지는 않는다. 목표는 에너지를 집중시키고, 의지를 증강시키며, 방향을 확립한다.

다섯 번째 질문은 사람이 자신의 목표를 완수하는 능력이 있는지를 묻는다. 많은 상담적 접근은 이 문제에 별 관심이 없는 것으로 보인다. 만일 개인이 어떤 사회적 능력이나 기술적 능력이 부족하다면 일반 지역사회에서 이용 가능한 학교나 프로그램들을 통해 이러한 도움을 제공받을 수 있다고 믿기 때문이다. 그러나 필요한 기술(예, 컴퓨터 전문가가 되기 위해 필요한 것들)을 얻는 것은 필요한 사회적 능력을 얻는 것과 반드시 비교할 수 있는 것이 아니다. 많은 경우 내담자들은 상담자의 요령, 민감성 그리고 상호작용하는 방법을 관찰함으로써 이러한 몇몇 종류의 기술을 배운다. 상담적 만남은 분명히 사회적 기술 훈련의 역할도 가능하다.

요약하면, 이 다섯 가지 기본 질문은 매우 변하기 쉬운 일상의 상호작용을 설명하는 것을 돕는 원리들을 나타낸다. 이 상호작용들은 상담의 과정에서 일어나고, 이 질문들에 대답하는 것은 상담적 상호작용을 인도하는 기저의 전략으로서 작용할 수 있다.

실존적 문제는 또한 상담에서 상당한 중요성을 가진다. 내담자가 서열 다툼이나 정체성 혼란을 명확하게 설명할 수 있는 상황에서 상담을 받으러 오는 경우는 흔하지 않다. 이러한 문제는 대개 상담이 진행되면서 분명해진다. 만일 상담자가 이 문제들이 존재함을 인식했다면(또는 문제가 위장되어 감춰져 있음을 인지했다면), 이 인식은 내담자의 불안, 정서 그리고 갈등을 이해하는 추가적인 도구로서 상담자를 무장시켜 주고, 상담의 진행을 촉진시킬 수도 있다.

CHAPTER 09

상담적 의사소통

인지적 의미는 정동 상태와 융합된다.

—Paul. T. Young

상담은 기본적으로 상담자와 한 명 또는 그 이상의 내담자 사이의 특별한 종류의 의사소통으로, 내담자에게 바람직한 변화를 만들어 내려는 목표를 가진다. 상담은 언어적 상호작용이긴 하지만, 목표, 역할, 준비된 환경, 주제 그리고 초점에서 사회적 대화와 구별된다.

이 장에서는 내담자의 언어화, 전이, 변환, 이론 그리고 복합적인 피드백 과정의 구성요소로서의 상담자 반응 등을 포함하는 내담자-상담자 의사소통의 이론적인 모델을 소개하고자 한다. 이 연쇄적 과정은 그다음에 일어나는 지속적인 행동의 항상성 체계에서 내담자의 언어화 과정에 영향을 미친다. 관련된 연구는 내담자가 받아들이기에 적절한 상담자 반응과 적절하지 못한 상담자 반응에 대한 경험적 정보를 제공한다. 바람직한 개입과 바람직하지 않은 개입의 본질에 관한 다수의 주장도 제시된다. 또한 상담상의 대화에 관하여 상담자들의 몇 가지 고민을 알아보고, 여러 가지 점에서 정서가 그러한 대화의 본질적인 측면이라는 것을 제안하고자 한다.

CHAPTER 09

상담적 의사소통

의사소통의 특성

Hauser(1996)는 그의 저서 『의사소통의 진화(*The Evolution of Communication*)』에서 의사소통이라는 단어에 대한 일곱 가지 정의를 나열했다. 그 정의는 모두 비슷한데, 가장 간단한 정의는 Krebs, Davies 그리고 Parr(1993)가 내린 것이다. "의사소통은 배우들이 상대의 행동을 수정하기 위하여 특별히 설계된 신호나 표현들을 사용하는 과정이다." (p. 349) 언어학자들은 인간의 언어는 동물의 언어와 다르다고 말한다. 심리언어학자인 Pinker(1994)는 다음과 같은 내용을 관찰했다.

> 동물의 의사소통 체계는 세 가지 방식 중 하나(또는 그 이상)에 기초한다. 소리의 한정된 레퍼토리(포식동물에 대한 소리, 영역권을 주장하는 소리 등), 어떤 상황의 중요한 정도를 드러내는 지속적인 아날로그 신호(벌의 춤이 활기찰수록 먹을 것이 풍부함을 같은 벌통에 사는 다른 벌들에게 알리는 것), 한 주제에 대한 일련의 자유로운

변주들(새의 노래는 매번 새로운 방식으로 반복됨)……(p. 334).

인간의 성도(vocal tract)는 다른 동물들보다 다음과 같은 선택적인 장점을 가진다. ① 비음화가 일어나지 않으므로 소리가 더 쉽게 확인될 수 있다. ② 소리가 스펙트럼의 최고치를 뚜렷하게 만들어내기 때문에 들을 때 오류가 덜 발생한다. ③ 다른 의사소통 체계보다 데이터가 전달되는 비율이 훨씬 높다(Hauser, 1996).

적어도 두 가지의 서로 다른 중요한 측면에서 언어는 상담과 관련된다. 먼저, 언어의 내용과 형식은 말하는 사람의 정서적, 동기적 상태에 관한 정보를 제공한다. 언어는 디지털 부호화와 아날로그 부호화 둘 다를 제공한다. 디지털 부호화(정보를 전달하기 위해 개별의 단어들을 사용하는 것)는 후기 계통발생적 발달이라고 생각된다. 아날로그 부호화는 강도, 빈도 또는 속도가 점진적으로 다양하게 변하는 신호를 의미하는데, 이들은 정서 상태에 대한 정보를 전달한다. 인간은 하등동물들이 정서 상태를 전달하기 위해 그렇게 하는 것처럼, 계층화된 음성 신호를 사용한다.

상담과 관련된 언어의 두 번째 측면은 의사소통의 표현에 기초한다. 이는 대개 갈등 상황에 있는 하나 이상의 행동적 충동의 결과다(Hahn & Simmel, 1976; Wilson, 1975). 공격과 후퇴, 호감과 성적 관심, 양육과 탐색, 이 모두의 상호작용 결과로 다른 얼굴, 목소리 그리고 몸짓이 만들어진다. 이 신호들은 적절한 사회적 상호작용을 결정한다. 동물들, 태어날 때부터 청각과 시각이 완전히 손상된 아이들, 그리고 문자를 사용하지 않고 고립된 인류 집단에 대한 연구 자료들을 보면, 분노, 놀라움, 두려움 그리고 행복을 나타내는 얼굴표정은 보편적이고 아마도 선천적인 것임을 알 수 있다. 그러나 인간은 고도로 발달한 안면 근육을 가졌고, 다수의 얼굴표정이 자발적으로 만들어질 수 있으며, 이들은 언어와 유사한 자의적인 의미를 가질 수 있다. 사람들 사이의 일반적인 상호작용에는, 인류의 특성인 선천적 표현 신호와 사람이 배운 관습적 표현이 서로 미묘하게 영향을 주고받는다. 인류학자들은 또한 진화하는 동안 생존을 위한 활동의 맥락에서, 언어활동이 사회 조종의 수단으로 선택되어 왔다고 주장했다(Parker, 1985). Fridlund(1994)는 비슷한 견해를 나타냈는데, 그는 얼굴 표현이 일차적으로 다른 사람들의 정서 상태를 조작하기 위한 기능을 한다는 주장을 뒷받침하는 증거를 제시했다. 종합적인 결론은 의사소통이 생각, 정서 그리고 갈등을 반영한다는 것이다.

그러나 특정한 의사소통에 노출되었을 때, 정서나 갈등이 청자에게 즉시 명확해지는 것은 아니다. 정서와 갈등, 이 두 가지를 확인하기 위해 지식, 이론, 개인적인 민감성에 기초한 복잡한 추론과정이 일어난다. 이것이 역량 있는 상담자가 되기 위한 과정이 길고 복잡한 이유다. 상담자는 "내담자를 변화시키기 위해서 그들로 하여금 말을 조심하게 만드는 선행사건과 그 결과, 그들의 식별할 수 없는 동기 그리고 행동의 은유적 의미 등에 유의해야만 한다."(Vaillant, 1994, p. 151) 내담자가 사용하는 특유의 언어는 또 하나의 복잡한 요인이다(A. A. Lazarus, 1997). 이는 의사소통이 내담자가 이해하는 의미만을 가지는 것은 아닌 경우가 많기 때문이다(Szajnberg, 1992).

정서, 동기 그리고 갈등과 관련된 외적 의사소통 내용의 전달과정이 복잡하다는 것은 해석이 부정확할 뿐만 아니라, 정도의 차이가 있긴 하지만 어쨌든 틀리기도 한다는 것을 의미한다(Karasu, 1992). 정신역동적 사고의 관점에서 보면, 맞든 틀리든 해석이란 내담자의 정서를 조절하는 역할을 한다. 해석은 다른 사람들과 관련된 내담자의 무의식적 정신작용에 대한 정보를 이상적으로 제공한다. 그리고 결국은 자기 자신의 감정을 인식하고 통제하는 능력을 지각하게 한다(Spezzano, 1993).

사회적 대화 대 상담적 의사소통: 스무 가지 차이점

상담은 분명히 상담자인 누군가와 내담자로 불리는 한 명 또는 그 이상의 사람들 사이의 언어적 상호작용이다. 이 언어적 상호작용은 전형적인 사회적 대화와 몇 가지 공통점이 있긴 하지만, 사실 많은 중요한 차이점을 생각해 볼 수 있다. 이 차이점들은 정도의 문제이긴 하지만, 대개 상당히 명확하게 나뉜다. 이에 대해서 다음에 제시하고 있다.

① **목표(단기간)**: 사회적 대화의 목표는 사회화하고, 생각을 교환하며, 즐거움을 누리기 위해서다. 상담적 의사소통의 목표는 전형적으로 증상의 의미를 발견하고, 감정을 탐색하며, 거짓 인식을 변화시키거나 행동의 변화를 연습하기 위함이다.

② **정서**: 사회적 대화는 대개 애착, 호기심, 통제된 경쟁력 그리고 기쁨과 같은 유쾌하다고 생각되는 정서에 초점을 맞춘다. 이와 대조적으로, 상담적 의사소통은 대개 우울, 불안, 분노, 복수, 수치심, 증오 그리고 죄책감과 같은 고통스러운 정서에 더 관심을 둔다.

③ **역할**: 대부분의 사회적 대화는 두 명 또는 그 이상의 친구들이나 지인들이 함께 이야기하는 분위기에서 실행된다. 상담적 의

사소통은 대개 각 참여자에게 각기 다른 역할을 기대한다. 예를 들어, 상담자와 내담자, 숙련가와 초심자, 부모와 자녀, 또는 교사와 학생으로 역할이 나뉜다.

④ **목적**(장기간): 사회적 대화는 대개 무기한으로 지속될 수 있는 관계 유지를 지향한다. 상담적 의사소통은 바람직한 변화를 만들어 내려 노력하며(예, 증상의 감소나 자존감의 증가), 따라서 상담관계는 종결될 수 있다.

⑤ **힘**: 사회적 대화에서 애초부터 한 사람이 다른 사람보다 힘을 더 갖고 있다는 가정은 (이것이 때때로 옳을 수도 있긴 하지만) 없다. 따라서 참여자 모두가 상대의 생각이나 행동에 영향을 미치려 노력한다. 상담적 의사소통에서 상담자는 일반적으로 내담자보다 더 많은 힘을 갖고 있는 것처럼 보이고, 상담자의 목표는 내담자에게 바람직한 방향으로 영향을 미치는 것이다. 그러나 그 반대의 경우는 없다.

⑥ **모델링**: 사회적 환경에서 사람들은 때때로 자신의 어떤 성격적인 특성을 상대에게 숨기려 노력하지만, 이들에게 자신이 아닌 다른 사람이 되어야 한다는 강제적인 이유가 있는 것은 아니다. 이와 대조적으로, 상담자는 상담적 의사소통 과정에서 수용적이고 관심이 있으며 전문적인 사람으로 자신을 표현하도록 훈련받는다.

⑦ **환경**: 사회적 대화는 어디에서나 이루어진다. 이들은 대개 비형식적이고 개방적이다. 상담적 의사소통은 형식이 있고 구조적이고 목적을 갖고 있으며, 일반적으로 상담자의 사무실에서만 수행된다.

⑧ **구조**: 사회적 대화는 시간제한이 없고, 교제 상황을 제외하고

는 재정적인 합의가 없다. 상담적 의사소통은 항상 만남에 시간제한을 두며 상담에 대한 비용을 거의 항상 포함한다.

⑨ **주제**: 사회적 대화는 어떤 주제든 다룰 수 있다(예, 직업, 가족, 소문, 정치, 스포츠). 상담적 의사소통은 일차적으로 개인의 삶을 다룬다.

⑩ **친밀감**: 사회적 대화가 깊이 있고 감동을 주는 내용을 포함할 수도 있으나, 그보다는 피상적인 의사소통일 가능성이 높다. 상담적 의사소통의 목표는 상담자와 내담자 사이에 깊고 친밀한 유대를 형성함으로써 내담자가 매우 개인적인 소재들을 기꺼이 이야기하고 싶게 만드는 것이다.

⑪ **자기개방(self-disclosure)**: 사회적 대화에서는 피상적인 종류(예, "나도 작년에 알래스카에 갔었어.")를 제외하고는 비교적 자기개방이 거의 없다. 자기개방이 일어날 때는 대개 양쪽이 다 기여한다. 상담적 의사소통에서 자기개방은 보통 내담자에게 제한되어 있다. 상담자는 전형적으로 자기 자신에 대해 많이 드러내지 말라고 배운다.

⑫ **상호작용의 방향**: 사회적 대화에서는 대부분 양측 모두 생각과 이야기를 나누는 양방향적 상호작용이 이루어진다. 상담적 의사소통에서는 대부분의 상담자는 내담자가 주로 말을 하도록 돕기 때문에 내용은 대개 내담자에 의해서 시작된다.

⑬ **초점**: 사회적 대화에서 사람들은 각각 차례로 관심의 초점이 된다. 종종, 누가 가장 많은 관심을 받는지와 관련되어 약간의 경쟁이 있다. 상담적 의사소통에서는 내담자와 그의 삶, 정서 그리고 경험에 거의 독점적으로 관심의 초점이 있다.

⑭ **의사소통의 양**: 말을 많이 하거나 적게 하는 경향은 사람에 따

라 아주 다르지만, 사회적 대화의 양은 평균적으로 대충 비슷하다. 대부분의 상담 유형에서 내담자는 상담자보다 말을 상당히 더 많이 한다.

⑮ 현실의 특성: 대부분의 사회적 대화는 사람들의 외부세계에서 일어나는 것들과 관련되어 있다(예, 스포츠, 현재의 뉴스, 가족사). 상담적 의사소통의 상당 부분은 내담자 내면의 주관적 세계와 관련되어 있다.

⑯ 드러냄: 사회적 대화에서 모든 참여자는 일반적으로 어떤 특정한 환경과 대화의 범위를 넘어 자신들의 삶의 여러 측면을 드러내는 데 제약이 없다. 상담적 의사소통에서 상담자는 그들의 생활양식을 설명하도록 요구되지 않지만, 내담자는 상담적 환경 외부의 삶의 양식을 드러내기를 요구받는다.

⑰ 가치: 사회적 대화의 각 참여자들은 어떤 주제든 그 주제에 대한 가치, 의견 그리고 태도를 자유롭게 표현한다. 이에 반하여, 상담자는 보통 내담자가 가져온 주제에 대하여 그들의 개인적인 가치를 표현하지 않는다.

⑱ 의미: 대부분 사회적 대화는 사건의 피상적 측면을 다루는 경향이 있다. 정신분석가들은 이를 표면적 내용(manifest content)이라고 부른다(그러나 이 용어가 대화가 중요하지 않다거나 재미없음을 나타내려는 의도는 아니다.). 상담적 의사소통에서 상담자는 종종 내담자의 대화에서 숨겨진 의미에 관심을 가진다.

⑲ 이론: 사회적 대화는 일반적으로 계획되지 않고, 주제는 자유로운 방식으로 바뀌고 흘러갈 수 있다. 상담에서 상담자는 치료와 인간의 마음에 대한 이론을 가지고 있고, 이런 이론을 상호작용의 특성을 이끌어 내는 데 사용한다.

⑳ 성: 사회적 대화는 많은 기능이 있다. 정보를 교환하고, 결속의 느낌을 높여 주며, 말하고 있는 사람 사이의 관계를 조종하려 시도할 수도 있고, 성적이거나 공격적인 만남의 전조가 될 수도 있다. 상담적 의사소통에서 상담자는 일반적으로 성이나 공격적인 도발에 대한 자신의 반응을 통제할 수 있다.

사회적 대화와 상담적 의사소통 사이의 차이점은 추가적으로 만들어질 수 있다. 그러나 여기서 제시한 목록은 이 두 가지 사이에 존재하는 중요한 차이를 설명하기에 충분하다.

상담적 의사소통의 특성

『치료적 의사소통(*Therapeutic Communication*)』이라는 재미있는 제목의 책에서 Wachtel(1993)은 상담자들이 사용하는 용어들이 반드시 사용되어야 할 때에 상대적으로 적게 쓰여 있었음을 관찰했다. 그의 책은 내담자들에게 도움이 되는 진술과, 이와 대조적으로 내담자가 상담에 가져온 문제를 지속시키는 경향을 보이는 진술들을 구별하는 데 초점을 맞추었다. 그는 다음과 같은 예를 들었다. 상담자는 내담자에게 적대적으로 보인다거나 성난 것처럼 보인다고 말할 수 있다. 두 번째 표현은 현재의 기분을 현실적으로 설명함으로써 내담자에게 받아들여질 가능성이 좀 더 높은 반면에, 첫 번째 표현은 그 부정적인 함의 때문에 상담자에 대한 저항과 분노를 만들어내는 경향이 있다. 일반적으로 적대적, 수동적, 유혹적, 매저키즘적 또는 교묘한 등과 같은 표현은 내담자에게 자신이 비판받는다는 느낌을 주는 경향이 있고, 더 나아가 그들을 상담에 오게 이끌었던 바로 그 종류의 느낌인 수치, 분노 또는 불안을 초래한다.

상담적 의사소통 문제에 관해 저술해 온 대부분의 임상가들은 상담자를 향한 수치심, 당황, 죄책감, 비난, 분노를 만들어 내거나 자존감을 감소시키는 상담자의 표현은 바람직하지 않다고 지적한다. 그러한 표현은 상담과정에서의 협동보다는 오히려 이후 회기에 대한 저항을 만들어 낼 수 있다. 내담자들은 그들의 삶에서 중요한 사람들과의 관계에서 무엇인가 부족하고 자신의 성격이나 본인 자체가 부적절하다는 느낌을 가지고 상담을 받으러 온다. 이때 상담자가 직접적으로나 미묘하게 그 내담자가 무책임하고, 지배적이며, 자기애적이거나 퇴행적이라는 것을 암시하면 부적절감은 줄어들기보다 오히려 증가한다. 무엇보다도 상담자는 그 표현이나 해석이 정확하다는 것을 내담자에게 확인시키려고 내담자와 논쟁하거나 내담자에게 설교해서는 안 된다.

통찰이 성공적인 상담의 기초가 되는 일은 극히 드물다는 것은 이미 강조되어 왔다. Benjamin(1993)은 통찰은 상담의 목표가 아니고 상담의 한 단계에 불과하다고 말했다. "통찰은 단지 무엇이 변화되어야 할 필요가 있는지 내담자에게 말해 줄 뿐이다." (p. 94) 상담이 성공적이라 간주될 수 있기 전까지 많은 상담적 상호작용이 일어날 필요가 있다. 상담자는 내담자가 하고 있는 이야기들이 완전하지 않으며, 사건이 반드시 객관적으로 상세하게 설명되고 있지는 않다는 것을 안다. 그래서 지속적으로 평가하고 해석하는 과정이 상담자의 내부에서 일어난다. 상담과정은 개인의 삶을 그럴듯하게(그러나 반드시 완전할 필요는 없이) 이해하기 위해, 연결이 끊어진 복합적인 이야기의 각 부분과 조각에 대한 일종의 암호풀이다.

내담자-상담자 의사소통의 가정된 모델

상담의 회기가 적힌 축어록을 본 사람이라면 대개 축어록의 일부 비논리적인 부분에 놀란다. 다음은 이에 대한 짧은 설명으로, 상담적 담화에서 발췌한 한 정신분석적 상담의 95번째 회기의 일부분이다(P는 내담자이고 A는 분석가임, Maranhao, 1986).

A: 아니요. 내 생각엔 당신이 두려워하는…… 우리가 이것에 대해 이야기하기 시작했던 때를 당신은 알지요. 그 얘기는 얼마나 당신이 화났는지 [들을 수 없음]…….

P: 네, 당신에 대해서요?

A: 남자요. 그리고 당신은 당신을 좋아해 주지 않을 것이라는 것에 대해 두려워하지요. [……]

P: 나는 절대 그러지 않았어요. "얘야, 네가 대학에 들어가면, 남자애들은 널 좋아할 거야." 엄마가 말했어요. 나는 엄마가 "남자애들이 너를 좋아할 거야."라고 말했다고 생각하지 않아요. 그저 내가, 그게 내가 그 말이 정말로 뜻하는 것이라고 느꼈어요. 그러나 엄마는 내가 좋아하는, 나랑 공통점이 많은 남자애를 찾을 거라고 말했어요. 낭신도 알겠지만, [들을 수 없음] 공통의 관심사와 건강한 것들에 기반을 두고 [목소리를 높임] 성관계 따위에 [들을 수 없음] 기반을 둘 수 없어요, 뭔가 좋아지기 위해서. 그건 진짜 관계여야만 했어요, 그냥 섹스가 아니라. 젠장. [……]

P: 당신도 알다시피, 내가 이 방에서 나가면 엄청나게 화가 나서,

> 화나서 미칠 것 같아요. 그리고 아무도 이유를 모를 거예요. [웃음] [들을 수 없음] 나는 그냥 걸어요, 당신도 알다시피, 멋있고 바르게. 만일 내가 한 번에 모두 충분히 화를 낸다면, 그럼 내가 그걸 극복할까요? 감정 폭발. 나는 상상할 수가 없어요, 알다시피, 정말로 느끼는, 나에게 잘못된 것은 하나도 없는 것처럼 느끼는 것을. 나는 그것에 대해서 이전에 생각하고 있었어요. 그런 거 있잖아요, 당신이 정말 느끼는 것, 당신이 있어야 할 곳에 있다고 느끼는 것, 그리고 모든 것이 정말 가득 차 있는 것, 그건 어떤 걸까요?(p. 43)

두 사람 간의 모든 언어적 상호작용은 애매함, 부조화 그리고 모호함의 구성요소들을 가지고 있다. 그럼에도 불구하고, 대화는 참여자들이 부분적 비논리를 인식할 수 없거나 그것을 무시해 버릴 수 있는 것처럼 그저 지속된다.

상담에서 상담자 개입은 복합적인 피드백 체계의 부분이다. 그 체계 안에서 내담자의 진술은 상담자의 반응에 영향을 주고, 이어서 상담자의 반응은 그다음의 내담자의 진술에 영향을 준다. 내담자의 진술은 종종 조각나 있고 부분적으로 비논리적이므로, 일반적으로 상담자들은 그들이 생각하기에 논리적인 이야기를 만들기 위해 할 수 있는 만큼 최선을 다해 빈칸을 채운다. 이러한 생각은 [그림 9-1]에 나타나 있다.

내담자와의 의사소통은 설령 그것이 모호하게 또는 불명확하게 표현되었다 하더라도, 어떻게든 상담자가 생각하기에 의미 있는 문장으로 번역된다. 개념적으로, 상담자는 내담자가 표현한 몇몇 생각을 먼저 단순한 서술적 용어로 전환한 다음, 저항, 방어 또는 전이

등의 개념과 관련된 보다 일반적이고 이론적인 범주로 기술한다. 이 개념들은 상담자의 생각에 따라 진단 및 치료 목적과 관련된 광범위한 이론적 문제에 연결된다. 그러면 상담자는 잠재적으로 가능한 다양한 범주의 반응들 중에서 어떤 말을 해야 할지를 숙고한다. 내담자의 발언을 해석해야 하나, 아니면 상담자 자신에 대한 무언가를 개방해야 하나, 아니면 공감하는 의견을 보여야 하나? 이 결정이 내려질 때(종종 빠르게 그리고 무의식적으로), 이 생각은 의미 있는 문장으로 변환되고 내담자에게 표현된다. 그러면 이 피드백은 내담자-상담자 상호작용의 새로운 순환을 시작하게 한다.

이 아이디어는 다음의 방식으로 설명될 수 있다. 내담자는 상담에서 나아지는 것과 관련하여 무력감이나 실망감에 대해 이야기하면서 회기를 시작할 수도 있다. 상담자는 '내담자가 도움을 요청하는 것 같다.' '내담자가 나를 비판하고 있는 것 같다.' 또는 '내담자는 그의 어머니에 대해 이야기하고 있고 그녀에게 화가 나 있는 것 같다.'라고 생각할 수 있다. 이 서술적인 범주들은 그 뒤 '내담자가 저항을 보이고 있다.' '내담자가 전치(displacement)로 그의 불안을 다루고 있다.' 또는 '내담자가 나에게 전이적 애착을 보이기 시작한다.'와 같은 형태의 이론적 범주로 전환된다. 내담자의 의사소통에 대한 이론적인 기술(description)은 그 뒤 더 광범위한 이론적 범주와 관련된다. 내담자에 대한 진단, 상담자가 선호하는 상담 형태의 이론적 개념, 상담 목표, 내담자의 취약성 정도에 대한 추정 그리고 다른 개념들이 이 범주에 포함된다. 내담자가 한 말에 대한 이론적 해석과 상담에 대한 모든 이론적 개념의 상호작용에 기초하여, 상담자는 그가 해 볼 수 있는 몇 가지 가능한 반응을 고려한다. 여기에는 변화를 위해 내담자의 저항을 해석하는 것, 내담자를 자극하는 것, 자

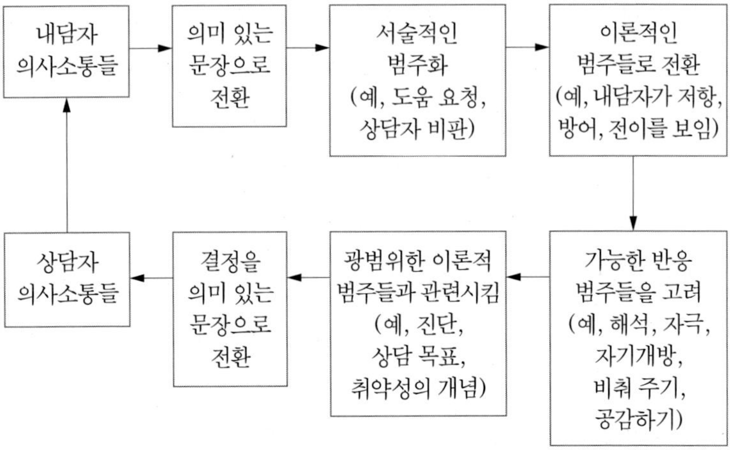

[그림 9-1] 내담자의 의사소통에 대한 반응에서 상담자의 개입에 포함된 주요 요소들에 대한 예비적 제시

출처: "Strategies of Therapist Interventions: A Preliminary Empirical Study," by R. Plutchik, H. R. Conte, S. Wilde, & T. B. Karasu, 1994, *Journal of Psychotherapy Practice and Research*, 3, p. 332. 저작권은 American Psychiatric Press(1994)에 있으며, 승인에 따라 옮김.

신에 대한 정보를 개방하는 것 또는 정동을 탐색하는 것 등의 가능한 반응이 포함된다. 이 여러 가지 가능한 반응 중에서 한 가지 결정이 내려지면 상담자의 이론적 반응 범주는 의미 있는 문장으로 전환되어야 하고, 입 밖으로 소리 내어 말해진다. 이는 상담자의 외적 의사소통이다. 그러나 이 의사소통의 출현은 여러 다양한 피드백 순환을 지닌 복잡한 의사결정 과정이 존재함을 분명하게 나타내고 있다. 피드백 순환의 예는 상담자의 역전이(countertransference) 반응일 수 있다. 이 피드백 순환이 내담자의 방어적인 행동이나 저항을 촉발시켰음을 상담자는 인지하지 못할 수도 있다.

이 순환하는 피드백 과정에 대한 지식은, 내담자와의 의사소통에 대한 상담자의 반응을 만들어 내는 데 상담이 수행하는 역할을 상담자가 뚜렷하게 알 수 있도록 한다. 이 피드백 모델은 또한 상담 회기 동안 상담자가 사용하는 다양한 범주의 반응에 대한 경험적 연구에 이론적인 기초를 제공해 왔다.

이 내담자-상담자 상호작용 모델에 의해 제시된 쟁점들에 대한 연구에서, 나와 동료들은 다른 상담학파의 다른 관점을 보여 주는 많은 상담 축어록을 검토했다(Plutchik, Conte, Wilde, & Karasu, 1994). 검토의 목적은 상담이 이루어지는 동안 상담자 개입의 특성과 기초를 확인하는 것이었다. 기존 보고서들은 질문하기, 충고하기, 해석하기 그리고 반영하기(Stiles, 1979)와 같은 범주들이나 정보 얻기, 지지하기, 초점 맞추기 그리고 명료화하기와 희망 주기(Hill & O'Grady, 1988)와 같은 범주들을 제안해 왔다. 우리는 많은 수의 축어록을 검토함으로써 상담자들이 개입할 때 사용한 암묵적 범주들을 확인할 수 있을 것이라 믿었다. 또한 숙련된 상담자들을 연구함으로써, 어떤 종류의 개입이 적절하고 어떤 종류가 부적절한 것으로 여겨지는지 확인할 수 있기를 희망했다.

마지막 목적을 성취하기 위하여 우리는 여러 축어록으로부터 41개의 내담자 의사소통 범주를 확인했다. 의사소통의 예는 ① 자살 사고(thoughts), ② 상담에서 차도가 없는 것에 대한 불평, ③ 누군가를 해하고자 하는 의도, ④ 상담자를 향한 성적 사고(sexual thoughts), ⑤ 회기를 연장하고자 하는 소망 등이다. 그다음 이 41개의 의사소통은 7명의 숙련된 상담자 집단에 제시되었고, 이들은 상담자가 각 의사소통에 합리적으로 대응했을 가능한 응답 목록을 제시했다. 그 결과 각 문항마다 5~8개의 가능한 상담자 응답이 나왔다. 가능한 상담자 반응은 ① 관련성을 물어보기, ② 그것을 무시하기, ③ 내담자의 빈정거림을 지적하기, ④ 과거의 경험에서의 선행사건들을 찾아보기를 포함한다.

내담자의 의견과 가능한 상담자 반응은 그 뒤 설문 형식으로 편집되어 알베르트 아인슈타인 의과대학의 임상 정신의학 교수들에게 우편으로 보내졌으며, 141개의 답변이 도착했다.

임상가들은 내담자 의사소통의 목록과 각 의사소통에 대응될 수 있을 5~8개의 가능한 답변 목록을 받았다. 그들은 각 내담자 의사소통에 가능한 각 답변에 대해 동의하거나 동의하지 않는 정도를 평가하도록 요청받았다. 강력하게 동의하지 않음부터 강력하게 동의함까지에 이르는 답변들로 5점 척도가 사용되었다. 모든 가능한 상담자 반응을 적은 수의 체계적인 범주로 분류하기 위하여 독립된 임상가 집단에 의해 추가적인 분석이 시도되었다.

〈표 9-1〉은 아주 부적절한 개입이라고 간주되는 상담자 답변의 예시다. 이 답변들은 전개되는 상황에 대한 상담자의 불안, 내담자가 말하고 있는 것에 대한 상담자의 분노, 또는 모호하거나 아주 중요한 상황에서 상담자가 무엇을 해야 할지 알지 못하고 있음을 일반적으로 보여 준다. 〈표 9-2〉는 아주 적절한 개입이라고 간주되는 상담자 답변의 예시다. 이 답변들은 상담자와 내담자 사이의 솔직한 느낌(예, "나는 당신이 말한 것에 대해 혼란을 느껴요."), 떠오르는 생각과 문제를 탐색하려는 소망, 그리고 내담자의 느낌에 대한 적절한 관심을 보여 준다.

이 연구의 한 가지 재미있는 측면은 마지막으로 도달한 15개의 상담자 개입의 경험적 목록이었다. 이 목록은 '질문하기' 또는 '진술하기'와 같은 어법의 범주와 관계없이 단지 광범위한 내용만 다루었다. 이들은 〈표 9-3〉에 제시되어 있다. 이 목록들은 정보 수집하기, 의욕 북돋아 주기, 정동 탐색하기 그리고 목적 찾기와 같은 상담자 행동의 범주를 포함한다. 모든 상담자가 목록에 있는 모든 것을 하는 것은 아니라는 것을 인식하는 것은 중요하다. 학파와 개인의 스타일에 따라 특정 유형의 개입을 더 많이 사용하게 된다. 인지행동 치료자들은 내담자를 교육하고 그의 행동 방향을 바꾸는 것을 강조한다. 그들은 상담자의 자기공개가 합리적이고 적절하다고 생각할 수 있다. 역동이론 치료자들은 정동과 내담자-상담자 관계를 탐색하는 경향이 있고, 저항과 패턴 그리고 목적을 해석하려 한다. 그들은 일반적으로 상담과정이 내담자 교육하기, 의욕 북돋아 주기 또는 내담자의 행동 방향을 바꿔 주기와 같은 것들 중 하나라고 보지 않는다. 그러나 모든 상담자는 학파와 무관하게, 정보를 모으고 치료 구조의 윤곽을 뚜렷이 하며 인간 상호작용의 어떤 교육적인 모델을 잠재적으로 제공한다.

〈표 9-1〉 아주 부적절한 개입으로 간주되는 상담자 반응의 예시

상 황	상담자 반응
1. 만일 당신의 내담자가 상습적으로 늦는다면……	아무것도 말하지 않는다.
2. 만일 당신의 내담자가 자신의 문제에 다른 사람이 얼마나 원인이 되고 있는지에 대해 이야기한다면……	다른 사람에게 맞서 내담자와 연합한다.
3. 만일 당신의 내담자가 말하는 동안 과도하게 불안을 느끼는 것처럼 보인다면……	이 주제에 대해 다음에 말하는 것이 좋을 수도 있다고 내담자에게 제안한다.
4. 만일 당신의 내담자가 자기 자신을 비난한다면……	그/그녀에게 동의하지 않는다.
5. 만일 당신의 내담자가 절망감을 느낀다면……	당신 자신의 관련된 경험을 공개한다.
6. 만일 당신의 내담자가 어떻게 해야 할지를 당신에게 묻는다면……	질문에 대한 충고를 그/그녀에게 해 준다.
7. 당신은 ……으로 회기를 시작한다.	지난 회기의 가장 중요한 부분들을 요약하는 것
8. 만일 당신의 내담자가 자살 사고를 드러낸다면……	침묵을 지킨다.
9. 만일 당신의 내담자가 오랫동안 침묵한다면……	새 주제를 가져온다.
10. 만일 당신의 내담자가 당신에게 성적인 감정을 표현한다면……	성적인 주제에 대한 논의를 노골적으로 단념시킨다.

주: 부적절한 문항들은 임상가들이 가장 많이 동의한 것(평가의 편차가 낮은 것)뿐만 아니라 가장 낮은 점수로 평가된 것에 기초하여 선택되었다.

출처: "Strategies of Therapist Interventions: A Preliminary Empirical Study," by R. Plutchik, H. R. Conte, S. Wilde, & T. B. Karasu, 1994, *Journal of Psychotherapy Practice and Research, 3*, p. 330. 저작권은 American Psychiatric Press(1994)에 있으며, 승인에 따라 옮김.

〈표 9-2〉 아주 적절한 개입으로 간주되는 상담자 반응의 예시

상 황	상담자의 반응
1. 만일 당신의 내담자가 자신의 문제를 설명한다면……	얼마나 오랫동안 그 문제를 갖고 있었는지 묻는다.
2. 만일 당신이 특정한 의사소통의 의미를 이해하지 못했다면……	당신의 혼란이나 이해의 부족을 표현한다.
3. 만일 당신의 내담자가 지속적으로 불평한다면……	그/그녀가 여기에 주의를 기울이게 한다.
4. 만일 당신의 내담자가 당신에게 성적인 감정을 표현한다면……	내담자가 당신에 관해 갖고 있는 한층 더 깊은 사고들, 환상 그리고 꿈을 탐색한다.
5. 만일 당신의 내담자가 꿈을 이야기한다면……	꿈에서의 정동을 탐색한다.
6. 만일 당신의 내담자가 오랫동안 침묵한다면……	그 사실에 대해 언급한다.
7. 만일 당신의 내담자가 자살 사고를 드러낸다면……	자살로 얻을 수 있을 것이라 생각하는 환상을 탐색한다.
8. 만일 당신의 내담자가 동일한 상황들에서 행동의 불일치를 나타낸다면……	내담자가 이 불일치에 대해 인지하고 있는지 묻는다.
9. 만일 당신의 내담자가 과거 경험한 일들에 과도하게 초점을 맞춘다면……	이것이 현재의 문제를 피하는 한 가지 방법일 가능성을 탐색한다.
10. 만일 당신의 내담자가 말하는 동안 과도하게 불안한 것처럼 보인다면……	그 순간 내담자의 느낌에 대해 질문한다.

주: 적절한 문항들은 임상가들이 가장 많이 동의한 것(평가의 편차가 낮은 것)뿐만 아니라 가장 낮은 점수로 평가된 것에 기초하여 선택되었다.

출처: "Strategies of Therapist Interventions: A Preliminary Empirical Study," by R. Plutchik, H. R. Conte, S. Wilde, & T. B. Karasu, 1994, *Journal of Psychotherapy Practice and Research, 3*, p. 329. 저작권은 American Psychiatric Press(1994)에 있으며, 승인에 따라 옮김.

〈표 9-3〉 상담자 개입 범주와 정의의 경험적 목록

개입 범주	정 의	예 시
1. 교육하기	내담자에게 구체적인 정보 제공하기. 예를 들어, 아동의 행동에 대해 화가 난 내담자에게 일반적인 아동기 발달에 대하여 무언가 설명하기	"당신이 당신의 아동기에 대해서 이야기하는 것은 중요합니다. 그때 일어났던 일이 당신이 지금 느끼는 방식에 영향을 미칠 수 있기 때문입니다."
2. 정보 수집하기	내담자에게 현재나 과거의 삶에 대해 구체적인 정보를 제공해 달라고 요청하기	"당신이 일한 경험에 대해 이야기해 주세요." "자살에 대해 심각하게 생각해 본 적이 있나요?
3. 상담적 구조 정의하기	내담자에게 치료관계에서 수용 가능한 행동과 가능하지 않은 행동 알리기	"당신이 회기를 빼먹는다 하더라도 당신은 그에 대한 비용을 지불해야 합니다." "저는 당신의 선물을 받을 수 없습니다."
4. 자기통제 지지하기	내담자가 그의 정서나 생각에 대한 표현에 한계를 두는 것을 돕기	"당신은 자신이 원하는 것은 무엇이든 생각할 수 있지만, 당신의 생각들을 행동화할 필요는 없습니다."
5. 자기개방하기	(상담자로서) 당신 자신에 대한 개인 정보를 드러내기	"늦어서 죄송합니다, 차가 고장 났었습니다." "네, 저는 결혼했고, 아이가 셋 있어요."
6. 의욕 북돋아 주기	내담자가 더 낫게 느끼게 만들 만한 무언가를 말하거나 하기	"아주 잘하고 계시네요." "그 상황에서 당신은 많은 용기를 보여 주셨어요."
7. 정교화/언어화 격려하기	내담자가 주어진 주제에 대하여 더 많은 생각과 감정을 떠올릴 수 있도록 격려하기	"그것에 대해서 좀 더 얘기해 볼 수 있겠어요?" "음."
8. 정동 탐색하기	내담자에게 그의 느낌과 정동을 정교하게 만들도록 요청하기	"그것에 대해 어떻게 느꼈나요?"

9. 내담자/상담자 관계 탐색하기	내담자의 행동, 생각 또는 느낌을 (상담자로서) 당신과 연관시키기	"당신은 나에게 화가 난 것처럼 보입니다." "내가 휴가를 갈 때마다 매번 당신이 다음 회기에 늦는다는 것을 알게 됐습니다."
10. 저항 해석하기	그 순간 내담자가 하고 있는 것, 말하고 있는 것, 생각하고 있는 것, 느끼고 있는 것 등과 상담이 지연되고 있는 상황과의 관련성 만들기	"당신은 내가 당신의 아버지를 언급할 때마다 항상 주제를 바꾸는 것 같습니다. 당신이 그 주제를 피하는 것인지 궁금하네요."
11. 패턴 해석하기/찾기	내담자의 행동에서 반복되는 패턴들을 확인하기, 또는 여러 행동이나 느낌에 기저한 공통 특성들을 확인하기	"당신은 항상 결혼한 남자들과 사랑에 빠지는 것 같습니다."
12. 목적 해석하기/찾기	내담자의 행동이 성취하고자 하는 것을 결정하려고 노력하기	"당신이 무력하게 행동하면 사람들이 당신을 보살펴 주거나 당신을 버리지 않을 거라고 생각합니까?" "당신은 항상 늦는 것이 당신을 주목받게 할 거라고 생각합니까?"
13. 가까운 원인 해석하기/찾기	내담자의 현재 행동의 어떤 측면과 최근의 사건을 연결하는 사고과정을 확인하려고 노력하기	"당신이 엘리베이터에 갇혔던 이후로 당신은 보통 때보다 더 초조해 보입니다."
14. 내담자 행동에 주의기울이기/집중하기	내담자가 현재 자신의 행동이나 하고 있는 어떤 말에 주목하게 만들기	"화난 것처럼 들리네요." "당신의 상사에 대해 상반된 느낌을 가지고 있는 것처럼 들리네요."
15. 내담자의 행동 방향 바꿔 주기	내담자가 다르게 생각하고 느끼거나 행동하기를 제안하기	"사람들이 당신을 비판하면 당신자신을 위해 맞서세요." "당신이 새 직장을 구하기 위해 해야 할 일의 목록을 만들어야 한다고 생각해요."

출처: "Strategies of Therapist Interventions: A Preliminary Empirical Study," by R. Plutchik, H. R. Conte, S. Wilde, & T. B. Karasu, 1994, *Journal of Psychotherapy Practice and Research, 3,* p. 331. 저작권은 American Psychiatric Press(1994)에 있으며, 승인에 따라 옮김.

부적절한 상담자 개입: '왜' 질문의 사용

평범한 사회적 대화에서, 사람들은 다른 사람들에게 자주 그들의 행동이나 경험 뒤에 숨어 있는 이유를 묻는다(예, "왜 당신은 중국 골동품을 수집하나요?" "왜 당신은 로맨스 소설을 좋아하나요?" "왜 당신은 당신의 옷에 대한 취향을 비판하는 남자와 데이트하지요?"). 가끔은 질문이 부정적인 형태로 된다. 예를 들어, "왜 당신은 나와 함께 휴가를 가지 않나요?" 또는 "왜 당신은 결혼하지 않나요?"

상담자들도 '왜' 질문('why' questions)을 사용한다. 상담자들은 때때로 내담자들에게 왜 회기에 늦게 왔는지, 왜 그들이 우울한지, 왜 그들이 엘리베이터 안으로 들어갈 수 없는지, 또는 왜 그들이 상담자에게 화가 났는지를 질문한다.

'왜' 질문은 다음과 같은 두 가지 일반적인 범주로 나뉠 수 있다. ① 과학적이거나 기술적인 주제와 관련된 질문과 ② 개인적인 느낌이나 동기와 관련된 질문이다. 전자의 예는 "왜 당신의 차가 고장 났나요?"와 같은 질문이다. 대답은 비포장 도로, 폭설 또는 낡은 점화전 등과 관련되어 나올 수 있다. 후자의 예는 "왜 당신은 살을 뺄 수 없지요?"와 같은 질문이다. 대답은 의지력의 부족, 나쁜 식습관 또는 누군가를 벌하려는 무의식적인 소망 등과 관련되어 나올 수 있다. 다음에 나오는 설명은 모두 '왜' 질문의 두 번째 유형에 관한 것이다.

개인적 느낌과 동기에 관련된 '왜' 질문에 관해 생각해 볼 때, 우리는 그러한 질문이 질문을 받은 사람 대부분을 불편하게 하거나 방어적으로 느끼게 만드는 경향이 있다는 것을 발견한다. 사람들은 이런 질문(예, "왜 당신은 늦었나요?" "왜 당신은 식당에서 혼자 먹을 수 없지요?" "왜 당신은 벌레를 두려워하나요?")을 들었을 때 짜증나기 쉽다. 이러한 질문들의 어떤 면이 사람들을 불편하게 만드는 것일까?

그런 일들이 일반적으로 일어나는 환경을 생각해 본다면 더 잘 이해할 수 있다. 부모는 자녀에게 '왜' 질문을 자유롭게 묻는 반면("왜 너는 전화를 안 했니?"), 자녀는 부모에게 그런 질문을 거의 하지 않는다. 교사는 보통 학생에게 '왜' 질문을 하지만("왜 너는 숙제를 해 오지 않았니?"), 학생은 그런 질문을 교사에게 거의 하지 않는다. 상사는 그들의 고용인에게 왜 질문을 자유롭게 하지만("왜 늦었어요?"), 고용인은 그런 질문을 상사에게 절대 하지 않는다. 상담자는 내담자에게 그들의 느낌과 동기에 대하여 '왜' 질문을 종종 하지만("왜 당신은 학대당하는 결혼생활을 그만두지 않았나요?" 또는 "당신이 아버지에 대해 이야기할 때 왜 그렇게 화가 나 보일까요?"), 내담자는 상담자에게 무엇을 하고 있는지, 혹은 왜 그런 감정을 느끼는지 설명하라고 거의 요청하지 않는다.

이것이 시사하는 바는 대개 힘이나 권위의 상위에 있는 사람이 더 하위에 있는 사람에게 '왜' 질문을 한다는 것이다. 암묵적으로, 이런 유형의 '왜' 질문을 묻는 것은 지배의 간접적인 표현이다. 전형적으로 한 배우자가 다른 배우자에게, 또는 한 친구가 다른 친구에게 '왜' 질문을 하는 것을 보면 이것은 그들의 관계에서 더 지배적이거나 힘이 있다고 느껴지는 사람을 간접적으로 나타낸다. 이와 마찬가지로, 상담자가 내담자에게 왜 특정한 정서를 느꼈는지 또는 왜 특정한 행동을 계속하는지 묻는 것은 지배가 표현된 것이다.

'왜' 질문에는 또 하나의 중요한 측면이 있다. 대부분의 사람들은 아주 잘 사회화되어 있고 예의 바르기 때문에, 개인적인 '왜' 질문을 들었을 때 그들의 즉각적인 답변은 '왜냐하면'이 들어 있는 문장으로 시작한다. 대부분의 사람들은 그러한 질문에 대답하고자 하는 강한 성향을 가지고 있고, 이는 그들에게 문제를 야기할 수 있다.

한 가지 문제는, 우리는 어떤 일을 하는 이유를 항상 알고 있지는 않다는 것이다. 만일 어머니가 아이에게 "왜 너는 거실에서 놀 때 내가 아끼는 램프를 넘어뜨렸니?"라고 말한다면 아이가 뭐라 말할 수 있겠는가? 아이가 사고였다고 말한다면, 이것은 어머니의 질문에 대한 진정한 답이 아니다. 아이는 그것에 대한 몇 가지 다른 생각을 가지고 있을 수 있다. 예를 들어, "내가 제대로 행동하지 못했기 때문이에요." 또는 "내가 멍청해서 그래요." 또는 "엄마가 빨리 자라고 해서 화가 났기 때문이에요."라고 생각할 수 있다. 설령 이 대답들이 사실일지라도, 이들 중 어떤 것도 어머니나 아이에게 받아들여질 만한 답은 없다. 아이는 그 행동에 대한 그럴 만한 이유를 알고 있지 못할 가능성이 높다.

상담에서 내담자의 경우도 마찬가지다. 내담자는 그들이 했던 행동이나 불만을 가졌던 정서에 대한 이유를 종종 알지 못한다. 그들은 왜 자신이 가스가 잠겼는지를 계속 확인하는지, 왜 자신이 쉽게 화를 내는지, 왜 자신이 가끔 자살에 대해 생각하는지, 왜 자신이 상담자를 향해 사랑(또는 증오)을 느끼는지 등에 대해 아주 막연하게만 알고 있을 뿐이다. 심지어 내담자가 느낌이나 행동에 대해 그럴 듯해 보이는 이유를 생각해 낼 수 있을 때라도, 상담자는 모든 행동은 복합적으로 결정된 것이고 과거의 많은 경험과 정서가 현재의 하나의 느낌이나 행동에 녹아 들어 있다는 것을 알고 있다. 사건 구성요소 한두 가지를 인식한다고 해서 그 사건을 온전히 이해했음을 의미하지는 않는다.

성인과 아동 모두 '왜' 질문을 받으면 방어적이고 불편함을 느낀다. 대부분의 경우 그런 질문들은 비난이고, 내재된 대답은 부정적인 것이다. 성인에게 "왜 승진을 하지 못했나요?"라고 묻는 것은 "내가 유능하지 못해서요."라고 느끼게 한다. "왜 당신의 방은 항상 더러운가요?"는 "내가 지저분한 사람이라서요."라는 대답을 수반한다. 그러므로 '왜' 질문은 종종 사람으로 하여금 암묵적으로 바람직하지 못한 행동에 대해 설명할 수 있게끔 내적으로 안정된 태도(또는 특성)를 갖도록 압력을 가하는 것처럼 보인다.

요약하면, '왜' 질문은 질문자와 질문받는 사람 사이의 위계적인 지배관계를 암시하고 그 질문에는 정말로 적절한 대답이 없다. 질문받은 사람은 질문을 적절히 잘 피하기 위해 거짓말을 해야 할 것이다. 질문자는 그 대답에 정말로 관심이 있는 것이 아니라 질문을 하는 데 수반된 권리에 관심이 있을 수도 있다. 종종 암묵적인 모욕도 있다. 정상적인 사회적 기대 때문에, '왜' 질문을 받은 대부분의 사람들은 어떤 식으로든 거기에 대답하려고 노력한다. 그러나 대부분 동기가 명확하지 않기 때문에 그 대답은 과장이나 거짓말을 초래할 수 있다.

상담자들은 때때로 부분적으로 '왜' 질문을 사용한다. 그들은 내담자들이 애매하거나 당황스러운 상황에 직면했을 때 사용하는 과장이나 거짓말들을 발견하고자 하기 때문이다. 그러나 '왜' 질문에 대한 내담자의 대답이 완전하고 정확할 것이라 추정하는 것은 순진한 생각이다. 지금까지 설명된 생각이 옳다면, 이것은 상담자가 내담자에게 왜 그것을 느끼는지 또는 왜 그렇게 하는지를 절대로 물어서는 안 된다는 것을 의미하는 것일까?

앞서 언급했듯이, '왜' 질문은 가끔은 내담자가 모호하거나 혼란스러운 문제를 다루는 방식에 대한 통찰을 상담자에게 제공할 수도 있다. 그것은 위계 문제와 지배 및 복종에 대한 문제와 관련된 내담자의 성격특질에 대한 어떤 것을 드러낼 수 있다. 또한 어떻게 내담자가 힘과 통제에 대한 문제를 다루는지, 그리고 당황스러움이나 방어에 의해 어떤 정서가 만들어지는지 간접적으로 드러낼 수 있다. 이것은 모두 유용한 통찰일 수 있지만 만일 '왜' 질문이 너무 자주 사용된다면 이 질문은 내담자에게 분노와 불신을 만들어 낸다. 여기서 다음과 같은 질문을 생각해 볼 수 있다. 상담자가 내담자와 상담적 의사소통을 통해 상호작용하는 방식 안에서 상담자는 어떤 대안들을 가지고 있을까?

적절한 개입

앞의 〈표 9-3〉은 15개 유형의 상담자 개입을 보여 주고 있다. 15개 중 8개는 내담자가 그의 삶에서의 생각과 경험을 탐색하고, 정교화하고, 확인하고, 만들고 연결시키도록 하는 노력을 수반한다. 탐색의 과정은 단순한 '왜' 질문들의 대안이다. 상담자는 종종 다음과 같은 탐색적인 질문을 한다.

- 당신이 당신의 아버지에 대한 생각을 할 때 가졌던 느낌에 대해서 좀 더 이야기할 수 있어요?
- 엘리베이터 안으로 들어갈 때 어떤 정서를 가지고 있었나요?
- 내가 한 말 중에 당신을 불편하게 만들었던 말이 어떤 건가요?
- 지금 무엇을 하고 싶다고 느끼나요?

사실, 7장에서 언급했던 정서를 드러나게 하는 많은 전략을 사용할 수도 있다.

Wachtel(1993)은 『치료적 의사소통』에서 내담자와 의사소통하는 바람직한 방식 몇 가지를 설명했다. 일반적으로 상담자의 진술이나 코멘트의 목적은 내담자와 논쟁하고 내담자를 비판하거나 비난하는 것을 피해야만 한다. 많은 상담자는 내담자의 질문에 대답하는 것, 충고하는 것 또는 내담자의 환상을 만족시키는 것(예, 내담자에게서 선물을 받는 것)은 좋은 과정이 아니라고 본다. Wachtel은 대부분의 상담자들처럼 자기보호, 자기기만, 여기서 생겨나는 회피와 두려움의 정서가 상담에서 다루어져야 할 핵심적인 문제라고 생각했다.

Wachtel은 좋은 상담적 의사소통과 나쁜 상담적 의사소통의 임상 예시를 몇 가지 제시했다. 예를 들어, 집단상담에서 한 여자가 오랫동안 침묵해 왔다. 상담자는 마침내, "나는 당신이 많은 분노를 숨기려 노력하고 있기 때문에 침묵하고 있다고 생각합니다."라고 말했다. 이러한 언급은 비판으로 여겨져서 더 많은 방어를 불러일으켰다. 그 상담자는 진정으로 침묵에 대한 이유를 확신할 수 없었다. 무엇보다도 진실이 본래부터 모호했기 때문이다. 그것은 분노, 당황스러움이나 수치스러움, 더 가능성이 높게는 이 정서들의 조합만큼이나 큰 두려움을 반영했을 수도 있다. 이 경우 "나는 당신이 당신 내면을 휘젓고 있는 모든 정서 때문에 침묵하고 있는 것이 아닌가 하고 생각합니다."가 더 나은 개입이었을 것이다. 좋은 해석은 내담자가 원한다면 내담자의 갈등을 살펴보아도 괜찮겠는지와 그것이 내담자에게 위험하지 않다는 메시지를 전달하려고 노력한다. 또한 내담자의 정서에 대한 공감, 그리고 상담자가 그것이 어떻게 느껴지는지 알고 있고 그의 정서와 갈등에 대하여 내담자를 비판하고 나무라거나 비난하지 않을 것이라는 의미를 반영한다.

좋은 상담자 개입은 내담자에 대한 함축적이거나 직접적인 비판 또는 내담자가 유아적이거나 미성숙하다는 암시를 피해야 한다. 또한 내담자가 변하지 않을 것 같은 고정된 성격 유형을 갖고 있다고 제시하는 정적인 이미지를 피해야만 한다. "당신은 수줍음이 많은 사람처럼 보입니다."라고 말하는 것보다 "나는 당신이 어떤 때에는 평소보다 더 쉽게 말하는 것을 보았습니다."가 더 나은 대안적인 표현이 될 것이다. 개입의 목적은 내담자로 하여금, 상담적 대화가 내켜하지 않는 증인에게서 정보를 끌어내도록 계획된 심문이라기보다는 양쪽 모두가 고려해야 할 관심사에 대한 상호 간의 탐색인 것처럼 느끼도록 돕는 것이다. "상담자는 내담자가 그의 삶에 대한 진실을 파악하도록 도와야만 한다. 그러나 그 진실의 특성은 지속적으로 변하고 있다." (Wachtel, 1993, p. 157)

Wachtel은 개입하려 할 때 따라야 할 접근법으로 다음과 같은 제안을 했다.

- 진단적인 용어(예, 자기애적인 또는 경계선과 같은 단어들)를 피하기
- 내담자에게 그가 '정말로' 무엇을 의미하는지 묻는 것을 피하기
- 행동을 일시적이거나 과도기적인 것으로 묘사하기
- 당신이 내담자에게 말하려고 하는 것을 내담자가 이미 알고 있다고 가정하기(예, "나는 당신이 ……를 인지하고 있다는 것을 알기 때문에……")
- 그 문제를 가지고 있는 내담자를 위해 뚜렷하게 설명하기
- 코멘트로 은연중의 행동을 지적하기(예, "당신이 ……을 하고 싶

어 하거나 말하고 싶어 하는 것 같습니다.")

대부분의 숙련된 상담자는 아마도 이 아이디어들 중 많은 것을 사용하고 있을 것이다. 상담자에게서 핵심은 내담자와 적대적인 관계가 되는 것을 피하는 것과 너무 명백한 방식으로 힘을 사용하지 않는 것이다. 내담자는 상담적인 만남 동안 내담자 자신에게 주의를 쏟는 것보다 상담자에게 더 중요한 것은 없다고 느껴야만 한다.

정확한 상담적 개입

Benjamin(1997)은 정확한 상담적 개입의 다섯 가지 범주를 다음과 같이 정리했다. ① 내담자와 상담자 사이의 협동 작업을 높이는 것, ② 내담자가 과거와 현재의 행동 패턴과 이들이 어떻게 연관되어 있는지를 인식하도록 하는 것, ③ 바람직하지 않은 행동이 나타나는 것을 금지하는 것, ④ 불안을 유지하고자 하는 내담자의 욕구를 감소시키는 것, ⑤ 더 적응적인 행동을 내담자가 배우도록 촉진하는 것 등이다. "만일 상담자 행동이 이 다섯 가지 조건들 중 한 가지에 해당하지 않으면 아마도 그것은 잘못된 것일 것이다." (p. 88)

Benjamin은 어떻게 정확한 상담적 개입을 수행할 것인지에 대하여 몇 가지를 제안했다. 그녀는 협동하는 관계를 발달시키는 것에 관하여, 결속을 만들어 내는 한 방식은 '그것'에 대항하여 내담자와 함께 협력하는 것이라고 말했다. '그것'은 내담자의 과거 행동과 현재 두려움의 바람직하지 않은 측면이다. 자신의 부적응적인 행동 패턴을 인식하는 것을 배우는 데서, 통찰만으로는 충분하지 않다는 것을 아는 것은 중요하다. 여기에는 적어도 두 가지의 이유가 있다. 첫 번째 이유는 통찰은 단지 전에 해 왔던 것들이 자신에게 해로운 것이라는 것을 드러낼 뿐이라는 것이다〔예, "당신은 가학적인 남자친구를 계속 선택하고 있어요. 당신 아버지로부터 남자가 여자를 어떻게 다뤄야 하는지에 대해 배웠기 때문이지요. 당신은 만일 당신이 충분히 잘할 수만 있다면……. 그러면 마침내 당신이 사랑받을 것이라고 계속 희망하고 있지요." (p. 94)〕. 내담자들은 변하고자 하는 소망과 자신의 행동을 수정하기 시작하는 힘을 발달시키면서 통찰을 넘어서야만 한다.

통찰이 충분하지 않은 두 번째 이유는 통찰은 종종 상담과정에서 바뀐다는 것이다. 처음 통찰이 내담자의 어머니가 자신의 욕구에 이기적으로 사로잡혀 있었기 때문에 무관심했다는 것이라면, 다음 통찰에서는 어머니가 자신의 부모에 의해 무시당했기 때문에 필사적으로 인정받으려 했다는 것을 드러낼 수도 있다. 만일 통찰이 정서반응을 만들어 낸다면 이들은 통찰의 중요한 척도로서 기능할 수 있다. 만일 정서반응이 적거나 아예 없다면 이것은 통찰이 내담자에게 특별히 의미 있는 것이 아니라는 것을 상담자에게 드러내는 것일 수 있다. 그러므로 정서 표현은 내담자에게서 밝혀진 사실에 대한 중요한 지표로서 기능할 수 있다.

결 론

사회적 대화는 목표, 정서, 목적, 주제, 초점, 환경 그리고 역할에서 상담적 의사소통과 상당히 다르다. 상담적 의사소통은 적절하거나 부적절할 수 있다. 부적절한 의사소통은 내담자에 대한 비난이나 비판 또는 그의 성격이나 가족의 결함들을 내포하며, 내담자의 불안 수준을 높이는 것이다. 적절한 개입은 대개 과거와 현재의 삶의 사건에 대한 정서반응에 초점을 맞춘 내담자의 삶에 대한 전략적인 탐색과 관련되어 있다.

대부분의 내담자는 정서적 문제 때문에 상담을 받으러 온다. 이 문제는 처음에는 아마도 사람과의 관계에서, 어떤 일과 관련되어, 또는 직장과 관련된 문제로 포장되었을 것이다. 그러나 이 문제의 기저에는 정서와 관련된 문제가 있다. 상담자는 반드시 상담과정에서 정서의 중요성을 인식해야만 한다. 그리고 정서를 드러내고 그 사람에게서 그 정서가 어떻게 중요한지를 인지하는 데 필요한 지식과 기술들을 가지고 있어야만 한다. 상담적 의사소통은 불안과 분노를 줄여야만 하고, 회기에서의 상세한 사항들이 잊혀진 뒤에라도 내담자에게 오래도록 남아 있을 정서인 희망과 신뢰를 만들어 내야 한다.

맺음말

이 책에서, 나는 상담과정에서의 정서의 역할에 대한 경험적 증거와 임상적 경험을 잘 조화시키려고 노력했다. 이 맥락에서, 나는 정서의 중요성과 기능에 대한 몇 가지 핵심 아이디어들을 소개했다. ① 상담이 변화를 위한 강력한 원동력이 되기 위해서는 강한 정서적 반응의 협조를 받아야만 하고, ② 대부분의 심리적 증상은 역기능적으로 되었거나 뒤틀려진 정서에 관한 것이다. 어떤 정서(공황이나 우울 같은)는 너무 강력하거나 끈질긴 반면, 어떤 것(신뢰나 기쁨 같은)은 결여되었거나 너무 약하다.

제시되었던 핵심 개념은 원형적(circumplex) 또는 순환적 관련 구조다. 여러 장을 통해 원형이 정서, 성격특질, 성격장애 그리고 자아방어 사이의 관계를 묘사하는 타당한 방식임을 보여 주었다. 이 영역들은 구조적으로 서로 관련된 것으로 보인다.

많은 정서이론이 지닌 임상적 관련성 때문에 그 이론들이 이 책에서 언급되었지만, 이 책의 주요 초점은 정서의 정신진화론에 있었다. 이 이론은 구조적 모델, 순차 모델 그리고 파생 모델로 구성되어 있고, 각각은 상담에 관련된다. 이 모델들은 상담자가 정서를 드러내거나 변화시키는 많은 방법과 전략을 확인하는 데 도움이 되었다. 또한 우리가 사회적 대화와 상담적 의사소통 간의 많은 차이점을 이해하는 데 도움이 되었고, 정서, 기분, 성격특질, 자아방어 그리고 대처양식을 측정하는 테스트와 척도를 발달시킬 수 있는 이론적 배경을 제공해 주었다. 이 테스트들(부록 참조)은 임상적 연구에서 광범위하게 사용되어 왔고, 정서와 자살, 폭력, 자존감, 우울 그리고 불안과 같은 영역들 사이의 관계에 대한 통찰을 제공해 주었다. 몇몇 경험적인 작업은 상담적 개입의 특성을 다루었고 적절한 개입과 부적절한 개입 사이의 차이점을 확인하기 위해 노력해 왔다. 이 연구는 경험적으로 얻어진 상담자 개입 유형의 목록뿐만 아니라 내담자-상담자 상호작용의 피드백 모델도 이끌어 내었다.

이 책에서 제시된 어떤 개념들은 기존에 배워 왔던 것과 초점이 다르거나 새로운 것이다. 따라서 여기서 설명된 몇몇 아이디어에 대해 독자가 동의하지 않는 결과를 초래할 수도 있다. 300개가 넘는 상담학파가 있다고 여겨지는 이 분야에서 이러한 불일치는 필연적인 것이다.

이 책에서 나는 또 다른 상담학파를 설정하지는 않았다. 그러나 정서가 상담에 영향을 주고 영향을 받는다는 사실을 직접적이고 정교한 여러 방식으로 검증해 왔다. 왜냐하면 모든 상담자는 정서를 다루고 있고, 아마 이것은 상담의 다양한 관점을 통합하고 동시에 상담과정을 촉진하는 데 도움을 줄 수 있기 때문이다. 나는 여기서 소개된 이 아이디어들이 깊은 사고를 자극하기에 충분할 만큼 명확하고 흥미롭기를 바란다. 아마도 이것은 작가와 독자 사이에 바랄 수 있는 다양한 교류 중 가장 중요한 것일 것이다.

상담 이론과 유형이 아주 다양하기 때문에 이 책이 완전하지 않은 것은 당연하다. 예를 들어, 최근 몇 년간 심리학에서는 진화의 역할에 대한 인식이 증가해 왔다. 이 발전하는 연구물들은 인간본성

(nature)과 양육 그리고 그들의 상호작용에 따른 문제들뿐 아니라 인간이 진화하면서 인류 역사의 시기마다 어떻게 안정적으로 적응해 왔으며, 이 적응이 현재 인간의 사고와 행동에 어떻게 계속 영향을 주고 있는지에 대해서도 관심을 두어 왔다. 이것은 특히 남성성과 여성성의 경우에서 그러하지만, 사람들 간의 더욱 미묘한 상호작용에서도 또한 사실이다. 이 연구물들은 많은 분야에서 광범위하게 탐색되기 시작했으나, 몇몇 인상 깊은 통찰에도 불구하고 결론은 여전히 지속적인 논쟁거리다. 이 이론들은 아마도 내가 여기에서 쏟아부은 것들보다 더 많은 주목을 필요로 할 것이다.

상담적 의사소통은 지극히 복잡한 과정이고, 어떤 것이 가장 효과적인지에 관해서는 알려지지 않은 부분이 여전히 많다. 나는 이 책의 아이디어들이 아직 모르는 부분을 채워 넣는 과정을 지속케 하는 자극이 되었으면 한다. 그리고 미래 인간의 삶에 영향을 주는 능력에 있어서 미와 우아함 그리고 강력함이 가득하게 모자이크를 이루기를 희망한다.

부 록

정동이론에서의 측정의 함의

> 만일 정서와 정동의 세계를 무시한다면, 정신의학, 심리학 또는 다른 심리치료의 어떤 임상적인 평가도 완료되었다고 간주할 수 없다.
>
> —A. M. Stone

종합적인 정동이론은 복합적인 기능을 가져야만 한다. "어떻게 정서가 정의되어야 할까?" "삶에서 정서가 가지는 역할은 무엇일까?" 그리고 "어떻게 정서가 변화될 수 있을까?"와 같은 중요한 질문에 대답이 주어져야만 한다. 좋은 이론은 상담에서 함축성을 가져야만 한다. 상담이 정서적 장애와 관련되어 있기 때문이다. 또한 이론은 정서와 성격, 성격장애와 같은 다른 개념적 영역 사이의 관련성을 보여 주어야 한다. 마지막이지만 아주 중요한 것으로, 종합적인 정서이론은 측정에 함축성을 가져야만 한다. 측정되어야 하는 가장 중요한 차원과 변수를 확인해야 하고 적절한 도구를 만드는 데 필요한 어떤 지침을 제공해야 한다. 이러한 점들은 잠재적으로 광범위한 정서이론 분야를 독자에게 상기시키기 위해 반복되어야 한다.

정서에 대한 연구가 시도되기 전에 적절한 측정 도구가 필요하다. 정신진화론의 발달과정에서 나는 정서의 연결고리의 복잡한 구성요소들의 각 측면을 측정하기 위해 여러 가지 척도를 만들거나 각색해 왔다. 이 척도의 가장 중요한 몇몇을 이 부록에서 설명하고자 한다. 상담자들은 몇 가지 측정 도구들이 평가 장치로서 유용하다는 것을 발견할 것이다.

이론의 필요성

우리가 어떻게 정서를 측정하는가는 우리가 가지는 정서이론뿐 아니라 우리가 정서를 어떻게 정의하는가에 달려 있다. 앞에서 설명한 정서에 대한 각각의 이론은 정서를 평가하는 것에 대해 몇 가지를 내포하고 있다. 예를 들어, 인지이론들은 보통 정서반응들의 상황적이고 맥락적인 계기를 설명하고, 그런 반응들은 자기보고라는 방법으로 평가된다. 동기이론들은 신체 내에서 일어나는 자율신경 변화에 연구자들이 주의를 기울이게 하고, 얼굴표정을 정서의 핵심 지표로서 사용한다. 진화에 기초한 이론들은 인간과 동물의 표현이 풍부한 행동의 측정에 주로 초점을 두는 반면, 정신분석이론들은 투사적이고(projective) 묘사하는 기술이 사람에게 전형적으로 나타나는 무의식적으로 뒤섞인 정서 상태를 가장 잘 나타낸다고 제시한다.

그러나 중복되는 이론적인 아이디어들은 중복되는 측정 기술들 또한 필요로 한다. 정서를 측정하기 위한 네 가지 일반적인 접근을 확인할 수 있다. 이 접근들은 대부분 모든 견해의 제안자들이 사용하는 경향이 있다.

한 가지 방법은 주관적인 느낌의 자기보고의 사용을 포함한다. 이 과정은 성인들 대부분에게 유용하다. 두 번째 방법은 한 개인의 행동에 대하여 평가를 하는 것이다. 이러한 평정은 성인, 아동, 지적장애를 가진 사람들 그리고 하등동물에게 사용될 수 있다. 세 번째 방법은 누군가의 행동의 결과에 대하여 평가를 하는 것이다(예, 개인의 글씨체나 그림 그리기). 마지막으로 정서는 생리적 변화 또는 신경의 변화에 대한 기록을 이용하여 평가될 수 있다.

이 방법들은 Plutchik(1994) 그리고 Plutchik과 Kellerman(1989)의 논문에서 자세히 기술되고 설명되었다. 나는 여기서 이 정보들을 요약하기보다는 4장에서 설명한 정서의 정신진화론에 전적으로 기초한 몇 가지 측정 척도에 초점을 맞추고자 한다.

기분 척도와 형용사 체크리스트

많은 수의 기분 체크리스트가 지난 50년 동안 설명되어 왔다(reviewed in Plutchik, 1980b). 기분 체크리스트들은 암페타민, 항히스타민 그리고 바르비투르산염과 같은 약물이 사회적, 정서적 행동에 미치는 영향과 정신과 환자 및 대학생의 기분 변화를 추적하는 데 유용하다고 밝혀졌다.

〈표 A-1〉은 이러한 체크리스트 중 한 가지인 정서-기분 지표(Emotion-Mood Index, Plutchik, 1989)다. 이 지표는 9개 영역에 배치된 72개의 용어들로 구성되어 있고 정신진화론에 기초한다. 문항의 처음 8개 그룹은 정서의 여덟 가지 기본 영역, 즉 신뢰, 조절장애, 소심함, 우울, 불신, 통제, 공격성 그리고 사교성을 반영한다. 마지막 영역은 약함, 강함 그리고 들떠 있음과 같은 용어들과 함께 활성화나 각성의 영역을 나타낸다.

〈표 A-1〉 정서-기분 지표

신 뢰	우 울	공격성
_______ 믿고 있는	_______ 우울한	_______ 공격적인
_______ 친근한	_______ 울적한	_______ 격노한
_______ 잘 돌봐 주는	_______ 슬픈	_______ 권위적인
_______ 만족한	_______ 공허한	_______ 자랑하는
_______ 협력적인	_______ 쓸쓸한	_______ 짜증나는
_______ 관용적인	_______ 무력한	_______ 논쟁을 좋아하는
_______ 차분한	_______ 낙심한	_______ 신경질이 나는
_______ 인내심이 있는	_______ 절망적인	_______ 화난
조절장애	**불 신**	**사교성**
_______ 경계하는	_______ 역겨운	_______ 사교적인
_______ 매혹된	_______ 관심이 없는	_______ 아량 있는
_______ 놀란	_______ 지루한	_______ 쾌활한
_______ 혼란스러운	_______ 의심스러운	_______ 자애로운
_______ 주의 깊은	_______ 비통한	_______ 행복한
_______ 이상히 여기는	_______ 냉소적인	_______ 만족한
_______ 곤혹스러운	_______ 분개한	_______ 즐거워하는
_______ 어리둥절한	_______ 싫증난	_______ 기뻐하는
소심함	**통 제**	**활성화**
_______ 두려워하는	_______ 희망적인	_______ 느릿느릿한
_______ 무서워하는	_______ 탐구적인	_______ 게으름 피우는
_______ 초조한	_______ 호기심이 강한	_______ 긴장을 푼
_______ 소심한	_______ 열성적인	_______ 약한
_______ 걱정하는	_______ 흥미를 가진	_______ 활발한
_______ 불안해하는	_______ 용감한	_______ 강한
_______ 수줍어하는	_______ 충동적인	_______ 힘이 넘치는
_______ 조심성 있는	_______ 참견을 잘하는	_______ 쉬지 않는

주: 이 형용사 체크리스트는 이론에 기반하였음.

출처: *Emotion: A Psychoevolutionary Synthesis,* by R. Plutchik (1980a), p. 206. 저작권은 Harper & Row(1980)에 있으며, 승인에 따라 옮김.

한 예를 통해 이 지표의 사용을 볼 수 있다. 정서-기분 지표는 연구 병동에서 정신과 입원환자들 한 집단을 대상으로 매주 실시되었다. 모든 환자는 신중하게 선발되었고, 조울증으로 진단되었다. 그리고 이들은 모두 조증, 우울 또는 둘 다의 경험을 반복해 왔다(Platman, Plutchik, Fieve, & Lawlor, 1969).

연구과정 중에, 26명의 환자들이 정신과 의료진에 의해 조증 상태에 있다고 평가되었고, 42명은 우울 상태에 있다고 평가되었으며, 79명은 (일시적인) 정상 상태에 있는 것으로 평가되었다. 각 형용사에 대하여 자기보고된(self-reported) 조증 기분과 우울한 기분의 빈도 간에 비교가 이루어졌다. 신뢰, 사교성, 그리고 우울 형용사들 중 하나씩은 조증 상태와 우울 상태 사이에 상당히 차이를 보이고 있음이 발견되었다. 게다가 다른 척도의 많은 형용사도 이 두 상태 사이에서 두드러지게 차이를 나타냈다.

각 척도에서 비교의 근거로서 체크된 모든 용어를 이용하여 정상 상태와 조증 또는 우울 상태 사이의 분리 비교가 그다음에 이루어졌다. 정상과 우울 상태 사이에는 모든 척도가 두드러지게 차이를 나타내는 것으로 드러났다. 세 가지 척도—우울, 공격성 그리고 통제—는 정상 상태와 조증 상태 사이의 차이를 보여 주었다. 그러므로 정서-기분 지표는 몇 가지 정서적 상태들 사이의 구별을 가능케 하는 것으로 보인다.

이 형용사 체크리스트를 사용한 미발간된 한 연구는 사람이 어떤 것이 그들의 '최고' 기분이고 '최저' 기분이라고 생각하는지에 관심을 두었다. 이 질문에 답하기 위하여 33명의 야간대학 학생들에게 다음과 같은 세 가지 조건하에서 이 체크리스트를 완성하도록 요청했다. ① "지금 어떻게 느끼나요?" ② "당신이 지금까지 느꼈던 최고의 기분을 어떻게 설명하겠습니까?" ③ "당신이 지금까지 느꼈던 최저의 기분을 어떻게 설명하겠습니까?"

이 자기평정의 결과에서는 최고의 기분은 쾌활함, 신뢰 그리고 호기심의 느낌이 높고 슬픔, 지루함, 두려움 그리고 분노의 느낌이 매우 낮은 것으로 나타났다. 최저의 기분은 슬픔, 무서움 그리고 지루한 느낌(하향 순서로)이 가장 높고 행복, 신뢰 또는 흥미가 부족한 것으로 나타났다. 또한 최고의 기분은 활력과 에너지의 느낌을 포함하는 반면, 최저의 기분은 느림과 약함의 느낌을 포함한다. 최고 기분과 최저 기분 사이의 결과－시기(product-moment)의 상관은 －.76이고, 본질적으로 이들의 특성은 반대임을 의미한다. 현재 기분은 최고의 기분과 .63, 그리고 최저의 기분과 －.24의 상관을 보인다.

만일 우리가 이들이 경험한 것 중 가장 최저의 기분을 고려한다면, 우울의 영역이 가장 강력하게 나타날 것이다. 이 영역을 구성하는 단어들은 우울한, 울적한, 슬픈, 공허한, 쓸쓸한, 무력한, 낙심한 그리고 절망적인이다. 상실, 분리 그리고 애도의 경험은 두려움이나 걱정의 경험보다 더 고통스러운 것이 분명하다. 관련된 연구 결과로 Plutchik(1970)은 이상적으로 여기는 자기 이미지와 가장 안 좋아하는 자기 이미지에 대한 연구를 보고했다. 이 두 종류의 자기 묘사에서의 주요 차이점은 우울과 파괴의 영역에서 발견되었다. 즉, 사람은 슬픔과 분노의 기분을 가장 안 좋아한다는 것이다. 이 결과는 단지 서론일 뿐이지만, 불안이 신경증의 '핵심' 이라고 종종 불려 왔을지라도, 우울이 불안보다 더 고통스러울 수 있다는 가설을 지지한다. 그리고 우울은 일상생활에서 더 흔할 수도 있다. 여기서 인용된 정서－기분 지표를 사용한 두 가지 연구는 이론에 근거한 형용사 체크리스트의 잠재적인 유용성을 보여 줄 뿐이다.

기분 체크리스트의 장점들 중 한 가지는 비교적 간결하다는 것이다. Lubin(1966)은 여러 우울 체크리스트의 길이를 34개의 형용사에서 17개로 줄이고도 다른 우울 척도들과 의미 있는 상관뿐만 아니라 높은 내적 상관을 보이는 것이 가능하다는 것을 보여 주었다. 한 체크리스트의 길이를 한 영역에 한 단어로 줄이면서 조건들 간의 차이를 구별하는 것도 역시 가능하다.

〈표 A-2〉는 그러한 체크리스트를 보여 준다. 이 체크리스트는 각각의 기본적인 정동 영역을 나타내기 위하여 한 단어를 사용하고, '전혀 아니다' 에서 '매우 그렇다' 까지의 5점 강도 척도로 매겨진다. 슬픈, 애도하는 또는 비탄에 잠긴과 같은 단어가 모두 동일한 기본적인 정서 영역을 다른 수준으로 나타내기 때문에 그 단어들을 체크리스트에서 모두 반복하는 것은 불필요하게 과다한 것이라 추

〈표 A-2〉 각 정동 영역에 한 단어를 사용한 기분 평정 척도

지침: 다음에 기재된 각 정서에 대하여 지금 현재 당신이 이를 어느 정도 강하게 느끼는지 나타내시오.

지금 현재 당신은 느끼기를	전혀 아니다	약간 그렇다	보통이다	상당히 그렇다	매우 그렇다
행복한					
두려운					
기분 좋은					
화난					
흥미로운					
역겨운					
슬픈					
놀란					

출처: *Emotion: A Psychoevolutionary Synthesis*, by R. Plutchik (1980a), p. 208. 저작권은 Harper & Row(1980)에 있으며, 승인에 따라 옮김.

정한다. 대신에 그 영역은 슬픈과 같은 한 단어를 견본으로 할 수 있고, 사람들은 그 단어에 대하여 강도의 점수를 매길 수 있다.

이러한 간략한 정동 평정 척도의 유용성을 검증하기 위해, 나는 40명의 대학생 집단에게 1주일 동안 각각 월, 수, 금요일 수업을 시작할 때 척도를 완성하도록 요청했다(Plutchik, 1966). 이것은 통제 조건을 나타낸다. 기분 척도를 시험 직전과 직후에 학생들에게 주었다. 정동 평정을 분석한 결과, 통제하는 주 동안에는 모든 8개 기분들이 안정되게 유지된 것으로 나타났다. 시험 바로 직전에 매겨진 점수는 두려움과 홍미에 대한 평정에서 상당히 높게 증가함을 나타냈고, 행복함과 기분 좋음에 대한 평정에서 상당히 많이 감소함을 나타냈다. 다른 네 가지 정서는 어떤 의미 있는 변화도 보이지 않았다.

검사지를 돌려주는 날, 학생들은 자신의 시험지를 받았고 성적을 보는 것이 허락되었다. 그리고 나서 정동 평정이 다시 이루어졌다. 이 조건하에서 8개의 정서 중 7개가 자기보고 평균치에서 상당히 의미 있는 변화를 나타내었다. 행복함, 기분 좋음 그리고 홍미에서 유의미한 감소가 있었고, 화남, 역겨움, 슬픔 그리고 놀람에서 유의미한 증가가 있었다. 이러한 연구 결과는 이 한 단어 형용사로 된 기분 척도가 스트레스에 민감하고 광범위한 정동 상태를 포괄하며 이론적인 관련성을 갖고 있음을 나타낸다(Plutchik, 1996).

이 동일한 기분 평정 척도는 뉴욕 시에 있는 호텔 1인실의 노년층(대부분 복지 혜택을 받고 있는) 거주자들의 변화를 확인하기 위하여 설계된 일련의 검사의 한 부분으로 사용되었다(Plutchik, McCarthy, & Hall, 1975). 이 거주자들은 새로운 의료 프로그램과 사회봉사 프로그램이 호텔에 도입된 직후에 평가되었고, 1년 후에 다시 평가되었다. 이 기간에 일어난 변화 중, 분노와 슬픔의 느낌에서 유의미한 증가가 있었다. 다른 정서에서는 어떤 유의한 변화도 일어나지 않았다. 이 결과를 설명하기 위하여 저자는 거주자들의 좌절감의 증가는 그들의 기대의 증가와 관련이 있을 것이라고 가정했다. 스태프들의 관심에도 불구하고, 1년 동안 삶의 조건은 상대적으로 거의 개선되지 않았음이 나타났다.

정서적 상태를 측정하기 위한 형용사 체크리스트는 최근 몇 년간 광범위하게 사용되어 왔다. 이것들은 대체로 간단하고 뚜렷하게 드러나는 타당성이 있으며, 자가 실행이 쉽다는 장점이 있다. 또한 장기간의 정서 성향뿐만 아니라 정서나 기분의 일시적 상태의 지표를 제공하는 데도 사용될 수 있다. 반면, 쉽게 꾸며 낼 수 있고, 임상표집에서 상대적으로 타당화가 적다는 것이 단점이다. 게다가, 많은 체크리스트가 측정되는 특정한 영역들이나 척도에 대한 이론적인 정당성을 갖고 있지 않음에도 불구하고, 이 체크리스트들은 정서를 측정하는 다른 방식들에 추가되어 사용될 수 있음을 보여 준다. Russell과 Carroll(1999)은 이 문제에 관한 몇 가지를 검토했다.

정서 프로파일 지표

정서 프로파일 지표(Emotions Profile index: EPI, Plutchik & Kellerman, 1974)는 정서의 정신진화론에 기초하였으며, 정서의 측정과 특정 성격특질의 측정 두 가지에 광범위하게 사용되어 왔다. EPI는 여덟 가지 기본정서의 측정을 제공한다. 이는 모든 대인관계적 성격특질이 두 개 또는 그 이상의 일차적 정서들의 혼합에서 유래한 것으로 개념화될 수 있다는 생각에 기초한다(4장에서 논의되었음). 이것은 자신을 수줍음이 많다거나 우울하다고 묘사한 사람은 이 성격을 형성하기 위해서 결합한 일차적 정서들에 대하여 무언가 우리에게 암묵적으로 말하고 있음을 의미한다. 예를 들어, 수줍음은 빈번한 무서움의 느낌을 암시하는 반면, 우울함은 빈번한 슬픔의 느낌을 암시한다.

EPI는 10명의 임상 심리학자에게 다수의 특질에 대한 일차적 정서 구성요소들을 평가하도록 함으로써 처음 개발되었다. 평정자 간 일관성이 높은 구성요소와, 요인분석 연구에 의해 기술된 광범위한 특질 모집단을 근거로 12개의 특질 용어가 최종적으로 선택되었다. 그다음 이 용어들은 모든 가능한 조합으로 짝지어져 66쌍을 산출하였다. 이들 중 4쌍은 동일한 측정 범주를 가진 것으로 밝혀져 제외되었고, 그 결과 62쌍의 특질 용어가 검사의 최종 형식으로 남았다.

EPI는 강제 선택형 검사다. 검사에 임하는 사람은 두 개의 짝지어진 단어들 중 어떤 것이 자기를 더 잘 설명하는지 선택하도록 요청받는다. 예를 들어, 그/그녀가 논쟁하기를 좋아합니까 아니면 수줍음을 잘 탑니까? 선택은 특질 단어에 의해 내포된 일차적 정서의 견지에서 측정된다. 응답자가 두 특질 단어 사이에서 선택을 할 때마다 8개의 기본정서 영역들 중 한 가지 또는 그 이상에 점수를 추가하게 된다. 그러므로 이 검사는 단지 불안만 측정하기보다는 동시에 분노, 슬픔, 기쁨 등도 측정한다. 선택의 의미가 응답자에게 항상 명확하지는 않기 때문에 검사는 어떤 투사적인 성질을 갖는다. 대개 응답자들은 내재적인 측정 체계를 인지하지 않는다. 마지막으로, EPI의 이러한 강제 선택 형식은 사회적으로 바람직한 특질을 선택하려는 반응 편향을 줄이는 데 도움이 된다. 이는 동등하게 바람직하지 않은 두 가지 특질 중 하나, 혹은 동등하게 바람직한 두 가지 특질 중 하나를 선택해야 하는 경우가 많기 때문이다. 더구나 문항들이 일치하지 않는 경우에는, 사회적으로 바람직한(또는 바람직하지 않은) 특질을 선택하려는 응답자의 성향을 측정하는 편향 점수가 검사 안에 장치되어 있다(Kellerman & Plutchik, 1968).

EPI에서 사용되는 12개 용어는 모험적인, 자애로운, 시무룩한, 조심성 있는, 울적한, 충동적인, 순종적인, 논쟁을 좋아하는, 화난, 자의식이 강한, 수줍어하는 그리고 사교적인이다. 검사에서 각 용어에 대한 간략한 정의가 주어진다. 8개 일차적 정서 영역 각각의 총점은 500명의 남성과 500명의 여성에게서 얻어진 자료에 근거하여 백분위수로 변환된다. 이들은 외현적인 정신병리나 정신과 입원 경험이 없는 다양한 부류의 사람들이다. 그다음, 백분위수는 심각한 우울증을 겪는 환자들의 예를 보여 주는 [그림 A-1]처럼, 원형 도표 위에 점으로 그려진다. 원의 중앙은 백분위수 0을 나타내고 원의 바깥 경계선은 백분위수 100을 나타낸다. 어두운 쐐기모양의 영역이 더 클수록 정서적 성향이 더 강하게 나타난다. 채점과 점수 기입의 세부사항은 출판된 지침서에서 찾을 수 있다(Plutchik & Kellerman, 1974).

EPI가 다양한 상황에서 사용되어 왔지만, 나는 여기서 임상연구에서 EPI를 사용하는 것에 대해 간략하게 검토하고자 한다. Fahs, Hogan 그리고 Fullerton(1969)은 EPI 우울 척도가 병원 내의 우울 환자 집단과 통제 집단을 명확하게 구분해 냈다고 밝혔다. Conte와 Plutchik(1974)은 자살 시도 이후 정신병원에 수용된 환자들이 자살 시도를 하지 않은 비교 집단의 환자들보다 EPI의 우울과 공격성 척도가 유의하게 높았다고 주장했다. Fieve, Platman 그리고 Plutchik (1968)의 연구는 EPI 우울 척도가 두 가지 항우울제, 리튬과 이미프라민의 효과를 평가하는 데 쓰일 수 있다고 주장했다.

EPI는 마약 중독자들(Sheppard, Fiorentino, Collins, & Merlis, 1969), 노인병 환자들(Plutchik & DiScipio, 1974), 코르사코프증후군(Korsakoff's syndrome)을 앓는 알코올중독자들(Plutchik & DiScipio, 1974), 천식 환자들(Plutchik, Williams, Jerrett, Karasu, & Kane, 1978), 정신분열증, 신경증이나 알코올중독을 앓는 일본인들(Hama, Matsuyama, Hashimoto, & Plutchik, 1982), 월경전증후군을 앓는 여성들(Henderson & Whissell, 1997) 그리고 급성관상동맥질

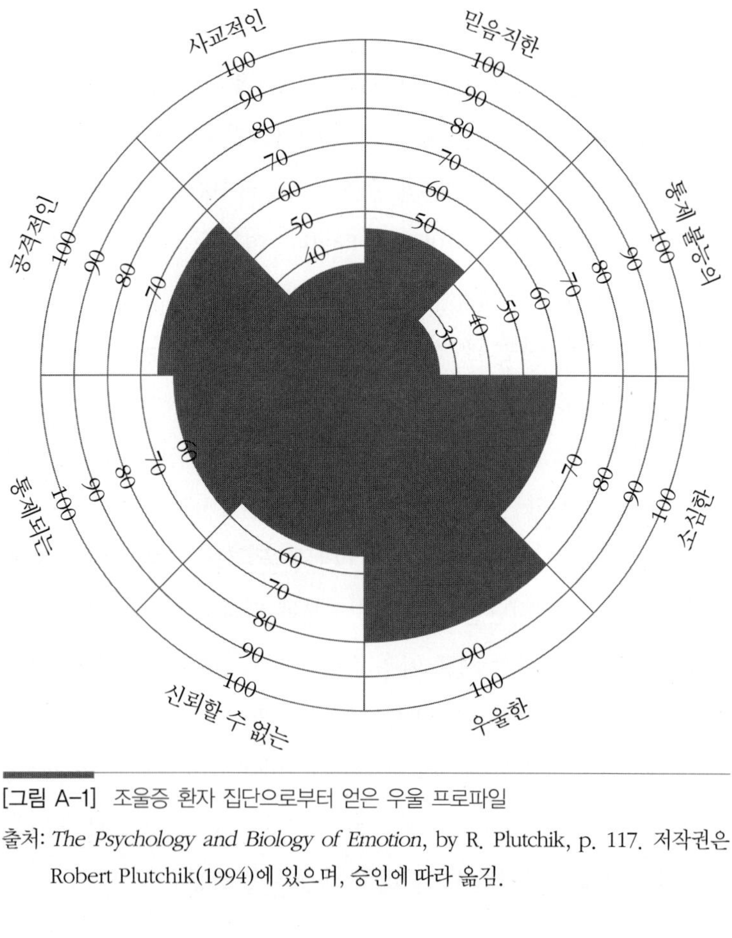

[그림 A-1] 조울증 환자 집단으로부터 얻은 우울 프로파일

출처: *The Psychology and Biology of Emotion*, by R. Plutchik, p. 117. 저작권은 Robert Plutchik(1994)에 있으며, 승인에 따라 옮김.

환 환자들(Veselica et al., 1999) 집단 등 여러 임상 집단에 정서 프로파일의 기초를 제공하였다. 조울증 환자 집단으로부터 얻은 우울 프로파일은 [그림 A-1]에 나타나 있다.

성격 프로파일

앞에서 설명되었던 원형(circumplex) 개념은 성격검사의 기초로 사용되어 왔다. 이런 검사 중 하나가 성격 프로파일 검사(Personality Profile, Plutchik & Conte, 1989a)다. 이 척도의 문항들은 처음에는 Conte와 Plutchik(1981)이 보고한 171개 성격특질 용어의 각 위치(angular position)에 기초했다.

용어의 경험적 집단화에 기초하여 8개 항목—공격적인, 자기주장이 강한, 사교적인, 수용적인, 순종적인, 수동적인, 우울한 그리고 거부하는—이 원형 주위에서 차례로 확인되었다. 특질 용어 중 '논쟁을 좋아하는' 과 '호전적인' 은 '공격적인' 이라는 항목의 부분이 되었고, '고분고분한' 과 '온순한' 은 '순종적인' 이라는 항목의 부분이 되었으며, '거부하는' 항목에는 '완고한' '고집 센' 그리고 '앙심을 품은' 과 같은 단어가 포함되었다.

검사의 첫 번째 버전은 환자 집단과 비환자 집단 양쪽에 실시되었다. 몇 가지 문항 분석이 실행되었고, 갈등과 사회적 바람직성에 대한 하위 척도들이 구성되었다. 척도들의 내적 신뢰도는 .76에서 .87까지 분포했다. 자기존중감 척도가 순종적, 수동적, 우울한, 거부하는 그리고 공격적인의 영역들과 유의하게 부(−)적인 상관을 보였고, 수용하는, 자기주장이 강한 그리고 사교적인의 영역들과 유의하게 정(+)적인 상관을 보였다는 사실로부터 구성 타당도가 입증되었다. 각 8개 척도에 대하여 282명의 비환자들에 대한 규준 자료가 이용 가능하다. 몇몇 임상 집단을 비환자 집단과 비교해 보면, 정서장애가 있는 환자 집단이 비환자 집단보다 우울한, 수동적인 그리고 순종적인의 척도에서 유의하게 점수가 높았고, 자기주장이 강한, 사교적인 그리고 수용적인의 척도에서 유의하게 점수가 낮았다. 중독치료병동의 알코올중독자 집단은 비환자 집단보다 우울한, 수동적인 그리고 순종적인의 척도들이 유의하게 높았고, 수용의 척도에서 유의하게 낮았다. 물질남용 외래환자들과 경계선 환자들에게서 가장 점수 차이가 많이 났다.

여기서 설명한 성격 프로파일의 버전은 단일 성격특질 용어들로 만들어진 평가에 기초했다. 병원 환자들에게 척도를 사용했을 때 어떤 환자들에게는 몇몇 용어가 익숙하지 않음이 발견되었다. 그래서 성격 프로파일의 두 번째 버전(Conte, Plutchik et al., 1991)은 각 특질을 정의하는 짧은 문장들을 이용하여 구성되었다. 따라서 Form B에서는 Form A에 있는 89개의 특질 용어 각각에 대하여 상응하는 진술문이 있다. 갈등과 사회적 바람직성 척도를 포함하여 두 가지 방식에서 상응하는 척도들 간의 상관은 높았다. 척도마다 알파계수로 측정한 내적 신뢰도도 높았다. 척도들은 〈표 A-3〉에 제시되어 있다.

성격 프로파일의 판별 타당성의 측정치를 제공하기 위하여 세 집단, 즉 74명의 비환자 집단, 144명의 대형 시립병원 정신과 외래환자 집단 그리고 60명의 정신과 입원환자 집단이 비교되었다. 편차분석에서 모든 집단 중 외래환자 집단이 순종적인, 수동적인, 우울한, 거부하는 그리고 갈등의 척도에서 가장 높은 점수를 나타냈음을 보여 주었다. 입원환자 집단은 비환자나 외래환자 집단보다 유의하게 덜 공격적이고, 덜 사교적이며, 갈등을 덜 겪는 것으로 나타

〈표 A-3〉 성격 프로파일(Form B)

이름 ________________ 성별 __________ 나이 __________ 날짜 __________

지침: 각각의 진술문이 얼마나 자주 당신의 행동이나 느낌을 기술하는지 적절한 공간에 체크하여 나타내시오.

	전혀	드물게	때때로	자주	매우 자주
1. 나는 쉽게 사람들과 잘 지낸다.					
2. 나는 내가 들은 대로 한다.					
3. 나는 일을 마칠 수가 없다.					
4. 나는 사람들로부터 고립된 것처럼 느낀다.					
5. 나는 질투한다.					
6. 나는 다른 사람들과 말다툼한다.					
7. 나는 위험한 일을 하기를 좋아한다.					
8. 나는 친절하다.					
9. 나는 다른 사람이 나와 다른 의견을 갖고 있는 것에 대해 신경 쓰지 않는다.					
10. 나는 다른 사람들이 나에게 하기를 바라는 것을 한다.					
11. 나는 포기하고 싶다.					
12. 나는 우울해지고 기운이 없다.					
13. 내가 하고 싶어 하지 않는 일을 내가 하도록 만드는 것은 어렵다.					
14. 나는 다른 사람의 의견에 무엇이 잘못되었는지 알려 준다.					
15. 나는 나 자신에 대해 확신한나.					
16. 나는 다른 사람들과 함께 있는 것을 좋아한다.					
17. 나는 누군가 나를 위해 무언가를 할 때 보답으로 무엇인가를 해야만 한다고 느낀다.					
18. 나는 조용한 사람이다.					
19. 나는 어떤 것을 하려는 동기가 거의 없는 편이다.					

	전혀	드물게	때때로	자주	매우 자주
20. 나는 나 자신을 어쩔 수 없다.					
21. 내가 마음먹은 것을 바꾸게 하는 것은 어렵다.					
22. 나는 다른 사람들과 싸우게 된다.					
23. 나는 내가 무엇을 원하는지 말한다.					
24. 나는 따뜻하고 자상한 사람이다.					
25. 나는 내가 할 수 있는 한 최선을 다해 일한다.					
26. 나는 다른 사람들에게 쉽게 이끌려 다닌다.					
27. 나는 강한 의견을 갖고 있지 않다.					
28. 나는 슬퍼 보이고 슬프게 느낀다.					
29. 나는 이기적이다.					
30. 나는 다른 사람들을 낮추어 본다.					
31. 나는 활기가 있고 일을 끝마친다.					
32. 나는 행복한 사람이다.					
33. 나는 다른 사람들을 수용한다.					
34. 나는 나에게 관심이 쏠리는 것을 피한다.					
35. 나는 장래의 계획을 믿지 않는다.					
36. 나는 기분이 울적하다.					
37. 나는 심술궂게 행동한다.					
38. 나는 쉽게 화가 난다.					
39. 나는 새로운 상황에서 기회를 잡는 것을 좋아한다.					
40. 나는 잘 베푸는 사람이다.					
41. 나는 다른 사람들이 어떤 일을 마치도록 도와주는 걸 좋아한다.					
42. 나는 내가 하고 싶은 것을 많이 하는 것을 나 자신에게 허락하지 않는다.					
43. 나는 나 자신에 대해 확신할 수 없다.					
44. 나는 일에 대해 걱정을 많이 한다.					
45. 나는 나의 개인적인 애착 대상을 바꾸는 경향이 있다.					
46. 나는 다른 사람의 감정을 다치게 할 말을 한다.					

	전혀	드물게	때때로	자주	매우 자주
47. 나는 에너지가 많다.					
48. 나는 다른 사람들에게 친절하게 대한다.					
49. 나는 평온을 느낀다.					
50. 나는 내 안에 생각과 느낌을 담아 둔다.					
51. 나는 결정하는 것이 어렵다.					
52. 나는 불쾌하고 초조하다.					
53. 나는 다른 사람들에게 무언가를 주는 것을 싫어한다.					
54. 나는 빨리 화가 난다.					
55. 나는 내가 생각한 것을 말한다.					
56. 나는 매너가 좋다.					
57. 나는 다른 사람들의 소망을 따른다.					
58. 나는 위험을 감수하는 것을 피한다.					
59. 나는 결정을 내릴 수 없다.					
60. 나는 사물의 안 좋은 쪽을 보고 가장 나쁜 경우를 예상한다.					
61. 나는 내 몫보다 더 많이 원한다.					
62. 나는 모든 사람들에게 무엇을 할지 말하는 것을 좋아한다.					
63. 나는 신념이 있다.					
64. 나는 변화를 꺼리지 않는다.					
65. 나는 다른 사람들에게 도움이 되려고 노력한다.					
66. 나는 쉽게 당황한다.					
67. 나는 일의 결과가 어떻게 될지 크게 신경 쓰지 않는다.					
68. 나는 슬프게 행동한다.					
69. 나는 화나고 모욕당했다고 느낀다.					
70. 나는 비판적인 의견을 내놓아 사람들이 그들의 계획을 이행하지 못하게 한다.					
71. 나는 내 진짜 감정과 의견을 보인다.					
72. 나는 다른 사람들에게 동정심이 많다.					

	전혀	드물게	때때로	자주	매우 자주
73. 다른 사람들이 흥분할 때 나는 침착하다.					
74. 나는 내 감정을 보이는 것이 무섭다.					
75. 나는 참여하지 않고 일이 이루어지도록 내버려 둔다.					
76. 나는 불행하다.					
77. 나는 새로운 생각이나 사람들을 쉽게 받아들이지 않는다.					
78. 나는 많은 것에 대하여 불평한다.					
79. 나는 쉽게 마음을 결정한다.					
80. 나는 다른 사람들의 감정에 쉽게 영향을 받는다.					
81. 나는 매우 낙심해 있다.					
82. 나는 사람들이 자신이 한 일에 대해 내놓는 이유의 진의를 의심한다.					
83. 나는 성미가 까다롭다.					
84. 나는 많은 것에 대해 흥미를 느낀다.					
85. 나는 쉽게 불쾌해하지 않는다.					
86. 나는 상황이 안 좋고, 앞으로도 조금도 더 나아질 것이 없다고 느낀다.					
87. 나는 내가 믿는 것과 다른 것을 믿는 사람들에게 참을성이 없다.					
88. 나는 친절하지 않다.					
89. 나는 사물의 어두운 면만 본다.					

났다. 단지 자기주장성 척도에 대해서만 비환자 집단이 입원환자나 외래환자보다 더 점수가 높았다. 이 연구 결과들은 임상적으로 의미가 있다.

성격 프로파일 Form B를 사용한 다른 연구에서는 성격특질이 심리치료 결과를 예측하는 데 사용될 수 있는 범위에도 관심을 두었다

(Conte, Plutchik, Buck, Picard, & Karasu, 1991). 이 연구에서는 정신과 외래진료소에서 새로 치료받게 된 96명의 환자가 중앙치 14회의 치료 회기에 참석하고, 진료소에 등록한 후 정신과적 평가를 받기 전에 성격 프로파일 Form B를 완성했다. 거부의 영역만이 결과 측정값과 부적 상관을 보이는 것으로 나타났다. 그러나 거부, 공격성, 갈등 그리고 수동성 영역의 점수와 이 환자들이 외래진료소에서 보고했던 증상과 문제의 범위와 개수 사이에는 유의한 정적 상관이 있었다.

두 번째 연구(Conte, Plutchik, Buck, Picard, & Karasu, 1991)는 자아 기능(ego functions)과 성격특질들 사이의 관계를 조사했다. 네 가지 자아 기능 척도—판단, 종합적-통합적 기능, 숙달-능력 그리고 자아강도 척도—는 Bellak(1984)의 자아 기능에 대한 기술에 기초하여 사용되었다. 이 다양한 영역과 8개 성격특질 영역 간의 상관관계가 얻어졌다. 일반적으로 순종적, 수동적, 우울, 거절, 공격적 그리고 갈등의 영역은 모두 유의하게 부(−)적으로 네 가지 자아 기능과 상관이 있었다. 수용, 자기주장성 그리고 사교성은 모두 자아 기능과 정(+)적인 상관이 있었다. 자기주장성과 자아 강도 사이에 가장 높은 상관(.68)이 발견되었다. 따라서 정신역동이론에서 개념화되었듯이, 자아 기능은 성격 영역과 높은 상관이 있는 것으로 보인다.

Conte, Plutchik, Picard, Galanter 그리고 Jacoby(1991)는 입원한 알코올중독자들의 성격특질과 대처양식을 연구하기 위해 성격 프로파일 Form B의 사용 예시를 제시했다. 이 연구에서는 대형 시립병원의 알코올중독 치료소에 있는 40명의 입원환자에게 성격 프로파일 Form B, 대처양식 검사, 우울 척도 그리고 알코올 관련 행동을 측정하는 축약형 MAST(Vaillant, 1983)로 구성된 종합검사를 실

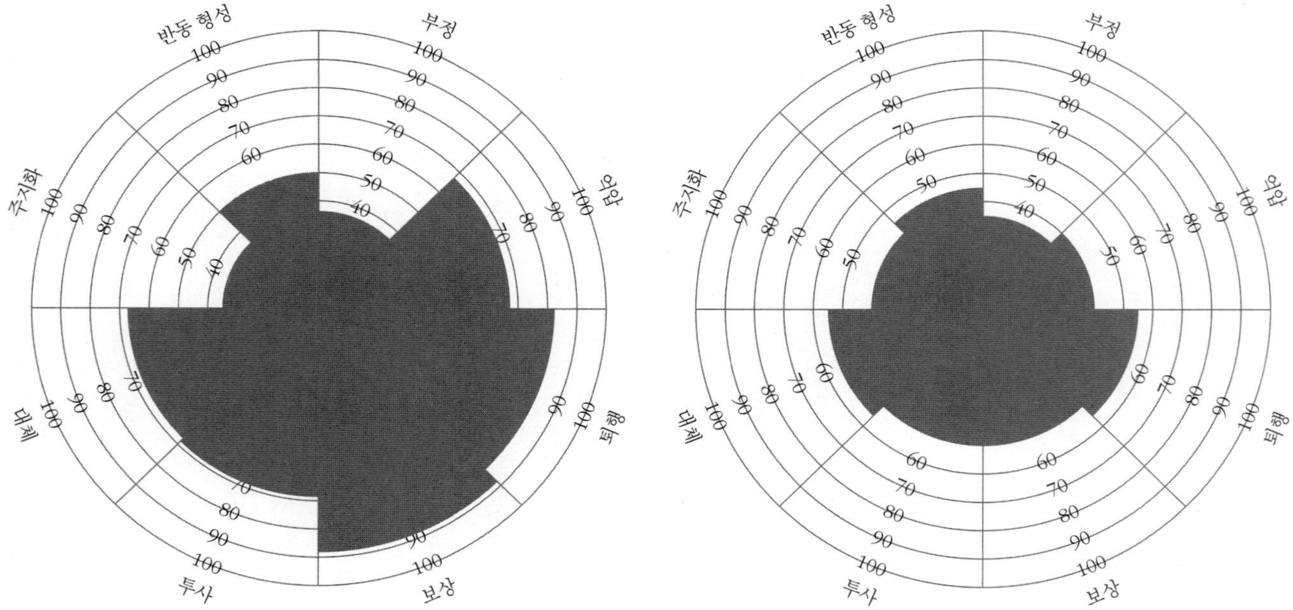

알코올중독 여성(N=17)　　　　비알코올중독 여성(N=23)

[그림 A-2] 알코올중독 여성(좌: n=17)과 비알코올중독 여성(우: n=23)의 프로파일 지수 비교

출처. "Sex Differences in Personality Traits and Coping Styles of Hospitalized Alcoholics," by H. R. Conte, R. Plutchik, S. Picard, M. Galanter, & J. Jacoby, 1991, *Journal of Studies on Alcohol, 52,* p. 30. 저작권은 Journal of Studies on Alcohol(1991)에 있으며, 승인에 따라 옮김.

시했다. 같은 병원의 내과 선별검사에 참여한 40명의 외래환자도 인구통계학적 비교 집단으로 이 종합검사를 완성했다.

알코올중독자들은 대체로 자신을 상당히 더 수동적이고 갈등을 겪으며 우울하다고 묘사한 것으로 결과가 나타났다. 알코올중독 여성들은 알코올중독 남성들보다 수동성, 공격성, 우울 그리고 갈등의 영역에서 유의미하게 높은 점수를 보였다. 알코올중독 여성들은 또한 비교 집단의 알코올중독이 아닌 여성들보다 더 순종적이고 수동적이며 우울한 것으로 나타났다. 전반적으로 입원한 알코올중독 여성들은 알코올중독이 아닌 여성이나 알코올중독 남성들보다 상당히 더 역기능적이라는 결과가 제시되었다. 이 차이들은 [그림 A-2]에서 나타난 원형을 채점한 성격 프로파일 Form B에서 보여진다.

자아방어의 측정(생활양식 지표)

정신진화론에 의해 내포된 정서 척도들과 같은 종류로 설명될 세 번째 척도는 자아방어를 측정한다. 검사 구성과 평가의 상세한 내용은 다른 곳(Conte & Apter, 1995; Plutchik, 1995; Plutchik et al. 1979)에 설명되어 있다. 여기에서는 일반적인 개관만 설명하고자 한다.

대부분의 임상가들, 심지어 정신분석이론에 동의하지 않는 임상가들도 자아방어 개념을 받아들이고 그것이 유용하다고 생각한다. 방어와 관련된 특정 문제를 둘러싸고 상당한 논쟁이 있긴 하지만(Plutchik, 1995; Westen, 1998), 이것은 사실이다. 예를 들어, 전문가들은 존재하는 자아방어의 숫자 및 어떤 방어가 가장 일차적인지에 대해서 동의하지 않는다. 그럼에도 불구하고, 어떤 방어는 서로 더 비슷하고 어떤 것들은 덜 비슷하며 양극이 존재한다는 것(예, 내사 대 전치)에 대해서는 상당 부분 동의한다. 또한 방어는 일반적으로 무의식적이라는 사실에도 동의한다.

이 생각은 원형이 방어들 간의 관계를 설명할 수 있을 것이라는 개념에 이르렀다. (6장에서 설명되었던) 이론도 방어가 정서의 파생물이고 각 기본정서마다 기본적인 방어기제가 존재한다고 암시하고 있다. 이 생각은 특정 기본방어를 측정하기 위하여 설계된 일련의 척도들을 개발하는 데 기초가 되었다.

생활양식 지표(Life Style Index, Conte & Apter, 1995)를 구성하는 척도는 자기보고(self-report) 척도다(〈표 A-4〉 참조). 이 척도들은 무의식 상태의 파생물에 기초하여 무의식 상태에 대한 통찰을 제공하기 위해 설계되었다. 예를 들어, 자신이 선입견이 없다고 강력하게 주장하는 사람은 부인(denial)을 자아방어로 사용하고 있을 수 있다. 이 아이디어를 확인하기 위하여, 우리 연구 집단은 숙련된 임상가 집단에게 각 척도의 관련성의 견지에서 척도들의 문항의 등급을 매기도록 요청했다. 그 결과는 〈예시 A-1〉에 제시되어 있다. 척도들의 내적 신뢰도는 중간 정도이고, 검사-재검사 점수들은 높은 상관이 있다(Conte & Apter, 1995).

〈표 A-4〉 생활양식 지표

이름 ____________ 성별 ________ 나이 ______ 날짜 ________

지침: 각각의 다음 진술문이 당신이 일반적으로 느끼거나 행동하는 방식을 설명하는지 나타내시오. 만일 진술문이 당신을 설명해 준다면 '예'라고 쓰인 첫째 칸에 체크하고, 만일 진술문이 당신을 설명하지 않는다면 '아니요'에 체크하시오.

	예	아니요
1. 나는 어울리기 아주 쉬운 사람이다.		
2. 내가 무엇인가를 원할 때 나는 그것을 얻기 위해 그냥 기다리고만 있을 수는 없다.		
3. 내가 저렇게 되었으면 하고 바랐던 사람이 항상 있었다.		
4. 사람들은 내가 감정적인 사람이라고 생각하지 않는다.		
5. 나는 외설적인 영화를 보면 격분한다.		
6. 나는 내 꿈을 거의 기억하지 못한다.		
7. 주변의 다른 사람들을 지배하는 사람들은 나를 화나게 한다.		
8. 나는 때때로 내 주먹으로 벽을 치고 싶은 강한 충동을 갖는다.		
9. 나는 사람들이 너무 많이 과시한다는 사실에 짜증이 난다.		
10. 내 공상 안에서 나는 항상 관심의 중심에 있다.		
11. 나는 절대 울지 않는 편이다.		
12. 나는 공중화장실을 이용하는 것이 매우 불쾌하다.		
13. 나는 항상 기꺼이 논쟁의 모든 측면을 들으려고 한다.		
14. 나는 쉽게 자제심을 잃는다.		
15. 사람들이 많은 곳에서 누군가가 나를 밀면, 나는 그 사람을 발로 차 버리고 싶다.		
16. 사람들은 나에 대한 많은 것을 우러러본다.		
17. 나는 화를 내는 것보다 일을 숙고하여 해결하는 것이 더 낫다고 믿는다.		
18. 나는 자주 아프다.		
19. 나는 얼굴에 대한 나쁜 기억이 있다.		
20. 누군가로부터 거절당했을 때, 나는 가끔 자살하고 싶다고 느꼈다.		
21. 외설적인 농담을 들을 때, 나는 매우 당황한다.		
22. 나는 항상 사물의 밝은 면을 본다.		

	예	아니요
23. 나는 적대적인 사람을 싫어한다.		
24. 나는 내가 소유한 것들을 버리는 데 어려움을 겪는다.		
25. 나는 사람들의 이름을 기억하는 데 어려움을 겪는다.		
26. 나는 너무 충동적인 경향이 있다.		
27. 소리 지르고 고함치는 것으로 바라던 바를 얻으려는 사람들을 보면 구역질이 난다.		
28. 나는 편견에서 자유롭다.		
29. 나는 사람들이 나에게 매력적이라고 말하게 하고 싶은 강한 욕구가 있다.		
30. 나는 여행갈 때, 미리 세세한 사항을 다 계획한다.		
31. 때때로 나는 핵폭탄이 세계를 파괴시켜 버리길 바란다.		
32. 포르노 영화는 혐오스럽다.		
33. 화났을 때 나는 많이 먹는다.		
34. 나는 절대로 사람들에 싫증을 느끼지 않는다.		
35. 나는 어린 시절에 대하여 많이 기억하지 못한다.		
36. 나는 휴가를 갈 때 종종 일거리를 들고 간다.		
37. 환상 속에서 나는 멋진 일들을 성취한다.		
38. 대부분의 사람들은 너무 이기적이어서 나를 짜증나게 한다.		
39. 끈적끈적한 어떤 것을 만지는 일은 나를 진저리치게 만든다.		
40. 누군가 나를 귀찮게 하면 나는 그 사람에게 그것을 말하지는 않지만, 다른 누군가에게 불평하는 경향이 있다.		
41. 나는 내가 주의하지 않으면 사람들이 나를 이용할 것이라고 생각한다.		
42. 나는 다른 사람들의 나쁜 점을 발견하는 데 시간이 오래 걸린다.		
43. 비극적인 일에 대해 듣거나 읽을 때 나는 전혀 영향을 받지 않는 것 같다.		
44. 논쟁할 때, 나는 보통 다른 사람들보다 더 논리적이다.		
45. 나는 칭찬받고 싶은 강한 욕구가 있다.		
46. 문란한 성관계는 역겹다.		
47. 차를 운전할 때, 나는 때때로 다른 차를 받아 버리고 싶은 강한 충동을 느낀다.		
48. 내 방식대로 일이 진행되지 않을 때, 나는 때때로 부루퉁해진다.		

	예	아니요
49. 피를 흘리고 있는 사람을 보더라도 나는 전혀 개의치 않는다.		
50. 나는 주목받지 못하면 화가 난다.		
51. 사람들은 내가 무엇이든 믿을 것이라고 말한다.		
52. 나는 나의 결점을 가려 주는 옷을 입는다.		
53. 상스러운 단어를 사용하는 것은 나에게 매우 어려운 일이다.		
54. 나는 사람들과 아주 많이 논쟁하는 것 같다.		
55. 사람들에 대해서 내가 아주 싫어하는 것 중 하나는 그들이 진실하지 못한 것이다.		
56. 사람들은 내가 매사에 너무 객관적이라고 말한다.		
57. 나의 도덕적인 기준은 내가 아는 대부분의 사람들보다 더 높다.		
58. 나는 감당할 수 없을 때, 울고 싶어진다.		
59. 나는 나의 정서를 표현하지 못하는 것 같다.		
60. 누군가와 부딪치면 나는 화가 난다.		
61. 나는 내가 좋아하지 않는 일들을 마음속에서 지워 버린다.		
62. 나는 상냥할 때가 거의 없다.		
63. 나는 관심의 중심이 되려고 항상 노력하는 사람을 싫어한다.		
64. 나는 많은 것을 수집한다.		
65. 나는 내가 관심 가진 것을 잘하기 위해서 대부분의 사람들보다 더 열심히 일한다.		
66. 아이가 우는 소리를 듣는 것은 나에게 영향을 주지 않는다.		
67. 나는 너무 화가 나 있어서 물건들을 던져 버리고 싶다.		
68. 나는 항상 낙관적이다.		
69. 나는 거짓말을 많이 한다.		
70. 나는 사람들을 사귀는 데보다 일을 완수하는 데 더 전념한다고 생각한다.		
71. 대부분의 사람들이 싫다.		
72. 나는 X 등급을 받은 영화는 절대 보러가지 않을 것이다.		
73. 나는 사람들을 신뢰할 수 없기 때문에 화가 난다.		
74. 나는 좋은 인상을 주기 위해 어떤 일이든 할 것이다.		
75. 내가 한 일들 중 어떤 것은 내가 왜 했는지 이해할 수 없다.		
76. 나는 폭력적인 것을 많이 보여 주는 영화를 일부러 보러 간다.		

	예	아니요
77. 나는 대부분의 사람들이 생각하는 것보다 이 세상은 훨씬 나은 편이라고 생각한다.		
78. 실망했을 때 나는 아주 침울하게 행동한다.		
79. 요즘 사람들이 바닷가에서 옷을 입는 방식은 점잖지 못하다.		
80. 나는 내 감정이 극단으로 흐르지 않게 한다.		
81. 나는 어려움에 빠지지 않도록 최악의 상황에 대비해 계획한다.		
82. 내 삶은 너무 멋지기 때문에 많은 사람이 나처럼 되어 보고 싶어 한다.		
83. 내가 화났을 때 무언가를 아주 세게 때리거나 차다가 잘못해서 내가 다치게 된 적이 있다.		
84. 나는 도덕적인 기준이 낮은 사람들을 경멸한다.		
85. 나는 학교에 다녔을 때의 처음 몇 년에 대해 기억하는 것이 거의 없다.		
86. 내가 화났을 때, 나는 유아적으로 행동하는 것을 억제할 수 없다.		
87. 나는 내 느낌보다 내 생각에 대하여 이야기하는 것이 더 편안하다.		
88. 나는 내가 시작한 어떤 일도 끝낼 수 없을 것 같다.		
89. 잔혹한 행위들에 대해 듣는 것은 나를 괴롭게 하지 않는다.		
90. 우리 가족들은 다른 가족 구성원에게 거의 절대 반대하지 않는다.		
91. 나는 사람들에게 고함을 많이 친다.		
92. 나는 출세하기 위해서 다른 사람을 밟고 가는 사람들을 싫어한다.		
93. 화가 났을 때 나는 종종 술에 취한다.		
94. 나는 대부분의 사람들보다 더 적은 수의 문제를 갖고 있기 때문에 행운이다.		
95. 어떤 것이 나를 괴롭게 할 때면 나는 평상시보다 잠을 더 많이 잔다.		
96. 나는 대부분의 사람들이 출세하기 위해서 거짓말하는 방식이 역겹다.		
97. 나는 상스러운 단어들을 많이 쓴다.		

주: © Learning Foundation, Inc. 1999.

예시 A-1 | 여덟 가지 자아방어 척도와 가장 관련성이 높은 문항

- 보상: 내 공상 안에서 나는 항상 관심의 중심에 있다.
- 부인: 나는 편견에서 자유롭다.
- 전치: 누군가가 나를 귀찮게 하면 나는 그 사람에게 그것을 말하지는 않지만, 다른 누군가에게 불평하는 경향이 있다.
- 주지화: 내 느낌보다 내 생각에 대하여 이야기하는 것이 더 편안하다.
- 투사: 내가 주의하지 않으면 사람들이 나를 이용할 것이라고 생각한다.
- 반동 형성: 포르노 영화는 혐오스럽다.
- 퇴행: 나는 주목받지 못하면 화가 난다.
- 억압: 내 꿈을 거의 기억하지 못한다.

많은 연구가 생활양식 지표의 타당성을 밝혀 왔다. 예를 들어, 한 개를 뺀 모든 척도가 불안 척도와 유의하게 상관이 있었고 자존감 척도들과는 부적인 상관을 보였다. 정신질환자들은 평균적으로 통제집단 참가자들보다 대부분의 척도에서 점수가 높았다. 정신질환자들의 자살 위험은 퇴행 및 전치(displacement)와 정적 상관이 있는 것으로 나타났고 부인(denial)과는 부적 상관이 있는 반면, 폭력의 위험(독립된 검사로 측정됨)은 투사(projection) 및 부인과 정적 상관이 있었다.

우울증 환자들은 억압, 퇴행 그리고 반동 형성 척도들에서 정상보다 유의하게 높은 점수를 보인다. 지이 강도는 주지화(intellectualization)와 정적 상관을 보이고 전치 및 부인과 부적 상관을 보인다.

정상적인 노년 여성은 정상적인 노년 남성보다 반동 형성과 퇴행을 사용할 가능성이 더 높다. 여성들은 또한 생활에서 더 많은 수의 문제들을 경험한다고 보고한다. 생활 문제와 자아방어에 대한 총점은 상관이 높다.

성격장애 진단과 상관이 있는 생활양식 지표에 대한 또 다른 연구(Greenwald, Reznikoff, & Plutchik, 1994)는 Millon Clinical Multiaxial Inventory(Millon, 1987)에서 얻어진 것을 조사 분석했다. 표집은 74명의 입원한 알코올중독자 집단으로 구성되었다. 각 성격장애 진단은(8개 척도 중 6개의) 특정한 자아방어와 가장 상관이 높았는데, 이는 정서의 파생물로서의 방어이론과 일관된 것이다(6장 참조). 예를 들어, 연극성 성격장애는 부인과 가장 상관이 높았던 반면, 편집성 성격장애는 투사와 가장 상관이 높았다(Greenwald, Reznikoff, & Plutchik, 1994).

최근 몇 년간, 생활양식 지표는 네덜란드어, 노르웨이어, 러시아어, 히브리어 그리고 중국어로 번역되어 왔다. 이스라엘에서의 연구들 중 하나는 점수 프로파일이 어떻게 생겼는지 예를 들어 설명하는데 사용될 수 있다. 이스라엘의 한 정신병원에 있는 총 130명의 청소년 환자는 생활양식 지표와 몇 가지 다른 척도들을 검사받았다. 130명 중 40명은 자살 시도 이후 수용되었다. 비교 자료는 자살과 무관한 고등학교 학생 집단(통제 집단)으로부터 얻어졌다. 자살과 관련된 환자들은 통제 집단보다 억압, 퇴행 그리고 총 방어 점수들이 유의하게 높다는 결과가 나왔다. 자살 관련 환자들의 결과 모형은 [그림 A-3]에 제시되어 있다.

자살 관련 환자들을 자살과 무관한 입원환자들과 비교해 볼 때, 자살 관련 환자들이 자아방어 점수가 가장 높았고 자살과 무관한 입원환자들이 중간 정도의 방어 점수를 나타냈으며, 통제 집단은 가장 낮은 방어 점수를 보였다. 자살 시도로 수용된 환자들이 다른 두 집단보다 더 혼란을 겪고 있고 더 큰 갈등 상황에 놓여 있는 것으로 보인다.

[그림 A-3]은 자살 관련 환자들이 반동 형성, 퇴행, 투사 그리고 주지화에 대하여 표준(백분위수 50)보다 상당히 상위에 있음을 보여준다. 임상적인 관점에서 보면, 반동 형성 점수가 높다는 것은 자살 관련 환자들이 특히 성과 관련하여 자신들이 높은 도덕적 기준을 가지고 있다고 믿고 있음을 의미한다(예, 음란한 언어의 사용, 포르노를 보는 것 그리고 문란한 성관계). 이 개념은 그들의 높은 주지화 점수에

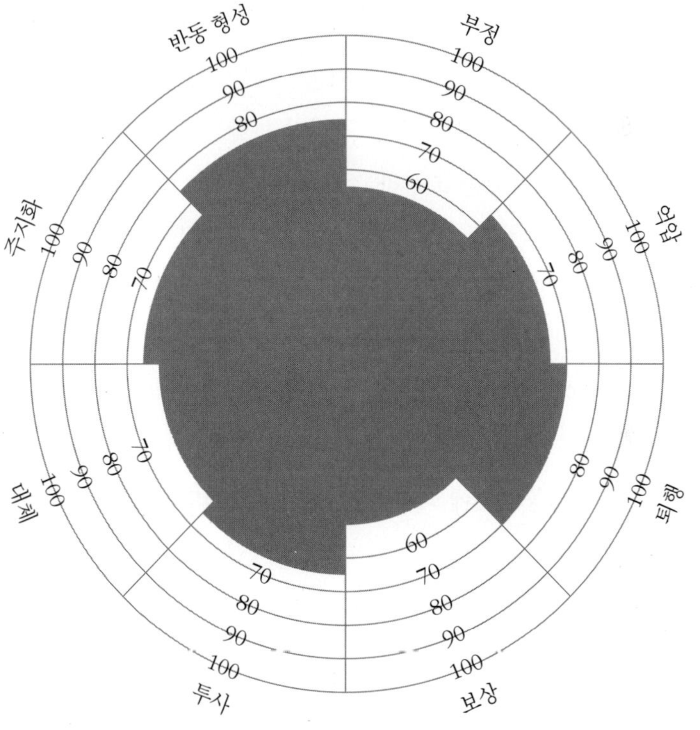

[그림 A-3] 40명의 자살 관련 청소년의 생활양식 지표의 백분위수 점수

출처: "The Life Style Index: A Self-Reported Measure of Ego Defenses" (p. 195), by H. R. Conte & A. Apter, 1995. In *Ego Defenses: Theory and Measurement*, edited by H. R. Conte & R. Plutchik. 저작권은 John Wiley & Sons(1995)에 있으며, 승인에 따라 옮김.

의해 뒷받침되는데, 이는 그들이 쉽게 정서나 감정을 표현하지 않고 그들 자신을 대부분의 사람들보다 더 합리적이고 객관적이라고 본다는 사실을 의미한다.

이 자살 관련 청소년들의 갈등은 그들이 투사와 퇴행에서 동시에 높은 점수를 나타내는 것을 볼 때 좀 더 뚜렷해진다. 이러한 점수는 환자들이 자신의 수용할 수 없는 충동들을 다른 사람에게 투사하는 경향이 있다는 것을 의미한다(예, 그들은 '적대적인 사람을 싫어함'이라고 보고한다.). 그들의 높은 퇴행 점수는 그들이 충동적이고, 변덕스럽고, 좌절했을 때 유아적으로 행동한다는 것을 의미한다. 그러므로 이 척도 점수는 갈등을 겪는 청년기 사람들에 대한 그림을 보여주는데, 이들은 자신을 고상하고 성숙한 동시에 화가 나 있고 유아적이라고 묘사한다.

생활양식 지표는 무의식적인 방어기제의 의식적인 파생물을 측정하는 합리적인 방법으로 보인다. 이 검사는 실시하고 채점하기가 쉬우며 자아방어와 불안, 자존감, 알코올중독, 자살, 폭력 그리고 다른 임상적인 변수들 사이의 몇몇 흥미로운 관계를 드러냈다. 이는 이론에 근거하고 정동이론에 의하여 생겨난 척도 집단의 일부분이다.

AECOM 대처 척도

정서 관련 척도들 중 마지막은 AECOM 대처 척도다(Plutchik, 1989). (나는 'AECOM' 이라는 두문자어를 선택했다. 이 척도는 내가 알베르트 아인슈타인 의과대학에서 종신 교수로 있는 동안 개발되었기 때문이다.) 6장에서 자세하게 설명되었듯이, 대처양식은 자아방어와 관련되어 있지만, 일반적으로 방어가 미성숙한 자아에 의해 실행되는 불안과 삶의 문제를 다루려는 무의식적인 시도인 반면, 대처양식은 일반적으로 성숙한 개인이 문제를 풀기 위해 사용하는 의식적인 시도다. 대처양식은 자아방어가 그런 것과는 달리, 어떤 정신병리적 함의도 갖지 않다는 것을 강조하는 것이 중요하다. 대처양식은 모든 사람이 삶의 문제를 다루기 위해 다양하게 이용하는 흔한 보통의 방법이다. 어떤 양식이 다른 것보다 더 잘 작용하긴 하지만, 그 양식들은 개인이 접할 수 있는 거의 모든 문제에 적용될 수 있을 만큼 일반적이다. 성인이 특정 대처양식과 특정 방어를 동시에 사용하는 것도 가능하다.

정동에 대한 정신진화론의 파생 모델은 대처양식이 각각의 기본방어에 대한 의식적인 대응물로서 존재한다고 가정한다. 예를 들어, 억압이라는 자아방어에 대한 의식적인 대응으로서, 불안과 좌절을 고의적으로 피하기 위하여 특정 종류의 행동을 금지하는 대처양식이 존재한다. 억제와 회피는 억압이라는 무의식적인 기제에 대한 의식적인 대처양식으로 시사된다. 이와 유사하게, 부정이라는 무의식적인 기제는 스트레스가 심한 사건의 중요성을 축소시키려는 의식적인 대처기제에 대한 전조가 될 수 있다. 따라서 이 대처양식은 최소화라고 불린다. 여덟 가지 기본정서 각각에 관련된 자아방어와 파생된 대처양식이 있음을 전제로 대처양식 모델이 제시되었다. 다양한 대처양식은 다음과 같이 명명되었다(관련된 방어가 괄호 안에 함께 나열됨). 억제(억압), 최소화(부인), 반전(반동 형성), 매핑(주지화), 대체(전치), 비난(투사), 대치(보상) 그리고 도움 추구(퇴행) 등이다. 이 개념들은 6장에서 정의되었다.

5명의 임상가 집단은 사람들이 문제에 대처하기 위해 사용하는 많은 방식을 반영하는 문항들을 구성하기 위해서 정기적으로 모였다. 대처 방법들이 상대적으로 적은 수의 범주로 묶일 수 있다는 것이 점점 더 명백해졌다. 여기에 제안된 여덟 가지 기본 대처양식의 도식은 여덟 가지 기본 자아방어와 대응하는 데 일반적이면서도 간결해 보인다.

집단원 간의 동의가 이루어진 다음 10명의 정신과 의사로 구성된 독립된 집단에 문항이 제시되었다. 이들에게 각 문항이 적절하게 이론적 모델에 의해 정의된 대로 여덟 가지 각각의 기본 대처양식을 잘 반영하였는지 그 정도를 나타내 달라고 요청했다. 그들의 응답에 근거하여 몇 가지 문항이 제외되었고, 어떤 문항에서는 단어가 교체되었다.

AECOM 대처 척도라고 명명된 95문항의 척도는 응답자가 얼마나 자주 설명된 방식으로 느끼거나 행동하는지를 4점 척도로 나타내는 형식으로 통합되었다(〈표 A-5〉 참조). 예를 들어, 최소화의 대처양식은 "어떤 것들이 나를 괴롭게 하면 나는 그것을 무시할 수 있다."와 "나는 문제가 문제 자체를 스스로 살피는 방식이 있다고 생각한다."와 같은 문항으로 나타난다. 억제는 "나는 불쾌한 것들에 대해 생각하지 않으려고 노력한다."와 "나는 장례식을 피한다."와 같은 문항으로 표현된다. 도움 추구는 "나에게 문제가 있을 때 나는 다른 사람들의 도움을 받으려고 노력한다."와 "나는 상황을 책임지고 있는 사람들과 관계를 맺기 위해 노력한다."와 같은 문항에 의해 밝혀진다.

AECOM 대처 척도는 여러 비환자 집단과 환자 집단에 실시되어 왔고 수정되어 왔기 때문에 현재 버전은 87문항을 포함하고 있다. 120명의 대학생 집단을 통해 만들어진 예비 규준이 이용 가능하다. 대학생 표집에서는 대처양식에서 성차는 발견되지 않았다. 알파계수에 의해 측정된 여덟 가지 대처 척도의 내적 신뢰도는 .58에서 .79까

〈표 A-5〉 AECOM 대처 척도

이름 ________________ 성별 ________ 나이 ________ 날짜 ________

지침: 사람들이 여러가지 상황에서 어떻게 행동하는지 또는 사람들이 다양한 상황에 대해 어떻게 느끼는지를 설명하는 진술문이 여기에 나열되어 있다. 각 진술문이 얼마나 자주 당신의 행동이나 느낌을 설명하는지 적절한 칸에 체크하여 나타내시오.

	전혀	드물게	때때로	자주
1. 나는 낙관주의자다.				
2. 나는 불쾌한 일에 관해 생각하는 것을 피한다.				
3. 문제가 있을 때, 나는 다른 사람의 도움을 얻기 위해 노력한다.				
4. 만약 질병이나 사고로 내가 일상의 일을 못하게 된다하더라도, 나는 여전히 할 수 있는 유용한 일을 찾을 것이다.				
5. 만약 다른 사람들이 나를 위해 결정하는 것을 그만둔다면, 나는 내 스스로 결정을 내릴 수 있을 것이다.				
6. 나는 화가 나면 먹을 것을 찾는다.				
7. 나는 결정을 내리기 전에 가능한 한 많은 정보를 찾는다.				
8. 나는 불쾌한 상황에서도 재미있는 측면을 보려고 노력한다.				
9. 나는 일어날 문제에 대해 미리 걱정하지 않는다.				
10. 나는 내 문제에 대해 생각하지 않으려고 노력한다.				
11. 나는 나보다 일을 더 잘 처리할 수 있는 사람들과 관계되려고 노력한다.				
12. 나는 체형을 좋게 만들려고 정기적으로 운동한다.				
13. 나의 일이 잘못될 때, 그것은 다른 누군가의 잘못이다.				
14. 나는 내 문제를 마음속에서 지워 버리려고 소설을 읽는다.				
15. 문제가 있을 때, 나는 그것을 처리할 수 있는 모든 방법을 생각하려고 노력한다.				

	전혀	드물게	때때로	자주
16. 나는 내가 좋아하지 않는 사람들에게 친절하기 위해 더 많은 노력을 기울인다.				
17. 나는 일이 다른 사람들에게 보이는 것만큼 나쁘다고는 생각하지 않는다.				
18. 나는 장례식을 피한다.				
19. 화났다고 느낄 때, 나는 보살핌받길 원한다.				
20. 친구를 잃는다면, 다른 친구를 사귀려고 노력한다.				
21. 만일 사람들이 나를 귀찮게 하지 않는다면, 나는 더 많을 것을 해낼 수 있을 것이다.				
22. 화났을 때, 나는 신체활동을 함으로써 화를 푼다.				
23. 나는 모든 문제를 주의 깊게 분석하려고 노력한다.				
24. 화가 났을 때, 나는 내 감정을 숨기려고 노력한다.				
25. 나는 아픔과 고통을 무시한다.				
26. 나는 영화에서 불안하게 하는 장면을 보지 않는다.				
27. 아플 때, 나는 침대에서 보살핌받는 것을 좋아한다.				
28. 내가 어떤 것을 잘 하지 못했을 때, 나는 개선하려고 노력한다.				
29. 다른 사람들이 간섭하기 때문에 나는 내 일을 끝낼 수가 없다.				
30. 불안함을 느낄 때 나는 산책을 간다.				
31. 나는 어떤 결정을 내리기 전에 가능한 좋은 결과와 나쁜 결과들을 그려 보려고 노력한다.				
32. 내가 집단 내에서 수줍음을 느낄 때면, 나는 한층 더 사람들에게 접근하도록 내 자신을 밀어붙인다.				
33. 나는 문제는 그 자체의 해결 방식을 가지고 있다고 생각한다.				
34. 나는 병원에 있는 사람을 방문하는 것을 피한다.				
35. 나는 중요한 어떤 것을 사기 전에 다른 누군가의 의견을 듣는다.				
36. 나는 슬플 때, 나 자신을 즐겁게 만들 어떤 일을 하려고 노력한다.				

	전혀	드물게	때때로	자주
37. 만일 사람들이 내 삶에 간섭하는 것을 멈춘다면 나는 한결 더 잘 살 것이다.				
38. 나는 긴장을 느낄 때 손으로 작업하는 것을 좋아한다.				
39. 나는 어떻게 내 문제를 풀 것인가에 대해 생각하면서 많은 시간을 보낸다.				
40. 긴장되거나 불쾌한 상황에 있을 때, 나는 재미있는 말을 생각해 내려 노력한다.				
41. 나는 매우 심하게 아프기 전에는 의사에게 진찰을 받으러 가지 않는다.				
42. 나는 불행한 영화를 피한다.				
43. 화가 났을 때, 나는 무엇이 나를 괴롭히는지에 대해 말할 누군가를 찾으려 노력한다.				
44. 나와 가까운 누군가가 죽었을 때, 나는 상실감을 지워 버리기 위해 계속 바쁜 생활을 유지한다.				
45. 다른 사람들 때문에 내 문제가 생긴다.				
46. 내가 문제가 있을 때, 나는 그것을 해결하기 위하여 필요한 모든 방법을 생각해 보려 노력한다.				
47. 나는 불평을 하지 않는 사람이다.				
48. 나는 모든 일이 다 잘될 것을 확신하기 때문에 어떤 일에 대해 미리 걱정하지 않는다.				
49. 나는 죽음에 대해 이야기하는 것을 피한다.				
50. 나는 화가 났을 때 혼자 있는 것을 피한다.				
51. 나는 내 약점을 극복하기 위해 열심히 노력한다.				
52. 만일 사람들이 그렇게 많이 논쟁하지 않는다면, 나는 사람들과 더 잘 지낼 수 있을 것이다.				
53. 일이 나에게 너무 버거워질 때, 나는 공상을 한다.				
54. 만약 의사가 나에게 심각한 질병이 있다고 말한다면, 나는 내가 할 수 있는 한 많이 그 병에 대해 알려고 노력할 것이다.				

	전혀	드물게	때때로	자주
55. 내가 모임에서 마음에 걸리는 일을 말하는 것에 대해 불편하게 느끼더라도, 나는 어쨌든 말할 것이다.				
56. 무언가가 나를 괴롭게 할 때, 나는 그것을 무시할 수 있다.				
57. 나는 상을 당한 사람을 방문하는 것을 피한다.				
58. 무엇인가에 대해 확신하지 못할 때, 나는 다른 사람들에게서 조언을 구한다.				
59. 불행하다고 느낄 때, 나는 나를 기운 나게 해 줄 무언가를 하기 위해 노력한다.				
60. 만일 다른 사람들이 나에게 더 친절했다면 나는 더 많은 것을 해낼 수 있을 것이다.				
61. 화가 났을 때, 독서는 나를 차분하게 해 준다.				
62. 내가 결정해야 할 것이 많을 때, 어떤 일을 하기 전에 무엇이 가장 중요한 것인지 결정한다.				
63. 내가 당황스러운 상황에 처해 있을 때, 나는 편안한 것처럼 행동하려고 노력한다.				
64. 나는 걱정할 가치가 있는 것이 거의 없다고 느낀다.				
65. 나는 불쾌한 상황은 피하려고 노력한다.				
66. 일이 잘못될 때 나는 나 자신에게 미안하게 느낀다.				
67. 나와 가까운 누군가가 죽었을 때 나는 누군가를 잃은 다른 사람을 도와줄 것이다.				
68. 만일 담당 의사가 더 많이 안다면, 나는 그의 충고를 더 기꺼이 따를 것이다.				
69. 긴장될 때 나는 사람들에게 전화한다.				
70. 슬픔을 느낄 때 나는 웃음으로 숨기려고 한다.				
71. 정기적인 건강검진은 시간을 낭비하는 것이라고 생각한다.				
72. 나는 불쾌한 뉴스를 읽는 것을 피한다.				
73. 나는 화가 났을 때, 내가 얼마나 불쾌한지 사람들이 알게 한다.				

	전혀	드물게	때때로	자주
74. 내가 어떤 것을 처음에 할 수 없다면, 나는 그것을 배우기 위해 기꺼이 많은 시간을 투자할 것이다.				
75. 만일 사람들이 나를 이용하지 않는다면, 나는 다른 사람들과 더 잘 어울릴 수 있을 것이다.				
76. 걱정되거나 화가 났을 때, 나는 긴장을 풀기 위해 술을 몇 잔 마신다.				
77. 내가 위험하다고 생각했던 운동을 해 보고 싶어진다면, 나는 시도할 것이다.				
78. 아무리 상황이 나빠 보여도 나는 그것이 나를 화나게 내버려 두지 않는다.				
79. 매우 초조할 때, 나는 진정제를 먹는다.				
80. 문제가 생기면, 나는 자포자기한다.				
81. 내 신체의 매력적이지 않은 부분을 최소화하기 위해서 나는 옷을 산다.				
82. 우울하다고 느낄 때, 나는 음식을 먹는다.				
83. 나는 모험을 하는 것이 두렵지 않다. 왜냐하면 사람은 죽을 때가 되면 죽기 때문이다.				
84. 나는 의지를 다지는 것에 관해 생각하지 않으려 한다.				
85. 나는 나의 식습관을 주시하기 때문에 몸무게가 늘어나지 않을 것이다.				
86. 나는 공동묘지에 가는 것을 피한다.				

주: © Learning Foundation, Inc. 1999.

지에 이르고 평균은 .70이다. 전문가의 소진(burnout)에 대한 일련의 워크숍에서의 교육 도구로서 척도를 사용하는 것이 Wilder와 Plutchik(1982)에 의해 설명되었다.

출간되지 않은 연구(Plutchik & Lang, 1990)에서 캐나다 교도소 내의 199명의 재소자에게 AECOM 대처 척도와 함께 몇 가지 다른 검사를 완성하도록 요청했다. 76명의 캐나다 대학생 집단도 동일한 종합검사를 완성했다. 대학생들은 죄수들보다 최소화, 대체 그리고 반전에서 유의하게 점수가 높았고, 억제, 도움 추구 그리고 매핑에서 점수가 유의하게 낮았다. 재소자들의 대처양식이 그들 부모의 양육 방식과 상관되어 있을 때, 어머니의 거부와 우울이 높으면 재소자들이 문제를 해결할 때 대처 전략으로 도움 추구를 사용하는 경향이 있다는 것이 밝혀졌다.

아버지의 사교성의 정도는 억제의 대처양식과 부(−)적으로 관련되어 있음이 밝혀졌다. 다시 말하면, 자녀와 따뜻하게 어울리지 않는 아버지를 둔 자녀는 많은 사회적 만남을 피하는 경향이(적어도 이 죄수들 표집에서는) 있다는 것이다 .

Bell 통신회사의 74명의 중간관리자에 대한 연구(Bunker, 1982)에서는 대처 척도 점수와 다른 검사 자료뿐만 아니라 스트레스 수준 사이의 상관이 밝혀졌다. 많은 심리적 증상을 가졌다고 평가된 관리자들은 적은 심리적 증상을 가진 관리자들보다 부정의 방어와 비난의 대처양식에서 유의하게 높은 점수를 보였다. 그들은 또한 덜 효과적인 관리자로 평가받았다. 효과적인 대처자라고 평가받은 관리자들은 매핑에서 상대적으로 높은 점수를 얻었다. 스트레스 수준이 낮다고 평가된 관리자와 높다고 평가된 관리자를 비교해 보면, 스트레스 수준이 낮은 사람은 억제와 매핑을 제외한 대부분의 대처양식에서 상대적으로 점수가 낮았다. 반면 스트레스 수준이 높은 사람은 반전과 도움 추구를 제외하고는 모든 것에서 점수가 높았다. 이 패턴은 심리적 증상의 존재 및 직업에서의 기능 수준이 대처양식과 관련되어 있음을 나타낸다.

중독 치료병동에 입원한 40명의 알코올중독자들을, 그들과 일반적인 사회적 배경은 같지만 경증의 신체적 질병 치료를 위해 응급실의 검사실에 온 40명의 환자 통제 집단과 비교하였다. 모든 환자는 대처 척도가 포함된 종합검사를 받았다.

[그림 A-4]는 40명의 알코올중독 입원환자의 대처양식 프로파일을 보여 준다. 그들은 삶의 스트레스를 다루는 방식으로 억압을 사용하는 경향성이 강한 것으로 보인다. 또한 그들의 문제에 대하여

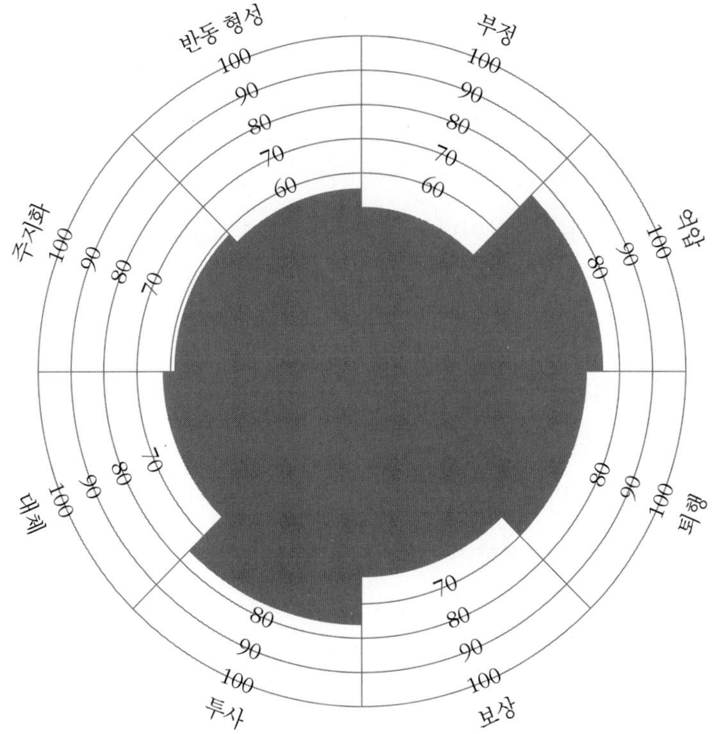

[그림 A-4] 성격특질에서 성별에 따른 알코올중독 입원환자 집단 40명의 대처 프로파일과 알코올중독 입원환자의 대처양식

출처: "Sex Differences in Personality Traits and Coping Styles of Hospitalized Alcoholics," by H. R. Conte, R. Plutchik, S. Picard, M. Galanter & J. Jacoby, 1991, *Journal of Studies on Alcohol, 52,* p. 29. 저작권은 Journal of Studies on Alcohol(1991)에 있으며, 승인에 따라 옮김.

다른 사람을 비난할 가능성이 아주 높고, 다른 사람에게 도움을 얻고자 하는 경향성이 강하다(아마도 이 경향성이 알코올중독자들을 의존적 성격으로 묘사하는 근거일 것이다.). 알코올중독자들은 대응된 통제집단보다 이 대처 영역들에서 유의하게 점수가 높았다.

Conte, Plutchik, Schwartz 그리고 Wild(1983)는 정신분열증으로 입원한 사람들의 퇴원 후 변화를 예측해 보려는 노력으로 AECOM 대처 척도를 사용했다. 이 조사에서, 정신분열증으로 입원한 환자 집단은 성격, 정동, 갈등, 자아방어 그리고 대처양식의 영역을 측정하기 위하여 설계된 종합 자기보고 질문서를 완성했다. 비슷한 평가가 각 환자의 주 치료자에 의해 실시되었다. 그 후 2년 동안 재입원한 환자들을 확인했다. 병원으로의 재입원을 가장 잘 예측했던 것은 두 가지 자아방어인 부인과 전치 그리고 억제의 대처양식을 포함하고 있음이 밝혀졌다. 이 마지막 결과는 재소자들이 또한 통제집단보다 억제를 유의하게 더 많이 사용한다는 사실이 밝혀졌던 재소자들에 대한 연구와도 일치한다.

Josepho와 Plutchik(1994)은 대인관계 문제, 대처양식 그리고 자살 위험 사이의 관계를 조사했다. 연구 표집은 71명의 대형 시립병원 내 성인 정신질환 입원환자로 구성되었다. 1/4(25%)의 환자들이 자살 시도 때문에 수용되었고, 대략 2/5(40%)의 환자들이 수용의 한 이유로서 자살 사고를 가지고 있었다.

각 환자는 자살 위험 척도, 문제 체크리스트 그리고 AECOM 대처 척도 등을 완성하도록 요청받았다. 대인관계 문제 수치가 유의미하게 그리고 정적으로 자살 위험과 관련되어 있다는 결과가 나타났다. 자살을 시도한 환자들은 비교 집단들(예, 자살 사고만 갖고 있는 환자들과 자살 징후가 없는 환자들)보다 유의하게 더 많은 문제를 갖고 있었고, 억제의 대처양식이 유의하게 높았다. 그들은 또한 전치의 대처양식이 유의하게 낮았다(예, 자신 안에 또는 상황 안에 존재하는 한계점을 개선하기). 또한 최소화하려는 경향성이 많을수록(예, 문제가 다른 사람들이 생각하는 것만큼 중요하지 않다고 추정하기) 자살 위험이 낮아진다는 것이 부분적인 상관분석을 통해 나타났다. 한 집단의 대처척도가 문제 스트레스 척도에 추가되었을 때, 자살 위험의 예측이 크게 향상되었다.

요 약

이 부록은 기분, 정서, 성격특질, 자아방어 그리고 대처양식 등을 측정하는 데 사용될 몇 가지 검사와 척도를 설명했다. 여기에 포함된 척도들은 측정될 기본 영역이 모두 기본정서 또는 여덟 가지 기본정서의 파생물들이라는 점에서 정신진화론적 정동이론에 근거한다. 가장 적절한 척도는 이론에서 파생된 것으로 척도 실시의 결과가 이론의 발전이나 수정에 기여할 수 있는 것이다. 이론에 근거한 척도들은 또한 단순히 경험적인 척도들보다 광범위한 법칙적 네트워크를 가지고 있다. 여기에서 설명된 각각의 검사에 대하여, 몇몇 경험적 증거가 임상적 환경에서 이 도구들의 유용성을 보여 주기 위하여 제시되었다. 측정 도구가 다양하다는 것은 정서의 측정이 형용사 체크리스트로 주관적인 느낌을 측정하는 것보다 훨씬 더 광범위한 문제임을 의미한다(Plutchik & Conte, 1989b; Plutchik & Van Praag, 1998). 정서연구 분야는 많은 수의 현상으로 이루어져 있고, 정서와 그 파생물의 이상적인 측정은 범위가 다양하고 이론에 근거하며 이 복잡한 현상에 체계적으로 관련되어 있다.

참고문헌

Akhtar, S. (1992). *Broken structures: Severe personality disorders and their treatment.* Northdale, NJ: Jason Aronson.

Alexander, R. D. (1987). *The biology of moral systems.* Hawthorne, NY: Aldine De Gruyter.

Allen, B., & Potkay, C. R. (1981). On the arbitrary distinction between states and traits. *Journal of Personality and Social Psychology, 4,* 916-928.

American Psychiatric Association. (1967). *Diagnostic and statistical manual of mental disorders* (2nd ed.). Washington, DC: Author.

American Psychiatric Association. (1980). *Diagnostic and statistical manual of mental disorders* (3rd ed.). Washington, DC: Author.

American Psychiatric Association. (1987). *Diagnostic and statistical manual of mental disorders* (3rd ed., rev.). Washington, DC: Author.

American Psychiatric Association. (1994). *Diagnostic and statistical manual of mental disorders* (4th ed.). Washington, DC: Author.

American Thesaurus of Slang. (1953). New York: Cravell.

Arieti, S. (Ed.). (1974). *American handbook of psychiatry.* New York: Basic Books.

Averill, J. R. (1975). A semantic atlas of emotional concepts. *Catalog of Selected Documents in Psychology, 5,* 330 (Ms. No. 421).

Barkow, J. H., Cosmides, L., & Tooby, J. (1992). *The adapted mind: Evolutionary psychology and the generation of culture.* New York: Oxford University Press.

Bellak, L. (1984). The flexibility of EFA. In L. Bellak & L. A. Goldsmith (Eds.), *The broad scope of ego function assessment* (pp. 6-19). New York: Wiley.

Bellak, L., Hurvich, M., & Gediman, H. K. (1973). *Ego functions in schizophrenics, neurotics, and normals.* New York: Wiley.

Benjamin, L. S. (1993). *Interpersonal diagnosis and treatment of personality disorders.* New York: Guilford Press.

Benjamin, L. S. (1996). *Interpersonal diagnosis and treatment of personality disorders* (2nd ed.). New York: Guilford Press.

Bibring, G. L., Dwyer, T. F., Huntington, D. S., & Valenstein, A. F. (1961). A study of the psychological processes in pregnancy and in the earliest mother-child relationship. Appendix B. Glossary of defenses. *Psychoanalytic Study of the Child, 16,* 62-72.

Blashfield, R. K. (1986). Structural approaches to classification. In T. Millon & G. L. Klerman (Eds.), *Contemporary directions in psychopathology: Toward the* DSM-IV (pp. 363-380). New York: Guilford Press.

Bogdan, R. J. (1997). *Interpreting minds.* Cambridge, MA: Bradford Books.

Bond, M., Gardner, S. T., Christian, J., & Sigal, J. J. (1983). Empirical study of self-rated defense styles. *Archives of General Psychiatry, 40,* 333-338.

Brenner, C. (1974). On the nature and development of affects: A unified theory. *Psychoanalytic Quarterly, 43,* 532-556.

Brenner, C. (1975). Affects and psychic conflict. *Psychoanalytic Quaterly, 44,* 5-28.

Buirski, P., Plutchik, R., & Kellerman, H. (1978). Sex differences, dominance, and personality in the chimpanzee. *Animal Behavior, 26,* 123-129.

Bull, N. (1952). The attitude theory of emotion. *International Record of Medicine, 165,* 216-220.

Bull, N., & Gidro-Frank, L. (1950). Emotions induced and studied in hypnotic subjects, II. *Journal of Nervous and Mental Disease, 112,* 97-120.

Bunker, K. A. (1982). *Comparisons of marketing subjects high and low in psychological symptoms* (Rep. No. CA2059, 114). New York: American Telephone & Telegragh Co. Assessment Center.

Cannon, W. B. (1929). *Bodily changes in pain, hunger, fear and rage* (2nd ed.). New York: Appleton.

Cantor, N., & Harlow, R. E. (1994). Personality, strategic behavior, and daily-life problem solving. *Current Directions in Psychological Science, 3,* 169-172.

Carson, R. C. (1996). Seamlessness in personality and its derangements. *Journal of Personality Assessment, 66,* 240-247.

Chapman, A. H. (1967). *Textbook of clinical psychiatry: An interpersonal approach.* Philadelphia: Lippincott.

Clore, G. I., Ortony, A., & Foss, M. A. (1987). The psychological foundations of the affective lexicon. *Journal of Personality and Social Psychology, 53,* 751-766.

Conte, H. R., & Apter, A. (1995). The Life Style Index: A self-report measure of ego defenses. In H. R. Conte & R. Plutchik (Eds.), *Ego defenses: Theory and measurement* (pp. 179-201). New York: Wiley.

Conte, H. R., & Plutchik, R. (1974). Personality and background characteristics of suicidal mental patients. *Journal of Psychiatric Research, 10,* 181-188.

Conte, H. R., & Plutchik, R. (1981). A circumplex model for interpersonal traits. *Journal of Personality and Social Psychology, 2,* 823-830.

Conte, H. R., Plutchik, R., Buck, L., Picard, S., & Karasu, T. B. (1991). Interrelations between ego functions and personality traits: Their relation to psychotherapy outcome. *American Journal of Psychotherapy, 45,* 69-77.

Conte, H. R., & Plutchik, R., Picard, S., Galanter, M., & Jacoby, J. (1991). Sex differences in personality traits and coping styles of hospitalized alcoholics. *Journal of Studies on Alcohol, 52,* 26-32.

Conte, H. R., & Plutchik, R., Schwartz, B., & Wild, K. (1983, May). *Psychodynamic variables related to outcome in hospitalized schizophrenics.* Paper presented at the 91st annual convention of the American Psychiatric Association, Anaheim, CA.

Corruble, E., Ginestet, D., & Guelfi, J. D. (1996). Comorbidity of personality disorders and unipolar major depression: A review. *Journal of Affective Disorders, 37,* 157-170.

Darwin, C. (1965). *The expression of the emotions in man and animals.* Chicago: University of Chicago Press. (Original work published 1872)

Davitz, J. R. (1970). A dictionary and grammar of emotion. In M. Arnold (Ed.), *Feelings and emotions: The Loyola symposium.* New York: Academic Press.

Dictionary of American Slang. (1975). New York: Cravell.

Dix, T. (1991). The affective organization of parenting: Adaptive and maladaptive processes. *Psychological Bulletin, 110,* 3-25.

Ellis, A. (1962). *Reason and emotion in psychotherapy.* New York: Lyle Stuart.

Ellis, A. (1981). Misrepresentation of behavior therapy by psychoanalysts. *American Psychologist, 36,* 798-799.

English, O. S., & Finch, S. M. (1964). *Introduction to psychiatry.* New York: Norton.

Ewalt, J. R., & Farnsworth, D. L. (1963). *Textbook of psychiatry.* New York: McGraw-Hill.

Fahs, H., Hogan, T. P., & Fullerton, D. T. (1969). Emotional profile of depression. *Psychological Reports, 25,* 18.

Fava, M., Alpert, J. E., Borus, J. S., Nierenberg, A. A., Pava, J. A., & Rosenbaum, J. F. (1996). Patterns of personality disorder comorbidity in early-onset versus late-onset major depression. *American Journal of Psychiatry, 153,* 1308-1312.

Fenichel, O. (1946). *The psychoanalytic theory of neurosis.* London: Routledge & Kegan Paul.

Fieve, R. R., Platman, S. R., & Plutchik, R. (1968). The use of lithium in affective disorders: I. Acute endogenous depression. *American Journal of Psychiatry, 125,* 487-491.

Fisher, G. A. (1997). Theoretical and methodological elaborations of the circumplex model of personality traits and emotions. In R. Plutchik & H. R. Conte (Eds.), *Circumplex models of personality and emotions* (pp. 245-269). Washington, DC: American Psychological Association.

Fisher, G. A., Heise, D. R., Bohrnstedt, G. W., & Lucke, J. F. (1985).

Evidence for extending the circumplex model of personality trait language to self-reported moods. *Journal of Personality and Social Psychology, 49*, 233-242.

Fisher, S., & Greenberg, R. P. (1996). *Freud scientifically appraised: Testing the theories and therapy.* New York: Wiley.

Frances, A., Widiger, T., & Fyer, M. R. (1990). The influence of classification methods on comorbidity. In J. D. Maser & C. K. Cloninger (Eds.), *Comorbidity of mood and anxiety disorders* (pp. 41-59). Washington, DC: American Psychiatric Press.

Frankl, V. E. (1975). *The unconscious God: Psychotherapy and theology.* New York: Simon & Schuster.

Freud, A. (1946). *The ego and the mechanisms of defense.* New York: International Universities Press. (Original work published 1936)

Freud, S. (1957). Analysis terminable and interminable. In J. Strachey (Ed. and Trans.), *The standard edition of the complete psychological works of Sigmund Freud* (Vol. 23, pp. 216-253). London: Hogarth Press. (Original work published 1937)

Freud, S. (1957). Repression. In J. Stracey (Ed. and Trans.), *The standard edition of the complete psychological works of Sigmund Freud* (Vol. 14, pp. 146-158). London: Hogarth Press. (Original work published 1915)

Freud, S. (1959). Inhibitions, symptoms and anxiety. In J. Strachey (Ed. and Trans.), *The standard edition of the complete psychological works of Sigmund Freud* (Vol. 20, pp. 77-175). London: Hogarth Press. (Original work published 1926)

Freud, S. (1963). Introductory lectures on psycho-analysis. In J. Strachey (Ed. and Trans.), *The standard edition of the complete psychological works of Sigmund Freud* (Vol. 16, pp. 243-483). London:

Hogarth Press. (Original work published 1916)

Freud, S. (1964). Constructions in analysis. In J. Strachey (Ed. and Trans.), *The standard edition of the complete psychological works of Sigmund Freud* (Vol. 23, pp. 257-269). London: Hogarth Press. (Original work published 1937)

Freud, S., & Breuer, J. (1936). *Studies on hysteria* (A. A. Brill, Trans.). New York: Nervous and Mental Disease Publication Company. (Original work published 1895)

Fridlund, A. J. (1994). *Human facial expression: An evolutionary view.* San Diego, CA: Academic Press.

Furman, B., & Ahola, T. (1992). *Solution talk: Hosting therapeutic conversations.* New York: Norton.

Gardner, R. (1988). Psychiatric syndromes as infrastructure for intra-specific communication. In M. R. A. Chance (Ed.), *Social fabrics of the mind* (pp. 197-225). Hove, UK: Erlbaum.

Glover, E. (1949). *Psycho-analysis: A handbook for medical practitioners and students of comparative psychology.* New York: Norton.

Greenberg, L. S. (1993). Emotion and change process in psychotherapy. In M. Lewis & J. M. Haviland (Eds.). *Handbook of emotion* (Vol. 99, 499-510). New York: Guilford Press.

Greenberg, L. S., & Korman, L. (1994). Assimilating emotion into psychotherapy integration. *Journal of Psychotherapy integration, 3,* 249-265.

Greenberg, L. S., & Paivio, S. C. (1997). *Working with emotions in psychotherapy.* New York: Guilford Press.

Greenberg, L. S., Rice, L. N., & Elliott, R. (1993). *Facilitating emotional change: The moment-by-moment process.* New York: Guilford Press.

Greenberg, L. S., & Safran, J. D. (1990). Emotion-change processes in psychotherapy. In R. Plutchik & H. Kellerman (Eds.), *Emoton, psychopathology, and psychotherapy* (Vol. 5, pp. 59-88). New York: Academic Press.

Greenwald, D. J., Reznikoff, M., & Plutchik, R. (1994). Suicide risk and violence risk in alcoholics: Predictors of aggressive risk. *The Journal of Nervous and Mental Disease, 182,* 3-8.

Grilo, C. M., Becker, D. F., Fehon, D. C., Edell, W. S., & McGlashan, J. H. (1996). Conduct disorder, substance abuse disorders, and coexisting conduct and substance abuse disorders in adolescent patients. *American Journal of Psychiatry, 153,* 914-920.

Gurin, G., Veroff, J., & Field, S. (1960). *Americans view their mental health* (Joint Commission on Mental Illness and Health, Monograph Series No. 4). New York: Basic Books.

Gurtman, M. B. (1997). Studying personality traits: The circular way. In R. Plutchik & H. R. Conte (Eds.), *Circumplex models of personality and emotions* (pp. 81-102). Washington, DC: American Psychological Association.

Haan, N. (1977). *Coping and defending: Processes of self-environment organization.* New York: Academic Press.

Hahn, M. E., & Simmel, E. C. (1976). *Communicative behavior and evolution.* New York: Academic Press.

Haley, J. (1980). *Leaving home: The therapy of disturbed young people.* New York: McGraw-Hill.

Haley, J. (1984). *Ordeal therapy: Unusual ways of changing people.* San Francisco: Jossey-Bass.

Hama, H., Matsuyama, Y., Hashimoto, E., & Plutchik, R. (1982). Emotion profiles of Japanese schizophrenics, neurotics, and alcoholics.

Psychologia, 25, 144-148.

Hauser, M. D. (1996). *The evolution of communication.* Cambridge, MA: Bradford Press.

Heider, F. (1958). *The Psychology of interpersonal relations.* New York: Wiley.

Henderson, B., & Whissell, C. (1997). Changes in women's emotions as a function of emotion valence, self-determined category of premenstrual distress, and day in the menstrual cycle. *Psychological Reports, 80,* 1272-1274.

Henry, W. P. (1997). The circumplex in psychotherapy research. In R. Plutchik & H. R. Conte (Eds.), *Circumplex models of personality and emotions* (pp. 385-410). Washington, DC: American Psychological Association.

Herpertz, S., Steinmeyer, E. M., & Sass, H. (1994). Patterns of comorbidity among *DSM-III-R* and ICD-1 personality disorders as observed with a new inventory for the assessment of personality disorders. *European Archives of Psychiatiry and Clinical Neuroscience, 244,* 161-169.

Hill, C. E., & O'Grady, K. E. (1985). List of therapist intentions illustrated in a case study and with therapists of varying theoretical orientations. *Journal of Counseling Psychology, 32,* 3-22.

Hogan, R. (1983). A socioanalytic theory of personality. In *Nebraska symposium on motivation 1982. Personality-current theory and research* (pp. 55-89). Lincoln: University of Nebraska Press.

Horney, K. (1948). *Neurosis and human growth.* New York: Norton.

Horowitz, L. M., Dryer, D. C., & Krasnoperova, E. N. (1997). The circumplex structure of interpersonal problems. In R. Plutchik & H. R. Conte (Eds.), *Circumplex models of personality and emotions* (pp. 347-384). Washington, DC: American Psychological Association.

Horowitz, L. M., Rosenberg, S. E., Baer, B. A., Ureno, G., & Villasenor, V. S. (1988). Inventory of interpersonal problems: Psychometric properties and clinical applications. *Journal of Consulting and Clinical Psychology, 56,* 885-892.

Ihilevich, D., & Gleser, G. C. (1991). *Defenses in psychotherapy: The clinical application of the Defense Mechanisms Inventory.* Odessa, FL: Psychological Assessment Resources.

James, W. (1884). What is emotion? *Mind, 19,* 188-205.

James, W. (1890). *The principles of psychology.* New York: Holt, Rinehart & Winston.

Josepho, S. A., & Plutchik, R. (1994). Stress, coping, and suicide risk in psychiatric inpatients. *Suicide and Life Threatening Behavior, 24,* 48-57.

Kaplan, H. I., & Sadock, B. J. (Eds.). (1989). *Comprehensive textbook of psychiatry.* New Haven, CT: Yale University Press.

Karasu, T. B. (1992). *Wisdom in the practice of psychotherapy.* New York: Basic Books.

Karasu, T. B., & Plutchik, R. (1978). Research problems in psychosomatic medicine and psychotherapy of somatic disorders. In T. B. Karasu & R. I. Steinmuller (Eds.), *Psychotherapeutics in medicine* (pp. 311-338). New York: Grune & Stratton.

Keller, M., & Shapiro, R. W. (1982). "Double depression": Superimposition of acute depressive episodes on chronic depressive disorders. *American Journal of Psychiatry, 139,* 438-442.

Kellerman, H. (1979). *Group therapy and personality: Intersecting structures.* New York: Grune & Stratton.

Kelly, V. (1996). Affect and the redefinition of intimacy. In D. L. Nathanson (Ed.), *Knowing feeling: Affect, script, and psychotherapy* (pp. 55-104). New York: Norton.

Kemper, T. D. (1987). How many emotions are there? Wedding the social and the autonomic components. *American Journal of Sociology, 93,* 263-289.

Kiesler, D. J. (1983). The 1982 Interpersonal Circle: A taxonomy for complementarity in human transactions. *Psychological Review, 90,* 185-214.

Kiesler, D. J. (1986). The 1982 Interpersonal Circle: An analysis of *DSM-III* personality disorders. In T. Millon & G. Klerman (Eds.), *Contemporary directions in psychopathology: Toward DSM-IV* (pp. 571-597). New York: Guilford Press.

Kiesler, D. J., Schmidt, J. A., & Wagner, C. C. (1997). A circumplex inventory of impact messages: An operational bridge between emotion and interpersonal behavior. In R. Plutchik & H. R. Conte (Eds.), *Circumplex models of personality and emotions* (pp. 221-244). Washington, DC: American Psychological Association.

Klein, D. N., Lewinsohn, P. M., & Seeley, J. R. (1996). Hypomanic personality traits in a community sample of adolescents. *Journal of Affective Disorders, 38,* 135-143.

Kleinginna, R. R., & Kleinginna, A. M. (1981). A categorized list of emotion definitions, with suggestions for a consensual definition. *Motivation and Emotion, 5,* 345-379.

Knapp, P. (1981). Core processes in the organization of emotions. *Journal of the American Academy of Psychoanalysis, 9,* 415-434.

Krebs, J. R., Davies, N. B., & Parr, J. (1993). *An introduction to behavioural ecology* (3rd ed.). Oxford, UK: Blackwell Scientific Publications.

Kulka, R. A., Veroff, J., & Douvan, E. (1979). Social class and the use of professional help for personal problems: 1957 and 1976. *Journal of Health and Social Behavior, 20,* 2-17.

Kurschner, M. G., & Beitman, B. D. (1990). Panic attacks without fear: An overview. *Behavior Research and Therapy, 28,* 469-479.

Labouvie, E., Miller, K. J., Langenbucher, J., & Morgenstern, J. (1997). The comorbidity of alcoholism and personality disorders in a clinical population: Prevalence and relation to alcohol typology variables. *Journal of Abnormal Psychology, 106,* 74-84.

Langs, R. (1990). *Psychotherapy: A basic text.* Northvale, NJ: Jason Aronson.

Lazarus, A. A. (1997). *Brief but comprehensive psychotherapy: The multimodal way.* New York: Springer.

Lazarus, R. S. (1966). Psychological stress and the coping process. New York: McGraw Hill.

Lazarus, R. S. (1991). *Emotion and adaptation.* New York: Oxford University Press.

Lazarus, R. S., & Folkman, S. (1984). *Stress, appraisal, and coping.* New York: Springer.

Lazarus, R. S., & Lazarus, B. N. (1994). *Passion and reason: Making sense of our emotions.* New York: Oxford University Press.

Leary, T., & Coffey, H. S. (1955). Interpersonal diagnosis: Some problems of methodology and validation. *Journal of Abnormal and Social Psychology, 50,* 110-124.

Lewis, M., & Haviland, J. M. (Eds.). (1993). *Handbook of emotions.* New York: Guilford Press.

Liberman, R. P., Mueser, K. T., & Wallace, C. J. (1986). Social skills training for schizophrenic individuals at risk for relapse. *American Journal of Psychiatry, 143,* 523-526.

Loewenstein, R. M. (1967). Defensive organization and autonomous ego function. *Journal of the American Psychoanalytic Association, 15,* 795-809.

Loranger, A. W. (1996). Dependent personality disorders: Age, sex, and Axis I comorbidity. *Journal of Nervous and Mental Disease, 184,* 17-21.

Lougeay, D. C. (1986). *Relationship of jealousy to defensiveness and anxiety: A correlation-descriptive study.* PhD Dissertation. San Diego, CA: United States International University.

Lubin, B. (1966). Fourteen brief depression adjective checklists. *Archives of General Psychiatry, 15,* 205-208.

Mahoney, M. J. (1996). Emotionality and health: Lessons from and for psychotherapy. In D. L. Nathanson (Ed.), *Knowing feeling: Affect, script, and psychotherapy* (pp. 241-253). New York: Norton.

Maranhao, T. (1986). *Therapeutic and Socratic dialogue.* Madison, WI: University of Wisconsin Press.

Marshall, J. R. (1996). Comorbidity and its effects on panic disorder. *Bulletin of the Menninger Clinic,* 60(2, Suppl. A), 39-53.

Masterson, J. F. (1976). *Psychotherapy of the borderline adult.* New York: Basic Books.

McGlashan, T. H., & Miller, G. H. (1982). The goals of psychoanalysis and psychoanalytic psychotherapy. *Archives of General Psychiatry, 39,* 377-388.

Meichenbaum, D. (1994). *A clinical handbook/practical therapist manual for assessing and treating adults with post-traumatic stress disorder (PTSD).* Waterloo, Ontrio, Canada: Institute Press.

Millon, T. (1987). *Manual for the MCMI-II* (2nd ed.). Minneapolis, MN: National Computer Systems.

Millon, T. (1994). Personality disorders: Conceptual distinctions and classification issues. In P. J. Costa & T. A. Widiger (Eds.), *Personality disorders and the five-factor model of personality* (pp. 279-301). Washington, DC: American Psychological Association.

Mishne, J. M. (1993). *The evolution and application of clinical theory.* New York: Free Press.

Moore, B. E., & Fine, B. D. (Eds.). (1990). *Psychoanalytic terms and concepts.* New Haven, CT: Yale University Press.

Myllyniemi, R. (1997). The interpersonal circle and the emotional undercurrents of human sociability. In R. Plutchik & H. R. Conte (Eds.), *Circumplex models of personality and emotions* (pp. 271-298). Washington, DC: American Psychological Association.

Nathanson, D. L. (Ed.). (1996). *Knowing feeling: Affect, script, and psychotherapy.* New York: Norton.

Nesse, R. M. (1991). Psychology. In M. Maxwell (Ed.), *The sociological imagination.* Albany: State University of New York Press.

Novaco, R. W. (1976). The functions and regulation of the arousal of anger. *American Journal of Psychiatry, 133*, 1124-1128.

Noyes, A. P., & Kolb, L. C. (1963). *Modern clinical psychiatry.* Philadelphia: Saunders.

Okasha, A., Omen, A. M., Lotaief, F., Ghanem, M., Seif el Dawla, A., & Okasha, T. (1996). Comorbidity of Axis I and Axis II diagnoses in a sample of Egyptian patients with neurotic disorders. *Comprehensive Psychiatry, 37*, 95-101.

Parker, S. T. (1985). A social technological model for the evolution of language. *Current Anthropology, 26*, 617-639.

Pasquarelli, B., & Bull, N. (1951). Experimental investigations of the mind-body continuum in affective states. *Journal of Nervous and Mental Disease, 113*, 512-521.

Perry, J. C. (1990). *Defense mechanism rating scales* (5th ed.). Boston: Harvard Medical School.

Pfeffer, C. R., & Plutchik, R. (1989). Co-occurrence of psychiatric disorders in child psychiatric patients and nonpatients: A circumplex model. *Comprehensive Psychiatry, 30*, 275-282.

Picard, R. W. (1997). *Affective computing*. Cambridge, MA: MIT Press.

Pincus, A. L., & Wiggins, J. S. (1990). Interpersonal problems and conceptions of personality disorders. *Journal of Personality Disorders, 4*, 342-352.

Pinker, S. (1994). *The language instinct: How the mind creates language*. New York: Harper Perennial.

Platman, S. R., Plutchik, R., Fieve, R. R., & Lawlor, W. (1969). Emotion profiles associated with mania and depression. *Archives of General Psychiatry, 20*, 210-214.

Plutchik, R. (1962). *The emotions: Facts, theories, and a new model*. New York: Random House.

Plutchik, R. (1967). The affective differential: Emotion profiles implied by diagnostic concepts. *Psychological Reports, 20*, 19-25.

Plutchik, R. (1970). Emotions, evolution, and adaptive processes. In M. Arnold (Ed.), *Feelings and emotions: The Loyola Symposium* (pp. 1-14). New York: Academic Press.

Plutchik, R. (1977). Cognitions in the service of emotions: An evolutionary perspective. In D. K. Candland, J. P. Fell, E. Keen, A. I. Leshner, R. Plutchik, & R. M. Tarpy (Eds.), *Emotion* (pp. 189-212). Monterey, CA: Brooks/Cole.

Plutchik, R. (1980a). *Emotions: A psychoevolutionary synthesis.* New York: Harper & Row.

Plutchik, R. (1980b). A general psychoevolutionary theory of emotion. In R. Plutchik & H. Kellerman (Eds.), *Emotion: Theory, research, and experience: Vol. 1. Theories of emotion.* New York: Academic Press.

Plutchik, R. (1983). Emotions in early development: A psychoevolutionary approach. In R. Plutchik & H. Kellerman (Eds.), *Emotion: Theory, research, and experience: Vol. 2. Emotions in early development* (pp. 221-258). New York: Academic Press.

Plutchik, R. (1984). Emotions: A general psychoevolutionary theory. In K. R. Scherer & P. Ekman (Eds.), *Approaches to emotion* (pp. 197-220). Hillsdale, NJ: Erlbaum.

Plutchik, R. (1987). Evolutionary bases of empathy. In N. Eisenberg & J. Strayer (Eds.), *Empathy and its development* (pp. 38-46). New York: Cambridge University Press.

Plutchik, R. (1988). The nature of emotions: Clinical implications. In M. Clynes & J. Panksepp (Eds.), *Emotions and psychopathology* (pp. 1-20). New York: Plenum Press.

Plutchik, R. (1989). Measuring emotions and their derivatives. In R. Plutchik & H. Kellerman (Eds.), *Emotion: Theory, research, and experience: Vol. 4. The measurement of emotions* (pp. 1-35). San Diego, CA: Academic Press.

Plutchik, R. (1990). Emotions and psychotherapy: A psychoevolutionary perspective. In R. Plutchik & H. Kellerman (Eds.), *Emotions, psychopathology, and psychotherapy* (Vol. 5, pp. 3-41). New York: Academic Press.

Plutchik, R. (1992, May). *Personality, ego defenses and coping styles in relation to health and disease*. Paper presented at the symposium New Perspectives in Cardiology, sponsored by The Russek Foundation, Boca Raton, FL.

Plutchik, R. (1993). Emotions and their vicissitudes: Emotions and psychopathology. In M. Lewis & J. M. Haviland (Eds.), *Handbook of emotions* (pp. 53-66). New York: Guilford Press.

Plutchik, R. (1994). *The psychology and biology of emotion*. New York: Harper-Collins.

Plutchik, R. (1995). A theory of ego defenses. In H. R. Conte & R. Plutchik (Eds.), *Ego defenses: Theory and measurement* (pp. 13-37). New York: Wiley.

Plutchik, R. (1997). The circumplex as a general model of the structure of emotions and personality. In R. Plutchik & H. R. Conte (Eds.), *Circumplex models of personality and emotions* (pp. 17-46). Washington, DC: American Psychological Association.

Plutchik, R. (2000). Aggression, violence, and suicide. In R. Maris, L. Berman, & M. Silverman (Eds.), *Comprehensive textbook of suicidology and suicide prevention* (pp. 407-423). New York: Guilford Press.

Plutchik, R., & Conte, H. R. (1985). Quantitative assessment of personality disorders. In R. Nickols, J. O. Cavenar, Jr., & H. K. H. Brodie (Eds.), *Psychiatry* (Vol. 7, pp. 1-13). Philadelphia: J. B. Lippincott.

Plutchik, R., & Conte, H. R. (1989a). Measuring emotions and their derivatives: Personality traits, ego defenses, and coping styles. In S. Wetzler & M. Katz (Eds.), *Contemporary approaches to psychological assessment* (pp. 239-269). New York: Brunner/Mazel.

Plutchik, R., & Conte, H. R. (1989b). Self-report scales for the measurement of depression. *Psychiatric Annals, 19*, 367-371.

Plutchik, R., & Conte, H. R. (1994, June). *The circumplex structure of personality disorders: An empirical study.* Paper presented at the annual meeting of the Society for Psychotherapy Research, York, England.

Plutchik, R., & Conte, H. R. (Eds.). (1997). *Circumplex models of personality and emotions.* Washington, DC: American Psychological Association.

Plutchik, R., & Conte, H. R., Wilde, S., & Karasu, T. B. (1994). Strategies of therapist interventions: A preliminary empirical study. *Journal of Psychotherapy Practice and Research, 3*, 325-332.

Plutchik, R., & DiScipio, W. S. (1974). Personality patterns in chronic alcoholism (Korsakoff's syndrome), chronic schizophrenia, and geriatric patients with chronic brain syndrome. *Journal of the American Geriatrics Society, 22*, 514-516.

Plutchik, R., & Kellerman, H. (1974). *Manual of the Emotions Profile Index.* Los Angeles: Western Psychological Services.

Plutchik, R., & Kellerman, H. (Eds). (1989). *The measurement of emotions.* New York: Academic Press.

Plutchik, R., & Kellerman, H., & Conte, H. R. (1979). A structural theory of ego defenses and emotions. In C. E. Izard (Ed.), *Emotions in personality and psychopathology* (pp. 229-257). New York: Plenum Press.

Plutchik, R., & Landau, H. (1973). Perceived dominance and emotional states in small groups. *Psychotherapy: Theory, Research, and Practice, 10*, 343-344.

Plutchik, R., McCarthy, M., & Hall, B. T. (1975). Changes in elderly welfare hotel residents during a one-year period. *Journal of the*

American Geriatrics Society, 23, 265-270.

Plutchik, R., & Platman, S. R. (1977). Personality connotations of psychiatric diagnoses. *Journal of Nervous and Mental Disease, 165*, 418-422.

Plutchik, R., & Van Praag, H. M. (1989). The measurement of suicidality, aggressivity, and impulsivity. *Progress in Neuro-Psychopharmacology and Biological Psychiatry, 13*, 23-24.

Plutchik, R., & Van Praag, H. M. (1998). Interrelations among anxiety, depression, aggression, impulsivity and suicidality: An evaluation of the comorbidity concept. In M. Maes & E. F. Coccaro (Eds.), *Neurobiology and clinical views on aggression and impulsivity* (pp. 129-134). New York: Wiley.

Plutchik, R., Williams, M. H., Jr., Jerrett, I., Karasu, T. B., & Kane, C. (1978). Emotions, personality, and life stresses in asthma. *Journal of Psychosomatic Research, 22*, 425-431.

Prochaska, J. O., Norcross, J. C., & DiClemente, C. C. (1994). *Changing for good*. New York: William Morrow & Co.

Rado, S. (1969). *Adaptational psychodynamics: Motivation and control*. New York: Science House.

Rado, S. (1975). *Psychoanalysis of behavior*. New York: Grune & Stratton.

Rapaport, D. (1950). *Emotions and memory*. New York: International Universities Press.

Reich, J. (1996). The morbidity of *DSM-III-R* dependent personality disorder. *Journal of Nervous and Mental Disease, 184*, 22-26.

Rodriguez Torres, A., & Del Porto, J. A. (1995). Comorbidity of obsessive-compulsive disorders: A Brazilian controlled study. *Psychopathology, 28*, 322- 329.

Rogers, C. R. (1951). *Client-centered therapy: Its major practice, implications, and theory.* Boston: Houghton-Mifflin.

Rogers, C. R. (1965). *Client-centered therapy.* Boston: Houghton-Mifflin.

Romney, D. M., & Bynner, J. M. (1989). Evaluation of a circumplex model of *DSM-III* personality disorders. *Journal of Research in Personality, 23,* 525-538.

Russell, J. A. (1989). Measures of emotion. In R. Plutchik & H. Kellerman (Eds.), *The measurement of emotions* (pp. 83- 112). New York: Academic Press.

Russell, J. A., & Carroll, J. M. (1999). On the bipolarity of positive and negative affect. *Psychological Bulletin, 125,* 3-30.

Schaefer, E. S. (1997). Intergration of configurational and factorial models for family relationships and child behavior. In R. Plutchik & H. R. Conte (Eds.), *Circumplex models of personality and emotions* (pp. 133-154). Washington, DC: American Psychological Association.

Schur, M. (1968, May). *Introduction to the colloquium on affect and cognition.* Paper presented at the meeting of the American Psychoanalytic Society convention, Boston, MA.

Seyforth, R. M., Cheney, D. L., & Marler, P. (1980). Monkey responses to three different alarm cells: Evidence of predator classification and semantic communication. *Science, 210,* 801-803.

Shafer, R. (1954). *Psychoanalytic interpretation in Rorschach testing.* New York: Grune & Stratton.

Sheppard, C., Fiorentino, D., Collins, L., & Merlis, S. (1969). Comparison of emotion profiles as defined by two additional MMPI profiles in male narcotic addicts. *Journal of Clinical Psychology, 25,* 186-188.

Shields, S. A. (1984). Distinguishing between emotion and nonemotion: Judgments about experience. *Motivation and Emotion, 8,* 355-369.

Sim, J. P., & Romney, D. M. (1990). The relationship between a circumplex model of interpersonal behaviors and personality disorders. *Journal of Personality Disorders, 4,* 329-341.

Sjoback, H. (1973). *The psychoanalytic theory of defensive processes.* New York: Wiley.

Skodol, A. E., Oldham, J. M., Hyler, S. E., Stein, D. J., Hollander, E., Gallager, P. E., & Lopez, A. E. (1995). Patterns of anxiety and personality disorder comorbidity. *Journal of Psychiatric Research, 29,* 361-374.

Spalletta, G., Troisi, A., Saracco, M., Ciani, N., & Pasini, A. (1996). Symptom profile, Axis II comorbidity, and suicidal behavior in young males with DSM-III-R depressive illness. *Journal of Affective Disorders, 39,* 141-148.

Sperling, S. J. (1958). On denial and the essential nature of defense. *International Journal of Psychoanalysis, 39,* 25-38.

Spezzano, C. (1993). *Affect in psychoanalysis: A clinical synthesis.* Hillsdale, NJ: Analytic Press.

Stevens, A., & Price, J. (1996). *Evolutionary psychiatry: A new beginning.* New York: Routledge.

Stiles, W. B. (1979). Verbal response modes and psychotherapeutic technique. *Psychiatry, 42,* 49-62.

Stone, A. M. (1996). Clinical assessment of affect. In D. L. Nathanson (Ed.), *Knowing feeling: Affect, script, and psychotherapy* (pp. 22-36). New York: Norton.

Storm, C., & Storm, T. (1987). A taxonomic study of the vocabulary of emotions. *Journal of Personality and Social Psychology, 53,* 805-

816.

Strack, S., Lorr, M., & Campbell, L. (1990). An evaluation of Millon's circular model of personality disorders. *Journal of Personality Disorders, 4,* 353-361.

Strayhorn, J. M. (1988). *The competent child: An approach to psychotherapy and preventive mental health.* New York: Guilford Press.

Strongman, K. (1987). The psychology of emotion. New York: Wiley.

Szajnberg, N. M. (Ed.). (1992). *Educating the emotions: Bruno Bettelheim and psychoanalytic development.* New York: Plenum Press.

Taurke, E., Flegenheimer, W., McCullough, L., Winston, A., Pollack, J., & Trujillo, M. (1990). Change in affect-defense ratio from early to late sessions in relation to outcome. *Journal of Clinical Psychology, 46,* 657-668.

Tomkins, S. S. (1962). *Affect, imagery, and consciousness: Vol. 1. Positive affects.* New York: Springer.

Tomkins, S. S. (1980). Affect as amplification: Some modifications in a theory. In R. Plutchik & H. Kellerman (Eds.), *Emotion: Theory, research, and experience: Vol. 1. Theories of emotion* (pp. 141-164). New York: Academic Press.

Tomkins, S. S. (1992). *Affect, imagery, and consciousness: Vol. 4. Cognition.* New York: Springer.

Tomkins, S. S. (1995). Script theory: Differential magnification of affects. In V. Demos (Ed.), *Exploring affect: Selections from the writings of Silvan S. Tomkins* (pp. 312-410). New York: Cambridge University Press.

Tracey, T. J. G., & Rounds, J. B. (1997). Circular structure of vocational interests. In R. Plutchik & H. R. Conte (Eds.), *Circumplex models of personality and emotions* (pp. 183-204). Washington, DC:

American Psychological Association.

Trower, P., & Gilbert, P. (1989). New theoretical conceptions of social anxiety and social phobia. *Clinical Psychology Review, 9,* 19-35.

Vaillant, G. E. (1971). Theoretical hierarchy of adaptive ego mechanisms. *Archives of General Psychiatry, 24,* 107-118.

Vaillant, G. E. (1975). Natural history of male psychological health: III. Empirical dimensions of mental health. *Archives of General Psychiatry, 32,* 420-426.

Vaillant, G. E. (1976). Natural history of male psychological health: The relation of choice of ego mechanism of defense to adult adjustment. *Archives of General Psychiatry, 33,* 535-545.

Vaillant, G. E. (1983). *The natural history of alcoholism: Courses, patterns, and paths to recovery.* Cambridge, MA: Harvard University.

Vaillant, L. M. (1997). *Changing character: Short-term anxiety-regulating psychotherapy for restructuring defenses, affects, and attachments.* New York: Basic Books.

VandenBos, G. R. (1996). Outcome assessment of psychotherapy. *American Psychologist, 51,* 1005-1006.

Verwoerdt, A. (1972). Psychopathological responses to the stress of physical illness. In Z. J. Lipowski (Ed.), *Psychosocial aspects of physical illness* (Advances in Psychosomatic Medicine, 8, pp. 111-116). Basel, Switzerland: Karger.

Veselica, K. C., Amidyic, V., Durijancek, J., Kozmar, D., Sram, M., Glavas, B., & Catipovic, B. (1999). Association of heart rate and heart-rate variability with scores on the Emotion Profile Index in patients with acute coronary disease. *Psychological Reports, 84,* 433-442.

Viederman, M., & Perry, S. W. (1980). Use of a psychodynamic life narrative in the treatment of depression in the physically ill. *General Hospital Psychiatry, 3,* 177-185.

Wachtel, P. L. (1993). *Therapeutic communication: Knowing what to say when.* New York: Guilford Press.

Webster's International Unabridged Dictionary. (1971). New York: G & C Merriam Co.

Weisman, A. D. (1965). *The existential core of psychoanalysis: Reality sense and responsibility.* Boston: Little, Brown.

Westen, D. (1998). The scientific legacy of Sigmund Freud: Toward a psychodynamically informed psychological science. *Psychological Bulletin, 124,* 333-371.

White, R. W. (1963). *Ego and reality in psychoanalytic theory.* New York: Internaional Universities Press.

Widiger, T. A., & Hagemoser, S. (1997). Personality disorders and the interpersonal circumplex. In R. Plutchik & H. R. Conte (Eds.), *Circumplex models of personality and emotions* (pp. 299-325). Washington, DC: American Psychological Association Press.

Wiggins, J. S. (1982). Circumplex models of interpersonal behavior in clinical psychology. In P. Kendall & J. Butcher (Eds.), *Handbook of research methods in clinical psychology* (pp. 183-221). New York: Wiley.

Wiggins, J. S., & Trobst, K. K. (1997). When is a circumplex an "interpersonal circumplex"? The case of supportive actions. In R. Plutchik & H. R. Conte (Eds.), *Circumplex models of personality and emotions* (pp. 57-80). Washington, DC: American Psychological Association.

Wilder, J. S., & Plutchik, R. (1982). Preparing the professional: Building prevention of burnout into professional training. In W. Payne (Ed.), *Job stress and burnout* (pp. 113-129). Beverly Hills, CA: Sage.

Wilson, E. O. (1975). *Sociobiology: The new synthesis.* Cambridge, MA: Harvard University Press.

World Health Organization. (1994). *International statistical classification of diseases, tenth revision* (ICD-10). Geneva, Switzerland: Author.

Yalom, I. (1980). *Existential psychotherapy.* New York: Basic Books.

Yalom, I. (1989). *Love's executioner and other tales of psychotherapy.* New York: Basic Books.

Yalom, I. (1995). The theory and practice of group psychotherapy (4th ed.). New York: Basic Books.

Young, P. T. (1961). *Motivation and emotion.* New York: John Wiley & Sons.

찾아보기

인 명

내 용

저자 소개

▶ Robert Plutchik

알베르트 아인슈타인 의과대학의 심리치료 및 심리학 명예교수이면서, 사우스플로리다 대학교에서 심리학과 외래교수로 정서심리를 가르치며 임상연구에 몰두하고 있다. 뉴욕 시의 브롱크스 시립병원 심리치료과의 부소장을 역임했으며, 심리치료, 자살, 폭력뿐 아니라 정서에 대한 방대한 집필을 해 왔다. 260편의 논문과 45권 이상의 책을 단독 혹은 공저로 집필하였으며, Hope Conte와 공저로 『성격과 정서의 원형적 모델(*Circumplex Models of Personality and Emotions*)』(APA, 1997)을 비롯하여 6권의 책과 9권의 공동작업물을 만들어 냈다.

역자 소개

▶ 이지연

이화여자대학교 대학원 심리학과에서 상담심리 전공으로 박사학위를 받았다. 서강대학교 상담교수와 이화여자대학교 심리학과 전임강사를 역임하였으며, 현재 인천대학교 대학원 교육학과 교수로 재직 중이다.

▶ 윤숙경

서울대학교 대학원 교육학과에서 박사과정을 수료하였다. 서울대학교와 연세대학교 그리고 여러 청소년상담기관에서 상담을 해 왔으며, 인천대학교, 안양대학교, 청주교육대학교 등에서 강의를 하였다. 현재 서울대학교 대학생활문화원의 전임상담원으로 재직 중이다.

▶ 이인숙

가톨릭대학교 대학원 심리학과에서 상담심리 전공으로 박사과정을 수료하였다. 현재 한국항공대학교 학생생활상담소와 전진상 영성심리상담센터에서 상담원으로 재직 중이다.

정서와 상담의 실제

Emotions in the Practice of Psychotherapy

2010년 5월 20일 1판 1쇄 인쇄
2010년 5월 25일 1판 1쇄 발행

지은이 • Robert Plutchik
옮긴이 • 이지연 · 윤숙경 · 이인숙
펴낸이 • 김진환
펴낸곳 • (주) 학지사
121-837 서울시 마포구 서교동 352-29 마인드월드빌딩 5층
대표전화 • 02-330-5114　　팩스 • 02-324-2345
등록번호 • 제313-2006-000265호

홈페이지 • http://www.hakjisa.co.kr
커뮤니티 • http://cafe.naver.com/hakjisa

ISBN 978-89-6330-299-7 93180

정가 17,000원

역자와의 협약으로 인지는 생략합니다.
파본은 구입처에서 교환해 드립니다.